미래정부
혁신사례집

미래정부 혁신사례집

4차 산업기술 활용

문명재 외

문우사
MoonWoo

이 저서는 2017년 대한민국 교육부와 한국연구재단의 지원을 받아 수행된 연구임
(NRF-2017S1A3A2067636)

머리말

2016년 '4차 산업혁명의 이해Mastering the Fourth Industrial Revolution'라는 주제로 세계경제포럼WEF, World Economic Forum(다보스포럼)이 열렸다. 이 포럼의 개최는 '4차 산업혁명' 또는 '제2의 정보혁명' 시대의 도래를 천명한 것으로 여겨진다. 4차 산업혁명의 시대를 이끌어갈 핵심기술은 ICBMAIoT, Cloud, Big Data, Mobile, Artificial Intelligence로 요약된다. 즉, 센서가 결합된 사물인터넷IoT, Internet of Things으로 감지된 실시간 정보를 대용량 클라우드 센터의 서버에 저장하고, 이렇게 저장된 정형·비정형 정보들을 빅데이터 엔진으로 종합분석하고 인공지능을 통해 분석된 결과를 학습해 최적의 결과를 도출하면, 사용자는 스마트폰을 사용하여 언제 어디서든지 실시간으로 결과물들을 활용한다. 이와 같은 미래의 모습은 '스마트 워커', '스마트 오피스', '스마트 팜farm', '스마트 팩토리', '스마트 시티', 그리고 '스마트 정부'로 현재 구현되고 있으며, 사람, 사물, 공간 등 모든 것이 연결되고 상호 작용하는 '초연결hyper-connective · 초지능hyper-intelligent 사회'로 나아가고 있다.

이와 같은 초변화 사회는 신뢰를 바탕으로 한 새로운 전자정부상像을 요구하고 있다. 즉, 새로운 전자정부는 지능정보기술 간 융합과 데이터를 기반으로 한 국가사회 전반의 지속가능한 발전을 지향하고, '인간 중심의 지능정보사회'의 비전을 제시하고, 기술-산업-사회 분야별 정책방향과 전략과제를 담아낼 수 있는 '민첩한 지능형 정부'이다. 따라서, 민첩한 지능형 정부는 4차 산업혁명이 가져올 기회와 가능성을 잘 견인하고 그 부작용과 우려 및 공포를 잘 관리할 수 있어야 한다. 먼저, 인공지능과 로봇으로 인해 과거에는 기계로 대체하기 어려운 영역에 속했던 사무직, 의사 및 전문직까지도 기계로 대체되어 대량 실업사태를 야기할 수 있다는 우려가 높다. 하지만 대량생산과 자동화를 통한 생산성 증대가 오히려 생산과 소비, 소득을 모두 증가시키는 선순환 효과를 가져왔던 과거의 경험을 살려, 신기술과 일자리가 상호 보완관계가 될 수 있도록 거시적인 정부정책이 필요하다. 특히, 4차 산업혁명 시대에 필요한 기술과 지능 및 역량을 갖춘 인력을 양성하기 위한 교육정책과 산업정책이 시급하다. 또한 중앙행정기관과 지차체들 간의 다양한 이니셔티브initiative를 조정할 수 있는 범정부 차원의 통합적 거버넌스 모델도 구축해야 한다. 마지막으로 4차 산업혁명에 필요한 신기술 개발과 제도 정착이 원활히 이루어질 수 있도록 규제를 개선하고 법령을 잘 다듬을 필요가 있다. 4차 산업혁명과 관련된 중앙정부 차원에서의 논의를 위해 2017년 10월에 대통령직속기구로 '4차산업혁명위원회'가 설립된 이유이다.

이와 같이 4차 산업혁명으로 인한 초변화 사회에 내재되어 있는 많은 기회와 가능성을 살릴 뿐만 아니라 많은 문제점과 부작용을 해결하기 위하여 전자정부가 갖춰야 할 미래상과 정부 역량 및 정책에 대한 많은 연구가 필요하다. 그 일환으로 4차 산업 기술을 활용한 국내외 중앙·지방 정부와 공공기관이나 공기업 등 공공부문의 혁신 사례들을 발굴하여 공공부문 혁신 사례집을 발간하였다. 사례집은 크게 세 부분으로 나누어 빅데이터 활용 사례, 조직혁신 사례, 그리고 업무혁신 사례로 구성하였다. 먼저, 빅데이터 활용 사례에서는 시민들의 일상생활 활동으로 축적된 방대한 양의 데이터를 분석하여 조세, 범죄, 안전, 대중교통, 보건의료, 주택 및 도시 관리 등 여러 분야의 행정서비스를 개선하고 혁신한 국내외 우수 사례 10편을 소개하였다. 특히, 빅데이터를 활용한 미국 시카고의 스마트 시티 구축과 싱가포르의 스마트 국가 플랫폼 개발 노력은 국내의 빅데이터를 활용한 정책과 방향에 시사하는 바가 크다. 두 번째 조직혁신 사례에서는 미국, 영국, 덴마크, 스위스, 핀란드 등 주요 선진 국가들의 4차 산업 기술을 수용하고 활용하기 위한 과감한 조직혁신 노력과 성과들을 소개하고 있다. 이들 선진 국가들은 블록체인과 같은 4차 산업 기술을 적극적으로 활용하기 위하여 일하는 방식과 조직을 혁신적으로 탈바꿈함으로써 정부 조직이나 의료복지서비스 분야에서 큰 성과를 내고 있을 뿐만 아니라 신성장 동력 발굴과 지역경제 활성화에 크게 기여하고 있다. 해외의 조직혁신 사례들과 한국 농어촌공사나 동서발전 또는 국립종자원 등의 국내 조직혁신 사례들 총 8편을 선정하여 소개하고 있다. 마지막으로, 업무혁신 사례에서는 4차 산업혁명의 사물인터넷과 블록체인 기술 또는 드론 기술 등을 독거노인이나 치매환자·어린이 보호, 원격진료나 의약품 원격배송 등 공공서비스 강화와 사회 안전망 확충 등에 활용하고 있는 오산시, 노원구, 고양시 등 국내 지자체 등의 업무혁신 사례뿐만 아니라 정부조달이나 전자투표, 교통시스템 등의 업무혁신을 이룬 미국, 멕시코, 영국, 벨기에, EU

등의 사례 총 14편을 소개하고 있다.

이상 빅데이터, 조직혁신, 업무혁신 분야에서 선정된 총 32편의 우수 혁신 사례들 각각에 대하여 그 배경과 계획, 실행노하우뿐만 아니라 시행착오를 잘 분석하고 그 효과와 시사점을 공유하여 향후 국민적 공감대를 바탕으로 4차 산업혁명에 선제적·능동적으로 대응하는 데 중요한 참고자료로 쓰이길 기대한다.

2019년 6월

문명재

연세대학교 행정학과 교수

연세대학교 SSK 미래정부연구센터 소장

차례

1

빅데이터 활용 사례

문명재 · 최선미

4차 산업혁명의 핵심기술 가운데 하나인 빅데이터는 지능사회의 주요 자원인 동시에 추진력으로, '디지털 환경에서 생성되는 데이터로서 그 규모가 방대하고, 생성 주기가 짧으며, 형태도 수치 데이터뿐 아니라 문자와 영상 데이터를 포함하는 대규모 데이터'를 의미한다(Gartner, 2009). 미래 초변화 사회에서 빅데이터의 활용은 다양한 유무형의 부가가치를 창출하여 국가의 미래를 좌우할 정도의 영향력을 발휘할 것으로 전망된다. 이에 따라 각 국가 및 지방자치단체에서 이러한 빅데이터를 개발하고 선제적으로 활용하고 있다.

특히, 빅데이터는 데이터 수집부터 저장 및 관리, 처리 및 분석, 유통 등의 전 과정에서 전통적인 통계처리방식과 구별되어 가치를 추출하고 결과를 분석해낸다(김도훈, 2017). 이러한 빅데이터를 활용한 공공서비스 제공은 이전과는 다른 급격한disruptive 방식으로 공공부문의 패러다임 변화를 주도하고 있다. 특히, 정보수집역량에 있어서 획기적인 개선을 가져올 것으로 전망된다.

빅데이터가 수집하는 정보는 '무슨 일이 벌어지고 있는가'에 대한 서술적descriptive 정보, 현상에 대한 진단을 내리는 진단적diagnostic 정보, 앞으로 벌어질 사건에 대한 예측적predictive 정보, 미래에 발생할 일에 대하여 어떻게 대응해야 하는가에 대한 처방적prescriptive 정보로 구분할 수 있다. 서술적 정보는 교통, 재난, 도시운영 및 시설물 관리 등에서 주로 활용되며, 진단적 정보는 재난, 환경, 보건 및 의료 등의 위기 상황에서 위기대응능력 향상을 위해 활용될 수 있다. 한편, 예측적 정보는 최근 활발하게 논의되고 있는 예측적 정부anticipatory government의 주요한 근거가 될 것이며, 정책의사결정에 큰 역할을 할 것으로 보인다. 마지막으로 처방적 정보는 시뮬레이션에 기반한 재난관리 등에 부분적으로 활용되고 있으며 향후 모든 정책영역에서 '근거기반 정책 evidence-based policy'의 주요 수단이 될 수 있다.

그러나 빅데이터를 활용한 공공서비스 제공 패러다임의 변화는 행정영역에 다양한 개선을 가져올 뿐만 아니라 시민들의 프라이버시권의 문제, 빅데이터 활용 범위 및 소유권의 문제, 규제 범위 등의 다양하고 새로운 문제를 초래할 수 있다는 점에서 현재의 빅데이터 활용 사례에 대한 면밀한 분석이 필요하다. 즉, 빅데이터라는 과학기술 발전이 가져올 수 있는 미래 행정서비스 분야에서의 변화를 객관적으로 분석하여 긍정적인 활용을 극대화하고 부작용을 최소화할 수 있도록 철저한 대응이 필요함을 의미한다.

따라서 본 편에서는 재난 등 위험관리, 도시 관리, 교통, 조세행정, 범죄예방 등 치안, 문화, 보건 분야 등 공공서비스 전반에서 활용되고 있는 국내외 주요 사례들을 소개한다. 이들 사례들은 공간적으로 좁게는 지방자치단체에서 활용하고 있는 서비스에서부터 국가 전체적으로 활용되고 있는 빅데이터 사례까지 포함하며, 시간적으로는 과거 데이터를 바탕으로 현재 및 미래 예측까지 매우 다양하다. 구체적으로 조세분야의 탈세 방지 프로그램과 조세행정시스템, 치안 분야에서 범죄예방시스템, 도시분야의 스마트 시티와 공동주택 관리 사례, 교통 분야에서 대중교통에서의 빅데이터 활용 사례, 건강/보건 분야에서 건강기록데이터, 위험관리와 위험진단, 문화관광 축제 분석 등을 소개한다.

빅데이터 활용에 있어서 선도적인 국가와 지방자치단체의 사례를 소개함으로써 국내에의 활용 가능성과 타 분야의 확산 가능성을 검토해보고자 한다.

제 1 장

빅데이터를 활용한 탈세방지 프로그램

– 미국, 국세청 –

김도윤

사례 요약

- 미국 국세청은 2011년 사기성 납세 신고 및 환급에 의한 탈세를 적발하기 위해 RRPReturn Review Program 빅데이터 기술을 도입하고, 국세청 조직 내에 'Office of Compliance Analytics' 부서를 신설하여 탈세 방지를 위한 예측 알고리즘 및 빅데이터를 활용한 분석 프로그램을 개발함.
- 통합형 탈세 및 정부사기 방지 시스템은 연간 3,450억 달러(약 388조 원)에 달하는 세금 누락 및 불필요한 세금 환급을 절감하는 효과를 가져옴.
- 그러나 분석에 필요한 개인정보(전화번호, 계좌, SNS 등) 수집으로 인해 사생활 침해에 대한 문제가 제기될 수 있음.
- 우리나라 국세청도 2019년 '빅데이터 센터'를 설립하여 세정 업무 전반에 빅데이터를 도입할 계획임.

미국 국세청의 빅데이터 기술 도입

미국 국세청Internal Revenue Service, IRS은 2000년대 이후 약 17%의 예산 감축, 피고용자의 14% 해고, 세금 신고건수 7% 증가, 조세회피로 인한 비용 증대 등 업무환경의 악화를 경험해왔다(한치록·박상수, 2017). 게다가 2010년을 기준으로 미국에서 탈세 금액은 저소득층 의료보장 총액을 초과하는 등(NIA·빅데이터전략연구센터, 2012) 탈세로 인한 낭비성 재정 지출이 문제로 떠오르게 되었다.

IRS에서는 기존에도 사기성 납세 신고 및 환급에 의한 탈세를 적발하기 위한 RRPReturn Review Program를 운영해왔다. 그러나 날로 심화되는 탈세 및 사기성 납세 신고 문제에 대응하기 위하여 2011년 빅데이터 기반의 HPAHigh-Performance Analytics 분석 기법을 활용해 업무 성과를 제고하려는 노력을 시작하였다(이진권, 2012).

우선 IRS 조직 내에 빅데이터를 수집하고 분석하는 Office of Compliance AnalyticsOCA를 개설하였으며, 이후 조직 개편 및 다른 부서와의 기능을 통합하여 Research, Analysis and Statistics DivisionRAS를 신설였다. RAS는 납세 관련 빅데이터를 수집, 관리, 처리, 분석 연구 등을 하고 있으며, 분석결과를 바탕으로 전략을 세워 기관에 제공하고 있다(한치록·박상수, 2017).

IRS에서의 빅데이터 분석 활용

IRS가 빅데이터를 활용한 사례는 상당 부분 비공개이다. 다만, Butler(2012), Rappaport(2012), Brown(2016)을 통해 공개된 주요 내용이 있어 소개한다.

2011년 IRS 내부에 OCA가 신설됨으로써 조세관리에 있어 빅데이터 분석과 활용이 탄력받게 되었다. OCA의 빅데이터 기술은 새롭게 가능해진 업무를 창출하였으나, 기존에 수행하던 업무를 더 획기적으로 개선한 경우가 많다. 이는 조세 관련 업무의 고유한 특성에 기인한다. 조세 업무는 납부자 수입 파악, 징수, 추징, 위법행위 적발 등과 같이 불변의 고유한 특성을 가지기 때문에 행정을 개선하는 신기술이 도입되었다 하더라도 새로운 업무가 발생할 여지는 비교적 적다. 따라서 빅데이터 도입의 목적과 방향은 이전에 해오던 업무를 더 정확하고 신속하게 수행하되 실무자의 업무부담을 완화하는 것이다.

빅데이터 기술로 진화한 업무는 크게 3가지 영역 '범법행위 적발', '납세자의 편익 증진', '실무자의 업무부담 경감'으로 구분할 수 있다. 첫째, 범법행위 적발은 살펴보면 다음과 같다. 우선, 세금환급사기tax refund fraud를 더 정확히 감지한다. 세금환급사기란 타인의 개인정보를 훔쳐 당사자인 것처럼 세금신고를 하고 환급을 받는 행위이다. 미국 내에 해결하지 못한 세금환급사기는 날로 증가하고 있는 추세이다. 더구나 개인정보 도용 피해자가 구제를 받으려면 6개월 이상이 소요되어 세금환급사기로 발생하는 경제적·사회적 비용은 매우 크다. 하지만, 기존의 납세 데이터를 활용해서 세금환급사기를 적발하는 메커니즘을 개발하고 현재 효과를 톡톡히 보고 있다. 다음으로, 빅데이터 기술로 널리 알려진 사회연결망 분석의 활용이다. 세법과 납세 유형의 복잡성이 증가하여 조세회피 행위도 다양해지고 있다. 더구나 인터넷을 통해 이러한 범법행위가 공유된다. 이를 예방하고 적발하고자 빅데이터를 통한 사회연결망 분석을 도입하였다. SNS 대화를 통해 납세 관련 위법행위를 수집하고 범법자 발생 징후를 포착하거나 적발하고 있다. 그리고 조직화된 사기집단의 가능성이 잠재된 사회연결망을 찾아낸다.

둘째, 납세자의 편익 증진은 다음과 같다. 우선 납세자의 부담을 측정하는 것이다. 빅데이터에 기반한 비정형데이터 분석을 활용하여 납세자가 세금 납부를 하는 데 있어 수반되는 시간적·경제적 비용을 추정하고 간소화하는 방안을 다각도로 모색할 수 있다. 다음으로, 오류나 오차를 더욱 정확히 감지하고 신속히 납세자(혹은 대리인)에게 연락을 취할 수 있다는 것이다. 납세자가 세금신고 시스템에 정보와 데이터를 입력하는 과정에서 작은 실수나 문제점이 발생하면 즉각 감지하고 시정을 요구하는 체계가 비약적으로 진화되었다.

끝으로 실무자의 업무부담이 경감되고 있다. 빅데이터에 의한 직무강도 분석 모델을 개발하여 IRS 구성원들의 개별 직무를 질적/양적으로 평가하고 특정 부서나 구성원에게 편중되는 현상을 진단하여 업무가 적절히 배분되도록 하고 있다.

어떤 자료를 활용할까?

IRS에서는 정형화된 데이터뿐만 아니라 비정형 데이터도 활용한다. 주로 서식문서, 데이터 워크시트worksheets, 일정표schedules, 첨부물, 이미지, 서신, 통지문, 전화통화 녹음, 문서 사본 등 다양한 데이터를 다룬다. 이는 데이터의 출처가 다양하기 때문이다(한치록·박상수, 2017).

기존에 IRS에 구축된 납세 데이터뿐만 아니라, 납세자, 고용주, 은행, 브로커, 다수의 정부기관 및 중개기관들로부터 데이터를 얻는다. 또한 소셜 네트워크상의 개인의 계좌, 주소, 전화번호, 납세자 간의 연관관

그림 1.1.1 IRS의 데이터 환경

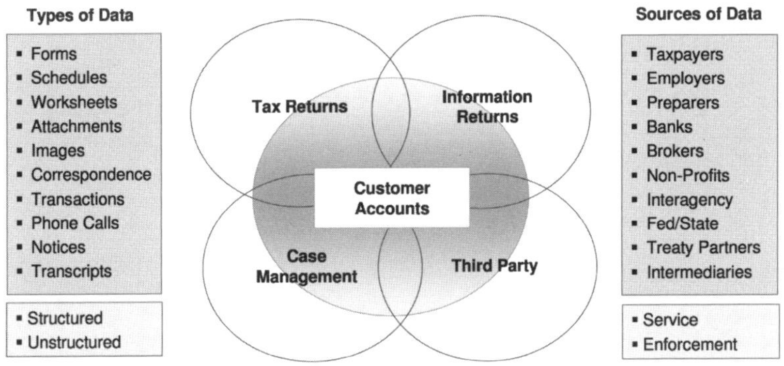

자료: Butler(2012)

계 등을 분석하여 얻은 데이터를 활용하기도 한다. 그림 1.1.1은 IRS의 데이터 환경 구조를 보여준다.

빅데이터 기술 도입으로 탈세 절감 효과

미국 국세청에서 도입한 통합형 탈세 및 정부사기 방지 시스템은 연간 3,450억 달러(약 388조 원)에 달하는 세금 누락 및 불필요한 세금 환급을 절감하는 효과가 있다고 평가되고 있다(NIA·빅데이터전략연구센터, 2012). 미국 국세청은 2011년에는 276건의 세금사기를 조사하고, 218건이 기소되었지만, 2013년에는 이 프로그램을 통해 1,492건에 대해 조사가 들어갔고 이 중 1,257건이 기소되었다(Houser & Sanders, 2016).

또한 과학적 데이터를 근거로 탈세 조사를 수행함으로써 탈세자 수가 감축되었으며, 과거 데이터 분석을 통해 향후 발생할 수 있는 사기

범죄 및 탈세 관련 사건을 사전에 방지하는 효과가 나타났다.

미국 국세청에서 빅데이터를 활용한 사례에서 알 수 있듯이, 빅데이터는 사기, 재정낭비, 부당 지출에 있어 여러 첨단 기술을 접목하여 다양한 정부 사업에 응용이 가능하다는 점을 확인할 수 있다. 특히 의료보험이나 복지프로그램 관련 사업에도 동일한 기술이 응용 가능하다는 평가를 받고 있다. 다만, 데이터 수집 과정(주소, 전화번호, 계좌 등)에서 발생할 수 있는 사생활 침해 문제에 대한 사회적 합의 및 문제 해결을 위한 구체적인 수단은 사전에 마련될 필요가 있다.

우리나라 국세청은?

우리나라는 과세당국에서 공식적으로 탈세 규모를 공개하고 있지는 않으나, 2010년 국세청장은 연간 20조 원 정도가 탈세되고 있는 것으로 파악하고 있다고 밝힌 바 있다(『한겨레』, 2010. 5. 13.). 그런데 4차 산업혁명으로 인한 기술발전은 조세회피 및 탈세의 위험을 더욱 증가시킨다.

국세청(2019)에 따르면, 우리나라 역시 IT·네트워크 기술의 발달로 인한 세정여건의 위험이 증가할 것으로 전망된다. 전자상거래 증가, 가상통화의 출현, 1인미디어(유튜버) 등 신규 세원이 폭발적으로 증가하고 있으며, 디지털 IT기업 등은 국가 간 이동성이 높은 서버, 클라우드, 모바일 기술 등을 활용하여 공격적인 조세회피 전략을 사용하는 추세라는 것이다.

이에 우리나라 국세청은 2019년 1월 28일 「2019 전국 세무관서장 회의」를 통해 상반기까지 세무자료를 기반으로 빅데이터 센터를 설치하고, 세정 전반에 대해 체계적으로 빅데이터 분석을 시행할 것이라고 밝

그림 1.1.2 우리나라 국세청의 빅데이터 활용 계획

세정 분야별 빅데이터 활용방안

탈세대응	납세서비스	일하는 방식	세원관리
• 성실도 분석시스템 고도화 추진 • AI 탈세위험 예측 모델 개발	• 납세자 특성 반영 맞춤형 도움자료 제공 • 챗봇을 활용한 VAT 신고도움	• 단순 현장확인 업무 등 축소·효율화 • 과학적 인력 재배치 추진	• 블로그·SNS 등 전자상거래 관리강화 • 유흥주점·개인유사 법인 등 취약 분야 관리

자료: 국세청(2019)

혔다(국세청, 2019. 1. 28.). 세정 업무 전반에 빅데이터 기술을 도입하여 탈세 방지, 납세간편화, 세정업무 효율화, 과세인프라 확충 등을 꾀한다는 것이다. 납세자 성실도 분석 시스템을 고도화하고, 최근 증가하는 QR코드 간편결제, 블로그 및 SNS 등 온라인 거래상의 탈세 유형을 정밀 분석해 세원확충 방안을 마련하겠다는 계획이다(국세청, 2019. 1. 28.).

참고자료 및 출처

- 국세청. (2019). 「2019년 국세행정 운영방안」.
- 김경락. (2010. 5. 13.). 「탈세규모 연간 20조 달해」. 『한겨레신문』. http://www.hani.co.kr/arti/economy/economy_general/420737.html 에서 검색.
- 성지은·박기량. (2014). 「빅데이터를 활용한 정책 사례 분석과 시사점」. 『과학기술정책』, 24(2), 94-106.
- 한치록·박상수. (2017). 「국세통계의 분석 기법」. 『국세청 연구용역 보고서』.
- NIA·빅데이터전략연구센터. (2012). 「빅데이터로 진화하는 세상-Big Data 글로벌 선진 사례」.
- Brown, M. S. (2016). Analytics and the IRS: A New Way to Find Cheaters. Forbes, Jan. 28, 2016. Retrieved from https://www.forbes.com/sites/metabrown/2016/01/28/analyticsand- the-irs-a-new-way-to-find-cheaters/#29cee6031877
- Butler, J. (2012). Big Data And Analytics at the IRS. Presentation at Demystifying Big Data, An IBM-TechAmerica Event, TechAmerica Foundation.
- Houser, K. A., & Sanders, D. (2016). The Use of Big Data Analytics by the IRS: Efficient Solutions or the End of Privacy as We Know It. *Vand. J. Ent. & Tech. L.*, 19, 817.
- Rappaport, R. (2012). Data Quality: The Journey at IRS Research, Analysis, and Statistics(RAS). Speech at the 13th Annual Data Quality Solution Summit, Electronic Commerce Code Management Association(ECCMA).

제 2 장

빅데이터 활용을 통한 조세행정시스템 구축

– 중국, 국세청 –

최정인

사례 요약

- 중국은 1990년대부터 2000년대 후반에 이르기까지 부가세와 관련한 탈세를 막기 위하여 주요 재정개혁인 Golden Tax Project를 시행함.
- 구체적으로 부가세 전자거래 청구시스템으로 'Fapiao'를 구축하여 활용하고 있음.
- Fapiao는 기업의 허가, 외환 통제, 그리고 기업의 환경과 관련된 여러 요소들과 긴밀하게 연계되어 거래와 관련된 정보를 모니터링하고 관리함으로써 정확한 세금의 양을 파악할 수 있게 함.
- Fapiao는 효과적인 조세행정시스템의 구축에 기여하였으며, 장기적으로 기업의 니즈needs를 파악하고 거래 트렌드와 관련한 정보를 얻을 수 있게 되었으며, 정부의 정책형성에 활용됨.

중국의 조세시스템과 빅데이터 활용

중국은 조세taxation와 관련하여 다양한 방법으로 빅데이터를 활용하고 있다. 특히 부가세Value-Added Tax, VAT는 중국의 중요한 세입원임에도 불구하고 오랜 기간 동안 탈세로 문제시되어 왔다. 2012년 기준으로 중국에는 약 159억 달러의 세입 손실이 있었으며(Qing, 2013; IAD, 2016 재인용), 주요 원인으로는 허술한 모니터링 과정이 지적되었다. 이 외에도 일부 기업들은 납부해야 할 세금에 대한 청구서invoice를 고지하지 않은 문제 등이 존재하였다. 이와 같은 문제를 해결하고 허위 서류를 통한 탈세를 줄이기 위해 전자산업을 활용한 표준화 필요성이 대두되었다.

오늘날 중국의 조세행정시스템은 빅데이터를 적극적으로 활용하여 기업의 정보를 수집, 감독하여 실제 기업이 납부해야 하는 세금을 파악하고 있다. 중국의 국가발전개혁위원회는 기존의 세금 신고 과정에서 발생한 구멍loop holes 문제를 해결하기 위해 전국적인 온라인 조세시스템 시범사업을 시행하였다.

중국의 주요 재정개혁 'Golden Tax Project'

중국은 1990년대 재정개혁의 일환으로 부가세제도를 시행하기 시작했다. 부가세는 기업이 제출한 수입에 대한 고지서와 실제 수입에 대한 차이를 지불하는 것이다. 그러나, 중국을 포함한 많은 개도국에서는 부가세 탈루와 관련한 심각한 문제가 지속적으로 제기되었다. 이에 대응하여 중국의 조세당국은 다양한 전략을 활용하여 부가세 탈루와 관련한 광범위한 문제에 적극적으로 대응하기 시작했다.

중국의 조세당국은 부가세법에 대한 순응을 이끌어내기 위해 고도화된 정보기술을 활용한 'Golden Tax ProjectGTP'를 시행하게 된다. GTP는 1994년을 시작으로 총 3단계(1994~2000년, 2000~2003년, 2003~2009년)에 걸쳐서 시행되었는데, 프로젝트의 주요목표는 중앙집권화된 청구시스템을 통해 조세당국이 실시간으로 허위 청구서fake invoice를 찾아내어 조치하는 것이다. 특히 허위 청구와 관련한 적발을 보다 효율적으로 실시하기 위해 기존의 서면시스템에서 전자시스템으로 전환하게 되었다. GTP를 통한 부가세의 관리와 통제는 3단계(2003~2009년)에서 이루어졌으며 주요 프로세스는 다음과 같다(그림 1.2.1). 3단계에서는 주로 부가세 집행 및 관리, 수집, 점검, 처벌, 조치와 감독의 기능을 포함하고 있다. 즉, 청구서를 통해 수집된 정보를 분석하여 지역과 기업 유형 그리고 감독하는 일련의 과정에서 발견되는 허위 또는 부적합한 청구를 감독하

그림 1.2.1 부가세 청구의 관리 및 통제 과정

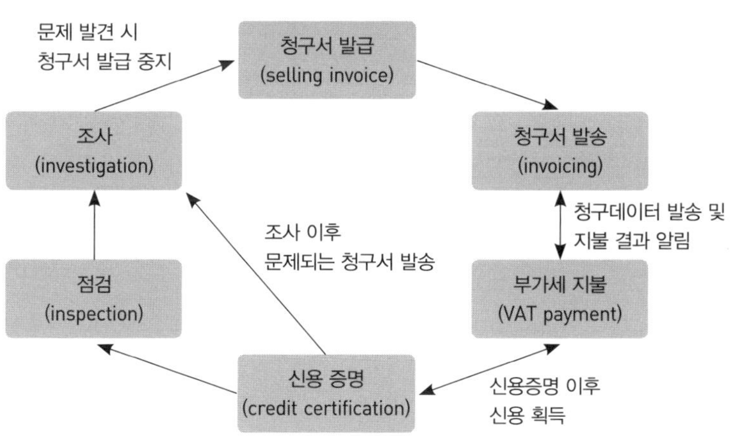

자료: Xing & Whaley(2014)

는 종합 프로세스를 구축하였다.

중국의 조세행정시스템에 전자청구e-invoice시스템이 도입된 배경은 크게 두 가지이다. 첫째, 세금 탈루와 관련한 감독 비용을 줄이기 위해 신뢰성, 투명성이 높은 전자시스템을 도입하였다. 둘째, 기업의 광범위한 정보시스템을 자동으로 수집, 활용함으로써 지역 경제의 글로벌 경쟁력을 높이기 위함이었다. 즉 민간부문의 기업이 전자청구시스템을 활용함으로써 효율성을 극대화하기 위한 노력이었다. 유럽에서는 조세행정가들이 주로 민간부문의 효율성 증진을 위해 전자청구시스템을 도입했다면, 중국은 부가세 탈루와 관련된 비용을 최소화하는 것에 중점을 두었다. 또한 이를 위하여 'Fapiao' 전자거래 청구시스템을 구축하였다.

중국의 부가세 전자거래 청구시스템 'Fapiao'

중국의 조세시스템에서 빅데이터의 요소를 활용한 대표적인 시스템으로 'Fapiao'가 있다. 'Fapiao'는 중국의 부가세를 징수하기 위한 전자거래 청구시스템이다. 기업은 각 지역에 해당하는 조세당국에서 요구하는 계좌를 개설하고, 각 거래에 해당하는 세부사항을 작성하게 되며 Fapiao 전자시스템을 통해 세금이 부과되는 시스템이다. 각 지역의 조세당국은 온라인 시스템을 통해 등록된 기업명, 주소, 특정 기사업자 등록번호 등을 Fapiao의 정보와 매칭하여 검증한다. 검증과정에서 기업의 수입과 정보가 Fapiao에 등록된 정보와 불일치하거나, 부정확한 사례가 적발되면 이에 상응하는 조치가 이루어진다.

Fapiao의 주된 강점은 조세당국이 예측되는 해당 월이나, 연간 조세를 미리 지불pre-paid system하게 한다는 것이다. 기업은 사전에 조세를 지불하기 때문에 현금거래가 많은 중국에서 탈세를 방지하는 데 유용하게 활용되고 있다. 기업이 기지불한 세금에 비해 실제 청구된 금액이 많을 경우 사후에 환급refunds을 요청할 수 있다. 정부는 이러한 사전시스템을 통해 연간 재정 계획fiscal planning, 지원, 감독을 예측하는 기초자료로 유용하게 활용하고 있다.

청구서와 관련된 변경은 조세당국의 승인을 통해서만 이루어질 수 있다. 이는 기업의 이름, 허가 번호, 기업분류 등의 모든 상세 사항의 변경을 포함한다. 또한 소비자는 기업 청구서의 정보가 잘못될 경우 이를 보고하는 시스템을 지닌다. 이와 같은 승인과정을 지님으로써 정부는 조세를 체계적으로 통제하게 된다. 또한, 각 지방정부는 시스템의 파일럿 프로그램을 시행하여 실현가능성feasibility을 평가할 수 있다. 파일럿 프로그램을 통해 발견된 내부적, 시스템적인 결함과 수정사항을 반영하고, 조세당국은 이를 반영하여 각 지역에 맞는 프로그램으로 발전시키게 된다.

그림 1.2.2 중국의 조세 청구 전자 시스템 Fapiao

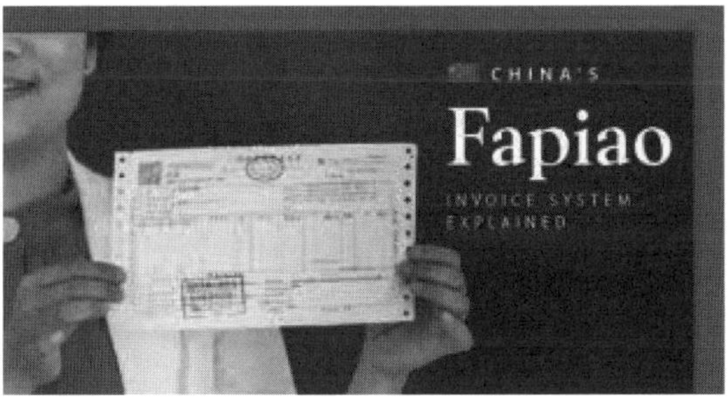

자료: Hu. (2017). China's 'Fapiao' Invoice System Explained.

정부의 청구 관련 지원시스템으로는 인터넷 연결 상태가 좋지 않은 경우에 48시간 이내로 거래와 관련된 불편사항을 접수하고 있다. 정부는 효과적인 조세행정을 위하여 주요 정보가 유지될 수 있도록 지속적으로 관리하고 있다.

중국 'Fapiao'의 효과 및 시사점

중국의 부가세 관련 전자 시스템 Fapiao는 기업의 허가, 외환 통제, 그리고 기업의 환경과 관련된 여러 요소들과 긴밀하게 연계된다. 정부는 거래와 관련된 정보를 모니터링하여 거래되는 재화와 서비스의 양을 파악하고, 이를 통해 보다 정확한 세금의 양을 추정할 수 있게 된다. 이러한 시스템은 효과적인 조세행정시스템에 기여할 뿐만 아니라 장기적으로 공무원이 기업의 니즈needs를 파악하고 거래 트렌드와 관련한 정보를 얻을 수 있도록 도와준다. 나아가, 수집된 빅데이터는 정책형성에도 활용된다. 예로, 중국법에 따라 기업은 등록, 청구 관련 정보, 일반적인 세금 관련 서류 등을 의무적으로 제출해야 한다. 이렇게 수집된 데이터는 다양한 정부기관들, 특히 세금과 허가 관련 기관들과 연계되어 납세자의 정보, 납부 대상인 세금을 추정하고 검증하는 데 활용된다. 또한 정부는 Fapiao 시스템을 통해 세금 감사, 모니터링, 그리고 기업 거래기록과 관련된 다양한 지표와 방대한 데이터를 구축할 수 있다는 점에서 중국의 효과적인 조세행정시스템으로 평가받고 있다. 그러나, 중국의 Fapiao 전자시스템 구축이 결국 중앙집권적인 정부의 강압적 접근 방법이며, 데이터의 통제와 관련한 이슈도 제기되고 있다.

중국의 빅데이터를 활용한 조세행정시스템 구축 사례는 2019년 우리나라의 국세청이 국정과제인 '빅데이터 센터'의 설립을 추진하고 있는 시점에 중요한 시사점을 제공한다. 국세청은 빅데이터 센터를 설립하여 투명성, 효율성을 향상시키는 세정혁신을 기대하고 있다. 중국과 마찬가지로 우리나라에서 지속적으로 제기되고 있는 부가세 탈루의 세원관리의 개선을 위해 빅데이터를 기반으로 한 중국의 사례를 참고할 수 있다. 한편으로, 중앙정부를 통한 빅데이터의 수집과 활용은 선진화된 시장 경제 체제에 적용하는 데 논란이 제기될 수 있다.

그러나, 부가세와 관련한 문제가 심각한 개도국에 중국의 사례가 의미하는 바가 크다. 부가세를 통한 수입원이 국가의 중요한 세입원으로 자리 잡고 있고 이를 효과적으로 집행할 수 있는 메커니즘이 필요하다면, 중국의 조세행정시스템이 부가세 수입을 정확하게 파악하고 고지하는 데 중요한 참고 사례가 될 수 있다. 전자청구시스템을 구축하고 빅데이터를 활용하는 데 있어, 중국은 기술력이 높은 기업부터 아직 낮은 기술력을 보유하는 기업까지 다양하게 존재한다는 점에서 비슷한 상황에 처해 있는 개도국에도 적용가능성이 있다. 장기적 관점에서 기술에 대한 투자를 통해 전자청구시스템의 도입을 고려하는 것이 부가세 관련 탈루의 문제와 관련 비용을 최소화하는 데 도움이 될 것으로 판단된다.

참고자료 및 출처

- Hu, W. (2017). China's 'Fapiao' Invoice System Explained. *China Briefing*. Retrived from https://www.china-briefing.com/news/understanding-chinas-fapiao-invoice-system/
- IMF(International Monetary Fund). (2011). Supporting the Development of More Effective Tax Systems. A Report to the G-20 Working Group by the IMF, OECD, UN, and World Bank.
- Inter-American Development Bank. (2016). Big Data in the Public Sector. Tomar et al. Retrieved from https://publications.iadb.org/bitstream/handle/11319/7884/Big-Data-in-the-Public-Sector-Selected-Applications-and-Lessons-Learned.pdf
- Winn, J., & A. Zhang. (2010). China's Golden Tax Project: A Technological Strategy for Reducing VAT Fraud. *Peking University Journal of Legal Studies*, 4, 1-33.
- Xing, W., & Whalley, J. (2014). Implementation of Compstat in Police Organizations: The Case of Newark Police Department. *Journal of International Social Research*, 7(35), 774-796.

제 3 장

빅데이터를 활용한 범죄예방시스템

– 미국, 산타크루즈 경찰서 –

유나리

사례 요약

- SCPD의 PredPol은 과거 범죄 발생 빅데이터를 활용하여 특정 시간대 범죄 발생 확률이 높아지는 지점을 지속적으로 찾아냄.
- 경찰관들은 이를 근거로 매시간 순찰 인력과 장소를 조정하여 범죄 대응능력을 강화하였음.
- 그 결과, 특히 침입 절도 등 재산 범죄의 발생 건수가 감소하였음.
- PredPol은 분석과 이해가 용이할 뿐만 아니라, 인권 및 사생활 논란으로부터 자유롭다는 이점이 있음.

개요 및 배경

산타크루즈 경찰서Santa Cruz Police Department(이하 SCPD)는 LA 경찰서와 함께 미국 최초로 빅데이터를 활용하여 예측적 경찰 활동을 시행하였다.

산타크루즈의 경우, 2010년에 인구가 크게 증가하였고 2011년 상반기에는 절도 등 재산 범죄가 25%나 증가한 상황이었다. 그런데 경찰 인력은 2000년 이후 20%가량 감소하였고 이를 보강할 계획도 갖고 있지 않았던 터라 효율적인 범죄대응 전략의 필요성이 더욱 높아졌다(Thompson, 2011).

UCLA와 Santa Clara 대학교 연구자들은 여진을 예측하는 데 사용되는 알고리즘을 적용하여 범죄예방프로그램인 프레드폴PredPol을 개발하였고, 이는 2011년 7월부터 6개월간 실험을 거쳐 2012년 7월부터 전면적으로 확대되었다(Bachner, 2013). 이후 PredPol은 벤처venture 펀드와 에인절angel 펀드를 지원받아 2015년 3월 기준 30여 명을 고용, 소프트웨어 패키지 약 60개(가격은 관할 규모에 따라 USD 1만~15만)를 판매하는 회사로 성장하였다(탁희성 외, 2015).

운영 방식

SCPD가 활용하고 있는 PredPol 예측기법의 핵심은 특정 시간대 범죄 발생 확률이 높아지는 지점을 계속해서 찾아내는 것이다. 컴퓨터 알고리즘이 과거 범죄 발생 데이터에 근거하여 150×150미터 격자 지도에 범죄의 발생 확률을 표시한다. 이때 경찰서 관할 규모에 따라 범죄 발생 확률이 가장 높은 핫스팟hot spot의 수를 다르게 지정하게 된다. 프로

그림 1.3.1 PredPol의 범죄예측 핫스팟

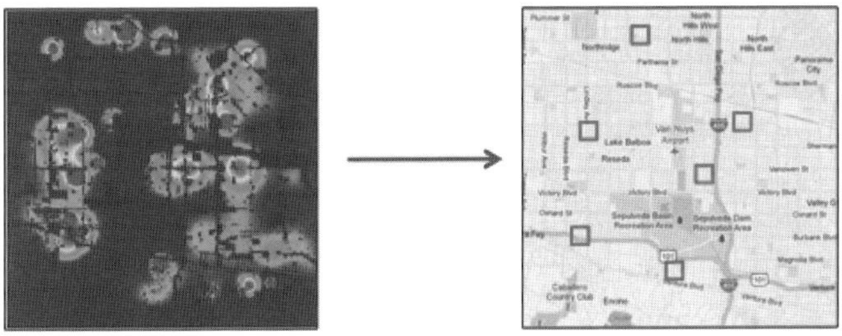

전략적 모호성(TACTICAL AMBIGUITY)
후사경 히트맵(rear-view mirror heat map)

전략적 명확성(TACTICAL CLARITY)
전방감시 PredPol 박스(forward-looking PredPol boxex)

자료: http://www.predpol.com/whatispredpol/

그래프의 예측확률(지정된 숫자 이후의 핫스팟에 대해서는 급격히 감소함)과 순찰인력의 잉여순찰 여력을 고려하여 결정하는 것으로 SCPD의 경우에는 15개 셀(구역)이 지도에 표시된다(그림 1.3.1 참조).

PredPol의 도입은 경찰관들의 범죄 대응능력을 향상시켰다. 경찰관들은 교대근무 전에 핫스팟 정보를 확인하고 다른 지역보다 핫스팟에서 더 많은 시간 순찰하도록 지시받는다. 근무 중에도 실시간 업데이트되는 핫스팟 정보를 확인할 수 있다(그림 1.3.2 참조). 물론 경찰관이 핫스팟 지도에만 의존하는 것은 아니며, PredPol이 경찰관의 경험과 직관을 보완해주는 역할을 수행하고 있다. 특히 신임 요원들의 직무수행능력을 대폭 향상시키는 것으로 평가되고 있다.

또한, PredPol은 분석과 이해가 용이하고, 인권이나 사생활 논란으로부터 자유롭다는 장점이 있다. 데이터베이스에는 범죄 유형과 발생 장소 및 시간이 포함되며 최근 범죄일수록 더 큰 가중치가 부여된다. 이외에 어떤 개인정보나 지역사회 데이터는 이용되지 않는다.

그림 1.3.2 PredPol의 적용

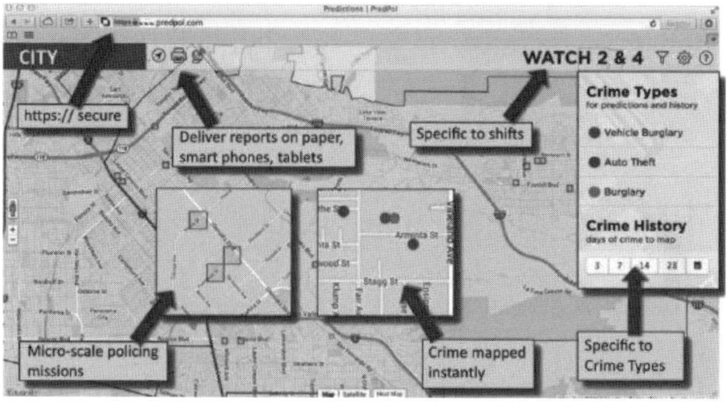

자료: PredPol, Inc. (2014). PredPol: How Predictive Policing Works.

효과

SCPD의 PredPol은 침입 절도에 특히 효과적인 것으로 나타났다. 프로그램을 시범 시행했던 2011년 7월 발생한 침입 절도 건수는 시행하지 않았던 2010년 7월에 비해 27% 감소하였다. 시행 전·후 6개월을 비교하면, 2011년 1~6월 305건에서 2012년 1~6월 163건으로 14% 감소하였다. 일반적으로 재산 범죄가 폭력 범죄에 비해 예측이 정확하고, 특히 침입 범죄는 범행을 합리적으로 계획하기 때문에 예측과 예방이 효과적인 것으로 판단되었다(Bachner, 2013: 26).

이러한 범죄예방 효과는 지속되고 있다. 2013년 6월과 7월, 전체 범죄가 전년도 같은 기간과 비교하여 각각 25%, 29% 감소하였다. 또한 미국 내 다른 주, 지방정부로 확산되고 있다(PredPol, 2014).

이는 부분적으로 PredPol이 경찰관들의 높은 지지를 받고 있기 때문이기도 하다. 기계적인 지시를 일방적으로 강요하게 되면 현장 근무자들의 경험과 직관이 컴퓨터에 무시당한다는 느낌과 함께 큰 반발을 야기할 수 있다. 자발적인 동의가 매우 중요한 것이다. PredPol의 경우, 새로운 프로그램을 경험한 경찰관들이 대부분 긍정적인 결과를 얻었고 이것이 입소문을 타면서 다른 경찰관들에게 긍정적인 동기부여를 확산시킬 수 있었다.

참고자료 및 출처

- 탁희성·박준희·정진성·윤지원. (2015). 『범죄 빅데이터를 활용한 범죄예방시스템 구축을 위한 예비 연구(II)』. 서울: 한국형사정책연구원.
- Bachner, J. (2013). *Predictive Policing: Preventing Crime with Data and Analytics*. Washington, DC: IBM Center for The Business of Government.
- PredPol. (2014, August 18). PredPol: How Predictive Policing Works. Retrieved from https://www.slideshare.net/PredPol/predpol-how-predictive-policing-works
- Thompson, K. (2011, November 2). The Santa Cruz Experiment: Can a City's Crime Be Predicted and Prevented?. Popular Science. Retrieved from https://www.popsci.com/science/article/2011-10/santa-cruz-experiment
- 프레드폴 홈페이지 http://www.predpol.com/ (접속일: 2018. 2. 7.)

제 4 장

빅데이터의 대중교통 활용 사례

- 대한민국, 서울특별시 -

최정인

사례 요약

- 2013년 9월 서울시는 빅데이터를 활용하여 야간에 근무하는 근로자들에게 필요한 대중교통 수단을 찾고자 서울시 심야버스(일명 '올빼미 버스')의 운행을 시작함.
- 빅데이터의 활용으로 서울시 탑승자 패턴을 파악하여 가장 최적의 버스노선을 설계하였고, 기존 도로의 복잡한 연결망을 이해하는 데 도움이 됨.
- 2017년 4월 기준 1,020만 명 이상의 이용객이 이용하였으며, 이는 시민, 민간, 공공부문의 협력적 결과로, 이용자 중심의 정책설계 등 정책적 측면의 긍정적 평가임.
- 서울시 심야버스는 World Bank의 전 세계 지능형교통시스템의 모범 사례로 소개되는 등 빅데이터를 활용한 교통복지 실현에 기여했다는 점에서 의의가 있음.

빅데이터를 활용한 대중교통시스템 개선

서울시는 '시민의 작은Small 고충까지도 해결하는 큰 데이터Big data'라는 슬로건과 함께 빅데이터를 적극적으로 활용하고 있다. 서울시는 빅데이터를 기반으로 시정혁신을 추진하고자 2013년 4월「서울시 빅데이터 활용 기본계획」을 수립하였다. 기본계획의 실현은 크게 3단계로 시정혁신을 통해 시행되었다. 이행의 첫 번째 단계로 시범과제로서 심야버스 노선의 최적 경로를 도출하였다. 먼저 정보시스템을 통해 제공되는 행정데이터와 이동통신사 등의 민간데이터, 상황인지정보 등을 활용하기 위해 KT와 데이터 융합을 시도하였고 기업의 유동인구 분석 데이터를 행정데이터와 결합시켰다. 3개월의 시범운영 기간 동안 총 22만 명의 승객이 심야버스를 이용하였으며 탑승객 만족도 조사에서 약 500명의 응답자로부터 80점 이상의 긍정적인 평가를 받았다. 또한 심야버스 운행 확대에 대해 시민의 88%가 찬성하였다.

이러한 심야버스 노선의 최적 경로는 1,252개 헥사곤, 30억 건의 콜 데이터call data를 바탕으로 출발, 목적의 방향성 데이터와 유동인구 밀집도를 시각화하였다. 이러한 과정을 통해 만들어진 심야버스 노선은 노선별 시뮬레이션의 최적화 이후에 완성되었고, 강남, 홍대, 동대문, 신림, 종로 등 심야시간에 시민들이 가장 많이 이용하는 서울시의 구간을 중심으로 버스 노선을 확대하였다.

서울시 심야버스 노선구축 추진배경

서울시가 대규모 도시로 급속하게 성장함에 따라 야간시간의 교통수단 공급 부족, 심야시간 택시의 승차거부 및 저소득 근로자의 교통수단 활용에 따른 경제적 부담 등의 문제를 해소하기 위해 심야전용 버스 도입을 추진하게 되었다. 특히 저소득 근로자들이 사는 외곽지역까지 운행하기에 택시운전사들의 안전 그리고 거리의 부담을 대중교통을 통해 해결하고자 하였다. 서울시는 빅데이터를 활용하여 야간에 근무하는 근로자들에게 필요한 대중교통 수단을 찾고자 노력하였고 그 결과로 새벽 5시까지 서울시 심야버스(올빼미 버스)를 운행하게 되었다.

기존의 버스노선은 탑승자로부터 설문을 실시한 결과를 바탕으로 예측되고 설계된다. 이와 같은 전통적인 방법은 설문조사의 비용, 시간, 신뢰성의 문제를 지니고 있다. 서울시는 이러한 문제를 해결하고 보다 객관적인 데이터를 수집하여 야간근무자들의 출발지와 목적지 등의 구체적인 장소를 도출하였다. 빅데이터의 활용은 가장 최적의 버스노선을 설계하는 데 도움을 주었을 뿐만 아니라 기존의 도로의 복잡한 연결망을 이해하게 해주었다. 또한 가장 많이 이용된 노선을 대상으로 다양한 시뮬레이션이 실시되었다.

2013년 9월, 서울 심야버스가 정식으로 첫 운행을 시작했다. 1년 후, 2014년 11월에는 기존의 8개 노선에 15대의 버스를 추가로 투입해 배차간격을 단축하였고 이에 더하여 서·남권 지역 노선을 추가하였다.

빅데이터를 활용한 교통시스템 개선 효과

빅데이터를 활용한 서울시 심야버스는 다음과 같은 가시적인 성과를 이루어냈다. 첫째, 버스노선의 구축으로 야간에 근무하는 시민들의 교통비(택시비)가 감소되었으며, 승객들은 보다 안전하고 편리하게 귀가할 수 있게 되었다. 특히, 기존에 비해 여성 활동 인구가 10% 이상 늘어나게 되었다. 2017년 4월 기준, 누적 이용객은 1,020만 4,000명에 이르렀다. 둘째, 교통시스템의 개선을 위한 데이터 구축은 이후 범죄를 예방하는 시스템과 연계되었고 교통약자(노인, 어린이 등)를 위한 안전정책을 강화시키는 부가적인 효과가 달성되었다.

이와 같은 기여를 인정받아 서울시 심야버스는 국내외 미디어와 국제기구에서 모범 사례로 소개되고 있다. 정책이 시행된 2013년에 '2013 서울시 10대 뉴스'에서 1위를 차지함으로써 이슈가 되었고, 한국지방행정연구원과 신문사 머니투데이의 '대한민국 지방자치 정책 대상'의 광역시도 부문에서 대상을 수상하기도 했다. 또한 World Bank의 『전 세계 지능형교통시스템 가이드북Intelligent Transport System Guidebook』에 모범사례로 소개되기도 하였다. 우크라이나 등 해외 교통공무원이 방문하여 서울시 심야버스 사례를 포함한 서울시 교통정책을 배워가기도 하였다. 실제로 우크라이나 키예프 시에서는 서울시 심야버스와 유사한 버스가 운영될 예정이다.

서울시 심야버스가 정책적으로 긍정적인 평가를 받게 된 배경은 첫째, 시민, 정부, 그리고 민간부문(통신사)의 협력하에 수립된 교통정책이라는 데 있다. 서울시는 시민 공모를 통해 2013년 '올빼미 버스'라는 브랜드명을 선정하였고 이에 맞추어 올빼미 로고를 디자인했다(그림 1.4.1).

그림 1.4.1 올빼미 버스 로고

자료: 김태환(2017: 45)

또한 심야버스정책 도입 당시 택시기사들의 생계 위협이라는 강한 반대에 부딪혔다. 이러한 우려에 대응하여 서울시는 수차례 간담회를 통해 택시업계 관계자들과 소통하였다.

둘째, 수요자 중심의 정책설계가 이루어졌다는 점이다. 빅데이터는 일부 표본이 아닌 수요자 전체의 모집단을 바탕으로 데이터 분석이 이루어지기 때문에 실제 서비스 이용자 전체의 수요를 반영하고 이를 바탕으로 노선을 구축하게 된다. 이를 통해 기존의 정부주도의 정책설계가 이루어질 때 특정 집단 또는 이해관계자의 수요가 반영되는 한계를 극복할 수 있다. 또한, 공공데이터뿐만 아니라 민간부문(통신사)의 데이터를 융합한 국내 최초 사례라는 점에서 의의가 있다.

특히 정책적 측면에서 본 사례는 유용성, 사용성, 신뢰성, 접근성, 공익성 모든 영역에서 긍정적인 평가를 받고 있다(안영주·김승인, 2014: 서울정책아카이브, 2017 재인용). 안영주와 김승인(2014)은 피터모빌의 벌집모형을 재구성하여 서울시 심야버스 사례를 다음과 같은 점에서 긍정적으로 평가하였다. 첫째, 유용성useful의 측면에서 통신사 등의 데이터 분석 후에 심야버스에 대한 수요를 파악하고 정책결정을 했다는 점이다. 둘째, 사용성usable의 측면에서 3개월의 시범사업 이후 노선을 확대 실시하였다는 것이다. 셋째, (데이터의) 신뢰성credible 측면에서 KT에서 제공한 통화량 데이터와 교통카드에서 추출한 데이터가 실제 심야버스 이용자의 패턴과 대부분 일치하였다는 점이다. 넷째, 접근성accessible은 모바일 앱을 활용하는 모든 이용자에게 데이터가 개방되고 데이터베이스가 자유롭게 활용되었다는 점이다. 마지막으로 공익성public value은 시민을 위한 공익적 목적이라는 측면이다.

마지막으로 서울시는 심야버스 운영의 편의성을 향상시키기 위한 노력을 지속적으로 해왔다. 홈페이지와 스마트폰 앱을 구축하여 심야버스의 운행정보를 실시간으로 확인할 수 있도록 하였으며, 새벽시간대에 버스를 활용하는 승객의 안전을 최우선으로 담보하기 위해 전 차량에 과속방지장치 및 격벽을 설치하였다. 또한 심야버스를 전담하는 운전원의 채용 및 심야시간대 근무여건에 맞춘 처우개선에도 힘썼다.

그림 1.4.2 서울시 심야버스 노선도

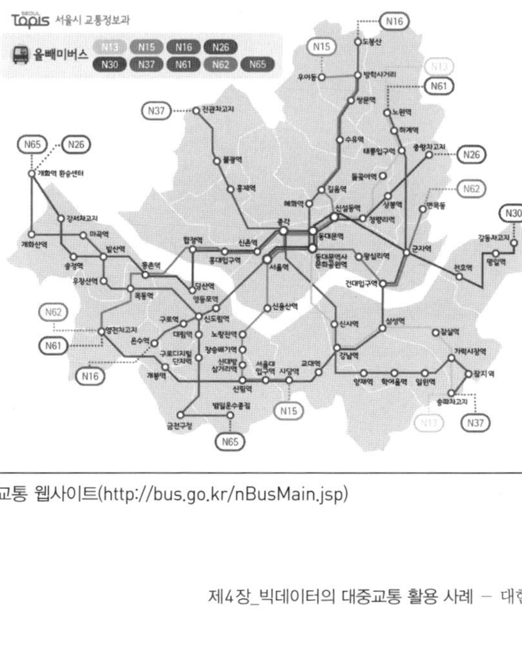

자료: 서울시 대중교통 웹사이트(http://bus.go.kr/nBusMain.jsp)

빅데이터를 활용한 교통복지 실현 – 서울시 심야버스 사례의 적용가능성

빅데이터를 활용하여 교통시스템을 개선한 본 사례는 향후 지역별(도시 또는 지방), 특정 수요자(장애인, 어린이, 노약자)의 수요와 이해를 파악하고 이를 시스템 개선에 적용할 수 있을 것이다. 현재 서울시는 보다 체계적인 빅데이터 활용을 추진하기 위해 빅데이터 캠퍼스를 개관하고 시민, 대학, 기업이 협력하여 데이터 분석을 시행하고 있다. 또한, 장애인을 위한 콜택시, 점자 블록 등 빅데이터를 활용한 정책수립을 적극적으로 추진하고 있다. 빅데이터의 활용과 분석은 골목상권 문제를 해결하기 위한 '우리 마을 가게 상권 분석 서비스' 구축 외에도 의료, 교통 분야 등 시민 생활의 곳곳에 영향을 미치고 있다. 앞으로 서울시는 2013년 수립한 빅데이터 활용 계획을 중심으로 데이터 분석을 통해 교통사고 예방, 대중교통과 관련된 불균형 해소, 교통약자를 위한 안전시설 확충을 추진할 예정이다.

그러나, 본 사례는 교통 관련 데이터가 구축되어 있지 않거나, 모바일 보유 및 활용, 인터넷 접근성이 낮은 개도국에 적용하기에 어려움이 존재한다. 교통데이터를 구축하기 위해 소요되는 비용이 높기 때문에 교통시스템 개선에 대한 필요성을 인지하고 있음에도 불구하고 이를 실현하는 데 한계에 부딪힐 수 있다. 개도국이라 할지라도 모바일 활용도가 높고 인터넷 접근성이 높은 대도시의 경우에는 데이터 이력을 보유하고 있는 통신사와의 협력을 통한 긍정적 효과를 기대할 수 있다. 다만 교통시스템 개선의 초기단계에서는 서울시 사례와 같이 시범사업을 통해 초기비용을 절감하고 반드시 필요한 시간대에만 노선을 구축한 이후 점차 확대하는 등 문제점을 해결하는 방식을 심도 깊게 논의할 필요가 있다.

서울시 심야버스의 효과를 분석하기 위해서는 궁극적으로 노선의 확대, 이용자 수의 증가, 배차간격의 단축 등 양적지표뿐만 아니라 시민의 갈등과 사회적 문제 해결의 정책목표 달성정도의 질적 측면에 주목할 필요가 있다. 이는 빅데이터의 사례를 통해 장기적 관점에서 빅데이터의 활용이 우리나라에 산적해 있는 양극화, 고령화 등의 사회문제에 어떠한 영향을 미치는지에 대한 논의도 함께 이루어져야 함을 시사한다.

참고자료 및 출처

- 김태환. (2017). 「빅데이터를 통해 늦은 밤, 서울시민의 발이 되다 서울시 올빼미 버스」. 『도시문제』, 52(587), 42-45.
- 서울정책아카이브. (2017). Big data in Seoul's Transportation Plans. 2017. 12. 28. https://seoulsolution.kr/en/content/7594 에서 검색.
- 안영주·김승인. (2014). 「빅 데이터의 효용성 검토와 향후 발전 가능성에 대한 제고」. 『디지털디자인학연구』, 14(3), 501-510.
- 이신·허유경·김혜미. (2017. 3. 24.). 「빅데이터를 이용한 교통계획: 심야버스와 사고 줄이기」. 서울정책아카이브. https://seoulsolution.kr/ko/node/6524 에서 검색.
- 이영미. (2013). 「지역속으로: 지역정보화 e-News; 서울시, 빅데이터, 모바일 중심 [超협력 전자정부] 추진」. 『지역정보화』, 81(단일호), 120-123.
- The world Bank. Toolkit on Intelligent Transport Systems for Urban Transport.

제 5 장

빅데이터 활용과 구축을 통한 효율적 대중교통 운영 사례

– 대한민국, 광주광역시 –

손선화

※ 본 사례는『내 삶을 바꾸는 공공빅테이터』,『우리의 미래, 빅데이터, 시내버스 운영방안 광주광역시』(행정안전부, 2018)에서 발췌하였음을 밝힘.

사례 요약

- 광주시는 2007년 준공영제 실시 이후 시내버스 운송수입이 매년 감소함에 따라 재정지원이 큰 폭으로 증가하고 있는 실정인 반면에, 신규택지개발 등으로 생겨난 신도심은 시내버스 수요가 급증하고 버스 공급은 그 수요를 따라가지 못하여 이용과 수요에 맞는 시내버스의 효율적 운영이 필요함.
- 이에 지자체 빅데이터를 분석해주는 안전행정부(현 행정안전부) 수시분석 서비스를 통하여 1년간 시민들의 교통카드 사용 이력뿐만 아니라 통신사 유동인구 및 거주인구 등의 빅데이터를 분석하여 시내버스 이용 편의 증진과 효율적 운영을 위한 기초 자료로 활용함.
- 광주시 대중교통 사각지대의 주거 인구 분석을 통해 시민이 대중교통을 이용하기 불편한 지역을 추출하고, 추출된 지역에 대해 대중교통 버스노선 조정 및 정류소 변경 등으로 대중교통 이용의 편의성이 향상됨.
- 빅데이터를 활용한 교통시스템 개선을 위해서는 지자체 수준의 대중교통시스템에서 나아가 국가 수준의 교통정보 플랫폼을 구축하고 확대해야 함을 시사함.

서론 (개요 및 배경)

4차 산업혁명 시대에 우리는 빅데이터 분석을 통해 단순 정보제공뿐만 아니라 축적된 정보를 활용하여 문제를 진단하고 미래를 예측하는 해결책을 제공할 수 있다. 교통 부문에서도 유동인구 데이터를 활용하여 대중교통의 수요와 공급 불균형 문제를 해결하기 위한 빅데이터 분석 활용이 가능하다. 2013년 이후 '정부3.0'의 본격적 추진에 따라 「빅데이터를 활용한 스마트 정부 구현방안」이 주목받으면서 데이터 기반의 과학적 행정구현에 대한 관심이 고조되었다(한영광, 2016). 행정안전부는 지난 2014년 광주시와 함께 「광주지역 시내버스 효율적 운영방안 마련 사업」을 진행했다(행정안전부, 2018). 빅데이터 분석을 통해 기존의 불편사항을 없애고 시민의 편의성을 제고하여 편리하게 시내버스를 이용할 수 있도록 한 것이다. 시는 교통카드 이력, 주거·유동인구 데이터 등을 활용해 시민의 거주위치와 버스, 지하철 정류장의 위치데이터를 분석하였으며, 과학적 분석을 통해 시내버스의 효율적 운영을 위한 결과를 도출하였다.

본론 (내용)

광주시는 2007년 준공영제 실시 이후 시내버스 운송수입이 매년 감소함에 따라 재정지원이 큰 폭으로 증가하고 있었다. 또한, 신규택지개발 등으로 생겨난 신도심은 시내버스 수요가 급증하고 있는 반면 버스 공급은 그 수요를 따라가지 못하고 있는 상태로 이용과 수요에 맞는 시내버스의 효율적 운영이 필요하였다(행정안전부, 2018). 이에 광주시는 지

표 1.5.1	대중교통시스템의 효율적 운영을 위한 빅데이터 분석 내용
사업 목적	• 대중교통 이용자들의 교통카드 사용 이력뿐 아니라 유동인구 및 거주인구 등 빅데이터를 활용한 분석결과로부터 시내버스 이용 편의 증진 및 효율적 운영을 위한 노선 개선에 기초자료로 활용
주요분석 데이터	• 교통카드 이력데이터 1억 7,338만 8,169건 • 버스운행 이력데이터 275만 5,106건 • 버스정류장 2,632건 • 교통약자 시설 590건 • 주거인구 데이터 471만 7,776건
이슈사항	• 정류장 GPS오류 카드 태그 시 GPS 오류로 정류장 위치 정보 누락 • 카드 거래 하차 태그 누락 광주시 버스운영체계 특성상 시내버스 교통카드의 하차 태그정보가 70% 누락

출처: 행정안전부. (2018). 「내 삶을 바꾸는 공공 빅데이터」.

자체 빅데이터를 분석해주는 안전행정부(현 행정안전부) 수시분석 서비스를 통하여 지난 1년간 시민들의 교통카드 사용 이력뿐만 아니라 통신사 유동인구 및 거주인구 등의 빅데이터를 분석하여 시내버스 이용 편의 증진과 시내버스 효율적 운영을 위한 기초자료를 구축하기로 하였다. 먼저 광주시 전 지역을 작게 나눠 버스 정류장 수가 부족한 지역 중 10개 지역을 대중교통 사각지대로 선정하여 교통약자가 많이 이용하는 편의시설 위치를 분석해 16개 버스노선을 선정했다. 또 분석결과에 따라 교통약자가 많이 이용하는 노선에 저상버스 40대를 추가 도입했다. 이와 함께 교통카드 데이터를 분석해 출퇴근 시간대 이용자가 많은 노선의 배차간격을 조정해 시민들의 불편을 대폭 줄일 수 있었다.

대중교통 사각지대 분석은 구체적으로 서비스 권역 외 사각지대 추출, 유동인구 사각지대 추출, 주변환경 분석 등을 수행하였다. 환승객 정류장 속성에 따른 분류, 환승 정류장 속성별 구간화, 환승정류장 주요 속성 및 기준 도출을 통하여 환승 편의시설을 우선적으로 설치·도입

그림 1.5.1 분석 결과의 시각화

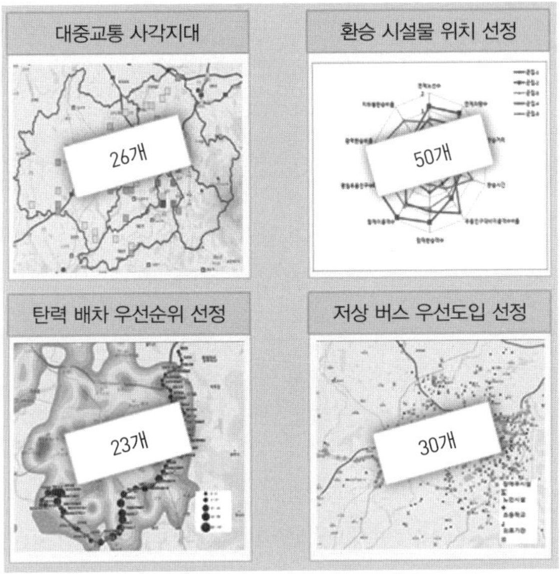

자료: 행정안전부. (2018). 「우리의 미래, 빅데이터. 시내버스 운영방안 광주광역시」.

할 정류장을 선정하였다(한경록, 2015).

지속적인 노력을 통해 2017년 광주시는 10년 만에 시내버스 노선을 전면 개편하여 기존 98개 시내버스 노선을 102개 노선으로 확대하였다. 광주시는 교통카드 데이터와 광주시에 접수된 주요 민원, 운전원 설문조사, 버스운행관리시스템BMS 자료 등의 빅데이터를 스마트행정담당관실의 협조와 철도기술연구원에서 개발한 TRIPS 프로그램으로 분석하고 교통전문가와 시의회 의원, 인접 시·군 주민 간담회 및 자치구 순회 공청회 등 시민의견 청취 등을 통해 최적의 노선안을 도출해냈다(『노컷뉴스』, 2017. 2. 10.). 노선 개편안의 주요 내용은 신규 택지지구 등 도시 외곽 지역의 교통불편 해소를 위해 4개 노선 신설, 시내버스 신규 수요 발생

지역에 대한 노선 조정, 안전운행과 배차 간격 준수를 위한 장거리 노선 분리, 비효율적인 노선 통합이다. 광주시는 앞으로도 공공영역 빅데이터 분석을 행정에 접목해 데이터를 기반으로 시정 현안 및 시민 니즈를 반영한 선제적 공공서비스를 마련, 제공하여 지역 특성을 반영한 맞춤형 서비스를 발굴해 일자리 창출 및 지역 내 산업경쟁력 강화에 힘쓸 예정이다(『아시아경제』, 2018. 1. 9.).

행정안전부는 광주시의 성공 사례를 기반으로 전주시까지 적용대상을 확대하여 2015년 교통 분야 빅데이터 분석 사업을 추가로 진행했다. 시내버스 정류장·노선 및 유동인구 데이터의 특성에 맞추어 지도를 이용한 시각화 결과를 활용하여, 신규 노선 개발과 기존 노선 조정, 탄력배차제 도입을 위한 발판을 마련하고, 관광객을 위한 노선도 개발했다. 결과적으로 실제 시내버스 탑승 데이터를 바탕으로 수혜받는 고객 수 등을 집계할 수 있는 시뮬레이션을 개발하여 환승할인정책 변경 시 근거자료로 활용할 수 있게 되었다. 이를 통해 대중교통 이용의 편의성이 제고되어 시민 만족도가 높아졌으며 더불어 지자체의 관광 활성화에도 기여하여 지역경제도 살아나는 효과가 나타났다(행정안전부, 2018).

결론 (결과, 효과 및 시사점)

교통 부문은 이용자 집단의 규모가 크고 실시간 정보 수집 및 제공의 효용이 높다는 특징이 있기 때문에, 빅데이터를 활용한 다양한 정책 및 서비스 개발 요구가 점차 증대되고 있다(유경상 외, 2017). 광주시는 빅데이터 분석을 통해 대중교통 취약지역의 교통시스템 개선이 가능하였으며, 유연한 대중교통 운영 및 교통시설을 추가로 확충하는 성과가 나타났다. 이에 따라 시내버스 이용의 편리성 증대를 통한 이용자 만족도가 제고되었고 동시에 효율적인 버스운영시스템을 이용함에 따라 사회적 비용이 감소되기도 하였다.

그러나 국내의 경우 이처럼 버스정보시스템을 통해 수집되는 버스 운행정보 데이터를 대중교통정책에 활용하는 사례는 많은 반면, 미국을 포함 선진국들은 지능형교통체계ITS 빅데이터를 교통부문에 활발하게 적용하고 있어 국내의 통합적 관리 사례는 적은 실정이다(이백진 외, 2018). 해외 교통 빅데이터 플랫폼의 사례로 미국 RITISRegional Integrated Trasnportation Information System(지역통합 교통정보시스템)은 미국 전역을 대상으로 민간, 공공기관 등의 수집을 통해 실시간 교통정보를 반영하여 복잡한 교통문제 해결을 위한 분석틀을 제공한다. 분 단위 혹은 일 단위의 시간으로 교통 상황 변화를 확인하여 경로 및 교통 수단을 최종적으로 선택하도록 하는 것이 특징이다(이상화, 2018). 인구 밀도가 상당히 높은 싱가포르의 경우, 국가 주도의 스마트 국가 사업으로 교통체증 문제를 해결하기 위해 빅데이터 활성화 정책을 추진한다. 싱가포르는 한국과 유사하게 지하철, 버스와 같은 대중교통이 잘 발달되어 있으나 자가 차량 이용을 줄이고 대중교통 이용 증진을 위한 편의성 향상에 초점을 두어 대중교통 현황을 실시간으로 알려주는 'MytranspotySG' 애플리케이션을 제공한다(*The Science Times*, 2019). 또한 2011년부터 모두 접근할 수 있는 교통 오픈데이터 플랫폼을 열어 실시간 토지·교통을 분석한 데이터를 제공하고 있다. 제한된 국토 면적에서 대중 교통 인프라를 확대하는 일은, 좋은 대중교통시스템이 환경과 삶의 질에 크게 영향을 준다는 점을 이해관계자들이 공감하기 때문에 가능한 일이라 평가된다. 더불어 버스 운영자에게 인센티브를 주어 버스 서비스 질을 높이도록 대중교통에 대한 투자도 확대해나가고 있다(『조선비즈』, 2016. 9. 19.).

우리나라도 지자체 수준에서의 데이터 관리에서 나아가 흩어진 빅데이터 자원을 총괄 관리하고 분야 전반을 아우르는 국가단위의 데이터 정책을 수립하여 이끌어갈 컨트롤타워 기능을 강화하고 시스템 간 연계나 빅데이터 구축에 추가 비용과 노력 투입이 필요하다(국토연구원·한국교통연구원, 2018).

참고자료 및 출처

- 광주광역시. (2015). 「광주광역시 정보화기본계획(2015~2019년)」.
- 국토연구원·한국교통연구원. (2018). 「국토교통 빅데이터 추진전략 및 변화 관리 방안 연구」
- 김동언. (2017. 2. 10.). 「광주광역시, 10년 만에 시내버스 노선개편-25일부터 102개 노선으로 확대개편」. 『프레시안』. http://www.pressian.com/news/article/?no=150518 에서 검색
- 김형로. (2017. 2. 10.). 「광주 시내버스 노선개편 확정시행」. 『노컷뉴스』. https://www.nocutnews.co.kr/news/4731922 에서 검색.
- 류현정. (2016. 9. 19.). 「[혁신 현장 싱가포르] ② "자율주행차로 대중 교통을 즐기게 하겠다"」. 『조선비즈』. http://biz.chosun.com/site/data/ 에서 검색.
- 박선강. (2018. 1. 9.). 「광주시, 빅데이터 중장기 전략계획 수립」. 『아시아경제』. https://www.asiae.co.kr/news/view.htm?idxno=2018010915195132049 에서 검색.
- 유경상·이창·윤규근. (2017). 『빅데이터와 교통정책의 연계방향』. 서울연구원.
- 유성민. (2019. 4. 14.). 「'스마트 국가' 선도하는 싱가포르 – 벤치마킹 통해 도시문제 해결」. 『The Science Times』. https://www.sciencetimes.co.kr/?n

ews=%EC%8A%A4%EB%A7%88%ED%8A%B8-%EA%B5%AD%EA%B0%80-%EC%84%A0%EB%8F%84%ED%95%98%EB%8A%94-%EC%8B%B1%EA%B0%80%ED%8F%AC%EB%A5%B4 에서 검색.

- 이백진·정진규·오성호·김광호. (2018). 『ITS 빅데이터를 이용한 도시 모빌리티 분석 및 정책 활용방안』. 국토연구원.
- 이상화. (2018). 「[기고 3] 빅데이터를 활용한 교통 서비스 국외 동향 및 시사점」. 『월간교통』, 48-52.
- 한경록. (2015). 『광주 주요분야의 빅데이터 구축 및 가공·활용방안 연구』. 광주발전연구원.
- 한영광. (2016). 「지방자치단체 빅데이터 추진 현황과 정책적 시사점」. 『한국지역정보화학회 학술발표대회논문집』, 69-88.
- 행정안전부. (2014). 「빅데이터 공통기반 및 시범과제 확대 구축사업」.
- 행정안전부. (2018). 「공공빅데이터 우수사례집-일반용」.
- 행정안전부. (2018). 「내 삶을 바꾸는 공공빅데이터」.
- 행정안전부. (2018). 「우리의 미래, 빅데이터. 시내버스 운영방안 광주광역시」.
- 행정안전부. (2018). 「행정을 스마트하게 바꾸다」.

제 6 장

위험진단 및 미래이슈탐색 체계

(RAHS, Risk Assessment and Horizontal Scanning)

– 싱가포르, 정부 –

박동규

사례 요약

- 싱가포르의 국가 위험관리 시스템RAHS은 수집된 빅데이터 정보를 기반으로 학습을 통해 효율적인 위험 예측 및 대응책을 제시해왔음.
- 국가 위험관리 시스템은 복잡해지고 불확실해지는 현대 사회의 각종 위기를 빅데이터를 이용해 대비하고자 한다는 데 의의가 있음.
- 우리나라는 위험관리 역량에 대해 여전히 허점을 보이고 있는바, 싱가포르의 RAHS를 통해 빅데이터를 이용한 위기관리 시스템 개발에 대해 시사점을 제공함.

사회가 복잡해지고 다양화됨에 따라 국가가 맞닥뜨리는 위기의 종류도 더욱 다양해지고 예측이 어려워지고 있다. 전통적으로 정부는 가시적인 적국의 위협, 자연재해 등 안보 및 재난 영역의 위험만 책임지기 위해 신경을 쓰면 됐지만, 현재는 테러, 금융위기, 사이버 보안, 에너지 수급, 신종 질병 및 전염병 등 정부가 관리해야 하는 도전과 과제들이 더 많아지게 되었다. 이러한 위기상황에 대한 대처와 관리역량은 현대 정부에 요구되는 가장 중요한 요소 중 하나가 되었다.

위험관리의 개념은 일반적으로 개인이나 조직의 목표 또는 목적에 따라 순수위험으로 인한 손해를 최소의 비용으로 최소화하는 것으로 정의된다(Williams & Hems, 1964). 협의의 의미로는 기업의 이익추구 활동에서 이익에 영향을 미치는 모든 종류의 위험에 대한 경영자의 관리기능(Rosembloom, 2003)만을 뜻하는 것일 수도 있겠으나 주체가 기업이 아니라 할지라도 개인이나 공동체 모두 이익에 위협을 가하는 위험은 언제나 존재하는 것이므로 순수위험의 관리에 대한 모든 행정적인 결정 및 집행을 위험관리로 보는 것이 맞을 것이다(Rejda, 2011). 이러한 위험관리가 중요한 이유는 위험관리 시스템의 효과성에 따라 최소의 인적, 물적 비용으로 국가의 손실을 최소화할 수 있고, 나아가 국민과 국가의 생존을 확보하는 데 결정적인 영향을 미치기 때문이다.

역사적으로 세계 각국의 정부는 이러한 위기상황에 대처하기 위해 전통적으로 'war game'에 기반한 시나리오 계획Crisis Management Simulation을 활용하여 각각의 위기상황을 상정한 시나리오별 대응법을 이용해왔다(이희정, 2015). 발생 가능한 시나리오를 설계함으로써 미래 위험을 전망하고 위기관리 계획의 적절성 및 실효성을 검증하는 데 활용하는 것이다. 하지만 시나리오 계획은 각각의 모의 상황에 따른 대처방안을 체계적으로 마련할 수 있다는 장점이 있지만, 시나리오가 너무 많은 나머지 관리자가 이를 숙지하지 못하여 발생하는 인재人災적 요인의 위기와 통합적, 적시적 시나리오 관리를 달성하지 못해서 발생하는 시스템 부실형 요인의 위기가 도마에 오르곤 한다. 위기는 오늘날 복잡계 사회에서 복합적인 영향을 미치면서 발생하기 때문에 배타적이고 선형적인 원인을 찾기가 거의 불가능한 이른바 '고약한 문제wicked problem' 가운데 하나로 볼 수 있다(박병원, 2015).

한편 싱가포르는 빅데이터를 통한 머신러닝 방식을 이용한 국가 위험진단 및 미래이슈탐색 체계 RAHSRisk Assessment and Horizontal Scanning(이하 RAHS)를 운영하여 위기대응의 신속성과 효과성을 강화하고 있다. 빅데이터란 기존 데이터베이스의 용량과 관리능력을 넘어서는 대량의 정형 또는 비정형의 데이터로부터 의미 있는 가치를 추출하고 결과를 분석하는 기술로 정의(www.wikipedia.org)되며 4차 산업혁명을 이끄는 가장 중요한 자원이자 도구로도 인식되고 있다. 오늘날 수많은 소스에서 쏟아지는 데이터를 분석 및 예측함으로써 시스템 스스로가 뒤이어 닥칠 위험을 예측하고 스스로 최적화된 방안을 도출하는 것이 핵심이다. 이 글은 이러한 싱가포르의 국가 위험관리 시스템 모범 사례를 소개함으로써 그것의 작동원리, 특징, 실제 응용 사례를 통해 한국의 위험관리 시스템에 던지는 함의와 시사점을 찾고자 한다.

싱가포르 RAHS 소개

싱가포르는 『WEF세계경쟁력보고서』에 따른 국가경쟁력 순위에서 항상 상위 1,2위를 다투고 정부의 역량과 공무원의 전문성이 세계 최고 수준으로 인정받는 모범국가이기도 하다. 하지만 제3세계 지역에 위치한 글로벌 도시로서 테러의 위협과 열대기후가 가져오는 재난 재해 등 수많은 위기 요인에 대처해야만 했다. 싱가포르 정부는 1980년대부터 이미 미래 시나리오 기법을 활용한 전략수립을 시도한 바 있는데, 2001년 이슬람 테러조직에 의한 싱가포르 주재 대사관 테러음모, 2003년 동남아를 강타한 중증급성호흡기증후군SARS등의 위기를 경험한 이래로 마침내 2004년 7월 위험진단 및 환경탐색RAHS이라는 프로그램을 개발하기에 이른다. RAHS는 미래전략 수립을 위해 정부 기관들의 데이터 공유를 비롯, 정부 차원의 정보 네트워크를 구축하는 것을 골자로 하고, 이를 통해 도출된 미래전략을 위기 대응을 위한 정책 개발 및 실행에 적극적으로 반영하고 있다.

싱가포르 국가안보조정사무국National Security Coordination Secretariat, NSCS 산하 RAHS 프로그램 사무처RAHS Programme Office가 본 시스템을 담당하고 있으며, 예상치 못한 이슈, 떠오르는 위협요소, 와일드 카드 및 위크 시그널[1] 분석 및 보고서를 발간하고 정부 내외 조직들의 정보 네트워크를 구성하여 협력하는 역할을 하고 있다(한국정보화진흥원, 2014). 기성 미디어 및 온라인, 소셜 미디어에서 생산되는 정보들을 키워드와

1) 와일드 카드(wild cards)는 발생 가능성이 매우 낮으나, 발생했을 경우 엄청난 사회적 영향을 미칠 수 있는 사건으로서 주로 부정적 사건을 지칭하나 긍정적 사건을 지칭할 때도 있다. 위크 시그널(weak signal)은 사회 변화의 시작을 가리키는 신호로, 미래에 발생할 가능성이 있는 사건에 대하여 불명확하지만 관측 가능한 경고 혹은 신호를 가리킨다. 위크 시그널은 이슈진화에 대한 잠재적 영향을 측정하기 위해, 다양한 해석적 노력이 필요하다(한국정보화진흥원, 2014).

결합하여 국가안보정책과 관계되는 모든 이슈들, 핫토픽, 여론, 그리고 시간의 흐름에 따른 주제의 중요도 변화들을 반영한 복합적인 분석이 이루어진다. 크게 심화 데이터 분석, 모델링, 그리고 관점 공유perspective-sharing tools 세 가지 역할을 구성하고 있으며 상황과 목적에 따라 SKAN, Vanguard, Tech-SKAN 등의 소프트웨어들이 위험탐색 과정을 돕는다. 구체적인 단계는 다음과 같다.

환경 탐색environmental scanning

잠재적으로 문제를 일으킬 수 있는 떠오르는 이슈들에 대한 신호를 모니터링하고 잡아낸다. 먼저 탐색할 환경을 이해하고, 탐색 도구를 결정한다. 탐색 적절성을 높이기 위한 접근법을 개발한 다음, 탐색할 데이터베이스를 추출한다.

지표화issues to indicators

탐색한 위험 이슈들을 데이터로 표현할 수 있는 지표로 변환한다.

감정 분석sentiment analysis

비정형화된 오픈소스 데이터에 대한 이해를 높이고 분석 열람자가 감성적으로 느낄 수 있도록 시각화 기법 등을 사용해 데이터의 품질을 향상시킨다.

내러티브 캡처narrative capture

이슈와 연관된 기관이 질적 조사에서 패턴을 확인하고, 핵심 주제 및 단서를 잡을 수 있도록 조정한다. 이 과정은 다음의 과정을 거친다. (① 타겟 이슈에 대한 브레인 스토밍 ② 브레인 스토밍에서 도출된 어젠다의 매핑작업 ③ 클러스터링과 우선순위 선정 ④ 위치, 조직, 타겟이슈, 신뢰도 등에 따른 데이터 색인 작업)

이슈 통찰력skan to trend

주제와 네트워크를 활용해 이슈와 관련된 더 다양한 범위의 소스에서 통찰력을 얻는 과정으로 연구영역 확장, 연관 있는 도메인 확인, 데이터 필터링, 이해관계 대상자 확인, 분석에 적절한 테마 생성, 추가 연구를 통한 조사, 주제에 대한 이해 심화 등의 과정을 거친다.

떠오르는 전략적 위기 캡처emerging strategic issues

환경탐색 과정에서 추출한 데이터베이스를 바탕으로 잠재 위기 이슈의 흐름을 추적하고 변화를 감지해낸다. 이때 위기의 실체를 구체화하는 작업을 거치며, 이슈의 긴급성, 연관성, 일관성에 따라 분류하고 향후 대응방식에 대한 계획안을 세운다.

전략 설정scenarios to strategies

외부영향 요인 등을 고려한 논리분석을 통해 시나리오를 현실화하고 실행추진의 효과성을 견지하기 위한 전략을 확정한다.

데이터 다듬기와 분석data fusion & analysis

분석의 품질을 향상시키기 위해 데이터를 정교화하고, 연구에 참여하는 인력관리와 시스템 품질관리를 통합적으로 운영한다.

양적 모델링quantitative modeling

양적 모델링이 제공하는 시뮬레이션을 통해 위험의 강도와 영역을 이해하고, 분석가들에게 통찰력을 제공할 수 있는 자료로 가공하여 이슈와 관련된 사안을 제공한다.

RAHS의 분석대상은 국가 안전과 관련된 미래예측을 우선적으로 실시하였으나, 안전의 범위가 넓어진 이래로 농수산식품, 사회갈등, 금융, 의료 분야 등 다른 영역으로도 분석영역을 확대하였다. 시스템은 인간의 사고 프로세스를 반영하는 인지 모델을 기반으로 디자인되어 있으며, 2012년 발표된 v.2.0은 분석자의 통찰력을 효과적으로 지원하기 위한 다양한 도구를 추가하는 등 투자를 이어나가고 있다. RAHS 프로그램 사무처는 2007년 효과적인 조직 운영을 목적으로 RAHS 실험센터 RAHS Experimentation Centre를 설립하여 민관 및 산학 협업 및 공동 연구를 위한 플랫폼을 제공하였고, 과제 프로세스의 효율성을 개선하기 위해 HSCHorizon Scanning Center 또한 설립하였다. 그 뒤 2012년 씽크 센터 Think Centre, 솔루션 센터Solution Center가 추가되어 오늘에 이르고 있으며 RAHS를 총괄하는 기관장은 정부부처의 차관급의 높은 위상을 차지하고 있다.

RAHS는 국가적 차원에서 위험이나 재난이 닥치기 전 이에 대한 가능성과 대응법을 신속히 예측해준다는 점에서 정책적 효과가 크다. 재난 이후 대응에 초점을 맞추기보다는 미리 잠재적인 위험이 닥치기 전에 가장 가능성 있는 위험부터 체크하여 예방하는 것이 주요 목적이기 때문이다. 실제로 RAHS는 지난 2007년 조류인플루엔자H1N1가 동남아 일대를 휩쓸었을 때에도 호라이즌 스캐닝을 통해 조류독감 상황에 대한 시스템 맵을 구축하여 각 지역에서 벌어지는 독감의 위험 수준을 평가하여 조류독감이 싱가포르에 상륙했을 때 발생할 수 있는 미래 시나리오를 구축하고 대응책을 마련하여 효과적으로 예방한 바 있다. 이는 그동안 한 번도 시도되지 않았던 빅데이터를 활용한 자동학습을 현실화시킨 효시가 되는 프로그램 가운데 하나라는 점에서 그 의의가 크다. 기

그림 1.6.1 RAHS Risk Arrangement and Horizontal Scanning 고급 데이터 분석도구

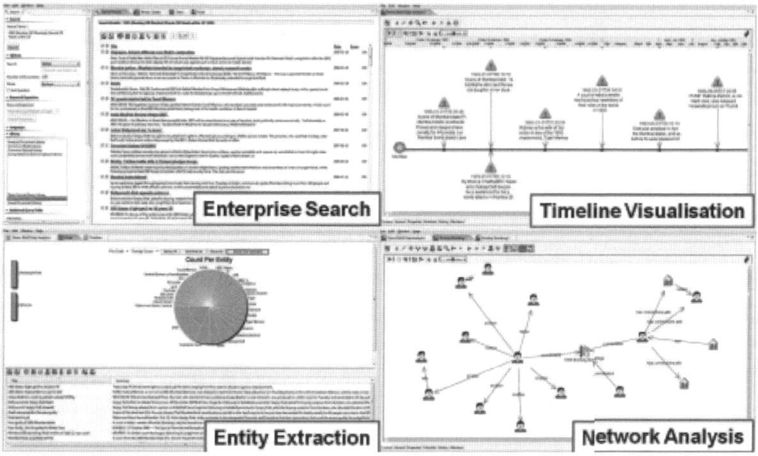

자료: 싱가포르 정부 Data science 홈페이지(https://www.dsta.gov.sg/)

계화, 정량화를 무기로 하는 시나리오 계획이 위기관리 대처에 있어서 현실을 제대로 반영하지 못한다는 한계와 달리, 세계에서 벌어지는 위기사례를 사람의 인지과정과 같이 경험적으로 학습한다는 점에서 위기관리에 더 뛰어난 대처 방법으로 주목받고 있다.

추가 유사 사례 및 우리나라에 주는 시사점

싱가포르뿐만 아니라 많은 선진국, 개발도상국, 주체로는 정부뿐만 아니라 의회, 사기업 컨설팅에서도 RAHS와 같은 호라이즌 스캐닝을 활용해 미래 정책과제를 파악하고 전략을 짜는 데 이용하고 있다. 다만 싱가포르는 안보 및 위험에 특화하여서 사용하는 것이 특징이지만 각 국가들도 각자가 응전하고 있는 도전과제에 대응하기 위해 호라이즌 스캐닝

을 활용하는 만큼 그 목적이 크게 다르지는 않다. 대표적으로 영국은 호라이즌 스캐닝 센터The Foresight Horizon Scanning Centre(이하 HSC)를 통해 미래 이슈와 동향을 파악하는데 스캐닝의 주요 자원은 문서, 전문가 인터뷰, 보고서 등으로 제한되어 있다. 그러나 이러한 호라이즌 스캐닝을 통해 HSC는 정부의 미래 정책 개발을 위해 필요한 분석 가이드와 방법론을 제안하고, 전문가 및 구성원 간 정보 교환의 플랫폼을 마련하고 있다.

우리나라 정부도 수시로 변하는 내외부 환경과 문제들을 해결하기 위한 적절한 조직 및 시스템 구축의 필요성이 절실하다. 그렇지만 빅데이터와 같은 4차 산업혁명의 핵심 자원과 도구를 응용하고자 하는 구호와 달리 실제 적용 사례는 아직 체감하기 어려운 수준인 것이 사실이다. 특히 전문적이고 우리나라의 상황에 특화된 시스템 구축에 앞서 운영 주체, 그리고 제도적인 관점에서 어떻게 위험 탐색 및 대응을 위한 통합적 노력의 기반을 구축할 것인지라는 과제가 눈앞에 놓여 있다. 예를 들면 개인의 SNS 정보를 우리나라에서도 싱가포르처럼 마음대로 사용할 수 있는 권한이 있을지에 대한 고민 등이 있을 수 있다. 따라서 스캐닝 활동 수행을 위해 필요한 접근방법에 대한 검토가 우선적으로 필요하고, 그다음에 우리나라의 실정에 맞는 위험 카테고리에 따른 통합적 위험 스캐닝 시스템 구축이 가능할 것이다.

빅데이터의 특성상, 시간이 지나 더 많은 데이터가 축적될수록 RAHS의 상황 판단력과 분석 효과성은 더 늘어날 것이다. 위협적인 외부 환경, 다양한 재난요소 등으로 인해 위험관리가 어느 때보다 중요시되고 있는 한국에서 싱가포르의 국가 위험관리 시스템은 한국의 뛰어난 데이터 역량을 바탕으로 정부의 질을 한 차원 높일 수 있는 모범사례로 꼽을 수 있을 것이다.

참고자료 및 출처

- 박병원. (2015).「전략적 불확실성의 대응: 싱가포르 정부의 미래전략 수립 벤치마킹」.『미래연구 해외동향』, 28-31.
- 이동규. (2015).『빅데이터 분석으로 공공 서비스의 수준을 높이다』. LG CNS.
- 이희정. (2015).『Crisis Management Simulation을 통한 위기대응 역량 확보방안』.
- 한국정보화진흥원. (2014).『Horizon Scanning 시스템과 분석사례 및 시사점: 싱가포르 RAHS를 중심으로』.
- 위키백과.「'빅데이터'」.
- Chong et al. (2017). Risk Assessment and Horizon Scanning. Experimentation Centre. Retrieved from https://www.dsta.gov.sg/.
- National Security Coordination Secretariat. Retrieved from https://www.nscs.gov.sg/
- Rejda, G. E. (2011). *Principles of risk management and insurance*. Pearson Education India.
- Rosenbloom, T. (2003). Risk evaluation and risky behavior of high and low sensation seekers. *Social Behavior and Personality: an international journal*, 31(4), 375-386.
- Williams, A., & Heing, M. H. (1964). *Risk Management and Insurance*, New York: Mc-Graw Hill.

제 7 장

개인건강기록 데이터 관리주체에 관한 사회적 합의 필요성

– 미국, 블루버튼 이니셔티브 –

송현진

사례 요약

- 가까운 미래의 현대의료는 빅데이터를 바탕으로 한 정밀의료(개인의 의료정보, 건강정보, 유전정보, 환경 및 생활습관 정보를 수집해 정확한 치료, 진단, 예방법을 적용)로 전환이 예상되며, 이를 위해서는 믿을 수 있는 데이터가 충분히 확보되어야 함.
- 국내에서는 이미 좋은 데이터를 보유하고, 추가적으로 의료기관의 연계를 통해 이를 확대해나가는 한편, 기술적인 진보를 통해 안전한 연계와 활용을 모색하고 있는 데 반해 정보의 소유권과 '개인'에 대한 고려는 부족한 편임.
- 미국의 경우 블루버튼 이니셔티브를 통해 개인의료정보의 소유권을 '개인'으로 분명히 하고, 이에 대한 가치와 관리의 중요성을 환기하여 자발적인 데이터 기부를 도모함.
- 데이터의 자기결정권을 보장하는 '소비자 보건의료 정보주권'의 확보와 기술적 측면에서 데이터의 신뢰성 확보는 향후 정밀의료에 필요한 두 개의 중요한 축으로 이에 대한 고민과 대안 마련이 필요함.

개인건강기록의 활용 가능성과 먼저 해결해야 할 과제

빅데이터를 활용한 기술이 폭발적으로 성장하면서 의료 분야에서도 데이터 축적과 활용을 통한 의료 기술 및 산업의 혁신이 가속화될 것으로 전망된다. 기존의 근거기반 의료에서 정밀의료precision medicine(개인의 의료정보, 건강정보, 유전정보, 환경 및 생활습관 정보를 수집해 정확한 치료와 진단 및 예방법을 적용)로의 패러다임 전환을 위해 데이터 구축이 매우 중요한 과제이기 때문이다. 우리나라의 경우 이미 2002년부터 전산화와 표준화가 이루어져 건강보험심사평가원을 통해 5,000만 국민의 진료내역, 건강검진결과, 장기요양정보, 요양기관정보 등 데이터가 축적되어 있어 비교적 양적·질적인 면에서 우수한 의료 빅데이터를 보유한 것으로 평가받고 있다(국민건강보험공단, 2016. 6. 15.). 하지만 이렇게 많은 양의 환자 정보가 건강보험심사평가원이라는 기관에 모인 것에 대해 정보의 대량 유통에 대한 우려가 존재하며(배현아, 2016), 여러 기술적 제도적 문제로 인해 데이터의 파편화로 부가가치 창출이 어려운 상황이다(이다은·김석관, 2018).

성공적인 의료 빅데이터의 활용을 위해서는 먼저 데이터 자체의 구축과 안전한 공유를 위한 기술의 진보를 이루는 것 이외에도 정보의 소유 및 공유에 대한 사회적 합의가 중요하다(정일영·구원모, 2018). 그런데 우리나라의 의료 데이터 구축 및 연계에 있어서는 이러한 정보의 소유에 대한 합의가 충분히 이루어지지 못한 측면이 있다. 일례로 「진료정보교류사업」에서 진료정보교류 표준고시에 속하는 진단내역, 투약내역, 검사결과, 수술내역 등을 공유하는 데 있어서 정보의 주체가 되는 '개인'을 배제한 채 정부기관 및 의료인을 중심으로 자료 수집과 공유가 이루어지고 있다(윤형진, 2018). 이러한 진료정보의 통합은 향후 정보교류 네트워크를 통해 개별 의료기관이 보유한 데이터까지 확대될 전망인데(보건복지부, 2018. 5. 31.), 개인정보의 수집과 처리 및 보호에 대한 세부규정이 없어 이를 둘러싼 법체계의 충돌과 보건의료 분야에서 해당정보 활용의 장애가 예상된다(이다은·김석관, 2018).

이에 본 장에서는 이러한 문제의 해결에 있어 개인건강기록personal health record 관리주체에 대한 사회적 합의 사례인 미국의 '블루버튼 이니셔티브'를 소개하고자 한다. 블루버튼 이니셔티브는 개인의 건강 및 의료 정보 소유권 인식의 중요성을 환기시키고, 이를 바탕으로 인센티브 구조 설계를 통한 자발적 데이터 기부를 촉구한 캠페인이다.

개인건강기록의 주인은 개인! 미국의 블루버튼 이니셔티브

정일영과 구원모(2018)의 『헬스케어 생태계 구축을 위한 데이터 통합 방안 보고서』에 따르면 블루버튼 이니셔티브는 미국에서 시작된 의료정보 소유권 인식 향상 캠페인이다. 블루버튼 이니셔티브를 통해서 개인은 자신의 의료 및 건강기록을 자유롭게 다운로드하고 원하는 의료진, 병원, 약국 및 가족에 공유 및 기부할 수 있다.

의료 및 건강기록을 다운로드 받기 위해서는 환자포털(Health IT 등)에 접속하여 블루버튼 로고를 클릭해야 하며 PC 이외에 CD, USB, 모바일 등 이동식 매체로도 다운로드가 가능하다(블루버튼 공식 홈페이지 https://www.healthit.gov/topic/health-it-initiatives/blue-button). 도입 초기인 2010년에는 보훈처의 환자포털인 MyHealtheVet에서 시작되었으며 이후 국립보건원 산하기관인 국립보건정보기술조정국The Office of the National Coordina-

그림 1.7.1 블루버튼 이니셔티브 로고

자료: 블루버튼 공식 홈페이지(https://www.healthit.gov/topic/health-it-initiatives/blue-button)

tor for Health IT, ONC으로 이관되었다. 국립보건정보기술조정국은 의료 및 건강기록의 공유를 위한 국가표준을 만들고 관련된 기술을 개발하는 코디네이터 역할을 했다. 현재에는 다른 연방기관 및 민간부문(Walgreens, Rite Aid, Kroger, CVS, Safeway, National Association Chain Drug Stores 등)으로의 확대 운영되고 있다.

블루버튼 이니셔티브를 통해 일차적으로 개인이 스스로 자신의 건강을 관리하도록 하는 효과를 얻는 동시에 데이터 공유 기술인 Sync for ScienceS4S 프로젝트와의 연계를 통해 표준화된 데이터를 생산하여 연구자의 입장에서도 더 쉽게 정밀의료를 위한 대규모 코호트를 구축하는

그림 1.7.2 블루버튼이니셔티브 운영 목표: Get it, Check it, Use it.

자료: 블루버튼 공식 홈페이지(https://www.healthit.gov/topic/health-it-initiatives/blue-button)

것이 가능해진다(정일영·구원모, 2018). 표준화된 데이터 구조는 데이터 클리닝 작업을 줄여주고, 데이터 유지에 필요한 개별 병원 차원의 노력을 분산시킨다는 데 강점이 있다(정일영·구원모, 2018). 이렇게 전자화된 개인 건강기록 및 의료기록의 연계가 성공적으로 이루어지면 향후 의료진과 환자뿐만 아니라 일반인들에게도 획기적인 의료 분야의 혁신이 이루어질 것으로 기대된다(신수용·이재호, 2013). 하지만 과거 1970년대 국내에서 '환자의 진료기록 열람권'에 대해 부정적인 시각이 존재했던 것과 마찬가지로 블루버튼 이니셔티브에 대해서도 여러 가지 우려의 목소리가 존재한다. 정보의 관리통제권이 개인에게 주어진 만큼 그 결과에 대한 책

그림 1.7.3 건강기록에 관한 권리와 사용방법 및 주의사항에 대한 안내

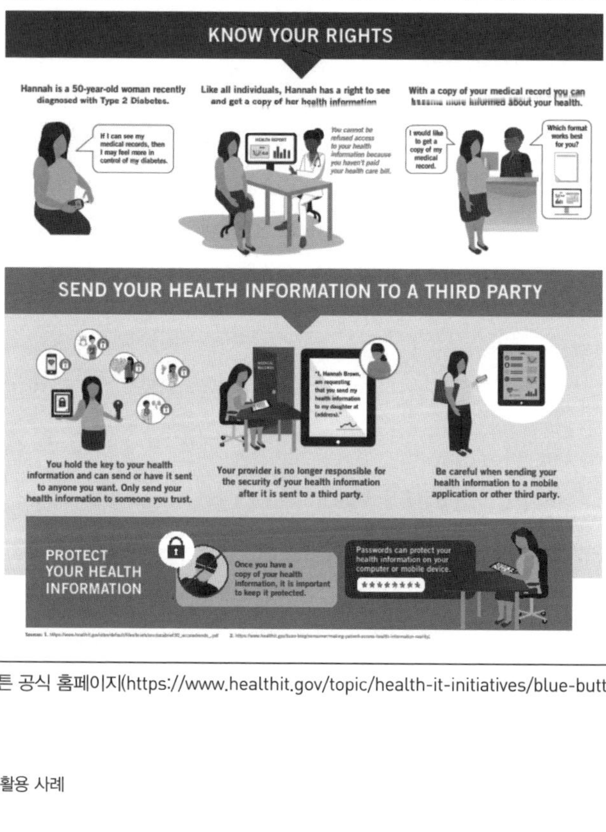

자료: 블루버튼 공식 홈페이지(https://www.healthit.gov/topic/health-it-initiatives/blue-button)

임 또한 개인이 감당해야 하기 때문이다. 블루버튼 이니셔티브의 경우에도 다운로드한 의료 및 건강기록 사본의 사용에 따르는 책임은 The Health Insurance Portability and Accountability Act(HIPAA, 1996)에 의해 본인에게 있다.

국내의 개인건강기록 사례: 아산병원 '내 손안의 차트'

한편, 국내의 개인건강기록 데이터 구축 사례로는 2010년 12월 서울아산병원과 SKT가 공동개발한 국내 최초 건강관리기록 모바일 앱인 '내 손안의 차트'가 있다. '내 손안의 차트'는 기존 병원 앱에서 제공되던 진료예약 및 진료대기시간 알림 서비스 이외에 환자의 진단정보, 투약정보, 검사결과 등이 '내 차트' 메뉴를 통해 제공되고, 환자 스스로 혈압과 혈당 등을 기록하거나 다른 의료기관의 건강정보를 입력할 수 있도록 했다(신수용·이재호, 2013). 하지만 다른 의료기관의 건강정보를 자동으로 연계해주는 것은 아니고, 웨어러블기기 등과 연동해 자동으로 데이터가 입력되는 등의 기능은 없다. 그래서인지 2018년 4월까지 1만 8,256명이 해당 앱을 사용했지만, 스스로 건강정보를 입력한 사용자는 3,812명이었고, 그중 175명만이 지속적으로 해당 앱을 사용한 것으로 나타났다(박선재, 2018). 통상적으로 의료정보를 담고 있는 진료기록은 환자가 제공한 정보와 의료인의 전문지식 및 의견이 첨부되어 그 소유권이 의료인에게 있지만, 개인건강기록은 소유권이 확실치 못한 측면이 있다(배현아, 2016). 스스로 기록한 정보라는 점에서 개인의 소유를 인정해야 할지, 데이터를 기록 보관하기 위한 건강기록시스템을 개발한 기술 관련 전문가들의 소유로 보아야 할지, 넓은 의미의 진료기록으로 의료인 및 의료기관 종사자들의 소유로 보아야 할지 불분명하기 때문이다(배현아, 2016). 따라서 개인건강기록을 보다 활성화하여 향후 정밀의료의 도구로 잘 활용하기 위해서는 이러한 부분에 사회적 합의가 필요하다. 서울아산병원 의생명정보학과 이재호 교수는 향후 개인정보보호법 문제만 해결되면 '내 손안의 차트'가 병원의 진료정보와 환자의 건강관리정보를 누적해 정밀의료서비스 플랫폼으로 활용 가능성이 있을 것이라 전망했다(박선재, 2018).

개인건강기록 데이터 사용 주체로서 개인의 가치

아직까지 국내 의료서비스 공급에서 '환자'의 위상은 병원, 국민건강보험공단 등이 공급하는 서비스의 수요자 역할에 국한되어 있다(이다은·김석관, 2018). 하지만 치료에서 예방과 건강관리로 의료의 패러다임이 전환되는 미래에는 개인 사용자가 수집하는 개인건강기록의 효용가치가 높아질 것이 예상된다. 개인건강기록은 '내 손안의 차트'와 같이 병원의 진료정보와 개인이 입력한 정보를 통합하는 방식에서부터 구글의 Google Health이나 마이크로소프트의 HealthVault, 애플의 HealthKit, 삼성의 S-Health와 같은 헬스케어 플랫폼, 웨어러블, 유전자 분석, 인공지능 적용 등 새로운 기술과 접목해 다양하게 발전하고 있다(신수용·이재호, 2013; 이다은·김석관, 2018). 한편, 한국의 공공부문도 국가 검진 데이터를 개인이 확인하고 관리할 수 있는 온라인 건강기록서비스 'My Health Bank(https://sis.nhis.or.kr)'를 운영하고 있다. 하지만 이 서비스 역시 아직 시범단계로 데이터의 통합과 활용이 이루어지지는 못했다.

이렇듯 국내에서는 우수한 모델의 개별적인 플랫폼들을 보유하고 있

그림 1.7.4 My Health Bank 시범 사이트

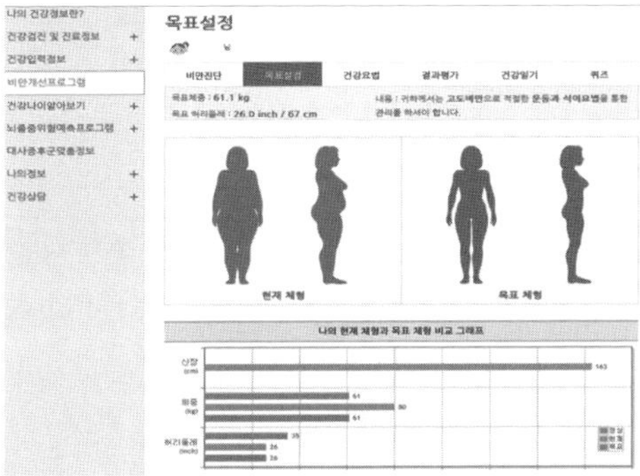

자료: 나의건강기록서비스(https://sis.nhis.or.kr/jsp/o/f/ggof010m00_00.jsp)

지만, 개인정보 이슈 등으로 데이터의 파편화 수준을 벗어나지 못해 아직 이렇다 할 성공 사례를 내놓지 못했다(이다은·김석관, 2018). 앞으로 개인건강기록의 효용가치를 인정한다면 한국은 '내 손안의 차트', 'My Health Bank' 등의 플랫폼을 기반으로 미국의 '블루버튼 이니셔티브'를 참고하여 환자 개인에게 데이터 주권을 제공하는 방안을 고려해볼 수 있을 것이다. 하지만 물론 미국의 '블루버튼 이니셔티브'는 완벽한 해답은 아니다. 정보의 자기결정권 존중의 이면에 도전을 받는 개인건강정보의 보호 이슈도 간과할 수 없는 중요한 과제이기 때문이다. 결국 성공적인 의료 빅데이터 구축을 위해서는 정밀의료와 같은 의학발전의 가치, 기술혁신에 따른 경제적 효과, 개인정보의 보호, 자기결정권의 존중 등을 통합적으로 고려하여 한국에 적합한 정책 솔루션을 찾기 위한 사회적 논의가 지속적으로 이루어져야 할 것이다(배현아, 2016).

참고자료 및 출처

- 국민건강보험공단. (2016. 6. 15.). 「건보공단, 건강보험 빅데이터 공개정책 심포지엄 개최」. 국민건강보험공단 빅데이터운영실 보도자료. https://www.nhis.or.kr/bbs7/boards/B0039/19639에서 검색. (접속일: 2018. 11. 1.)
- 박선재. (2018. 4. 23.). 「"정밀의료에 '내 손 안의 차트' 활용 가능성 충분": 서울아산병원 의생명정보학과 이재호 교수… "개인정보보호법 해결이 남은 숙제"」. 『메디칼업저버』. http://www.monews.co.kr/news/articlePrint.html?idxno=113811 에서 검색. (접속일: 2019. 1. 29.)
- 배현아. (2016). 「전자화된 개인건강기록(Personal Health Record)의 법적 문제」. 『IT와 법연구』, 13, 211-249.
- 보건복지부. (2016). 「건강iN, My Health Bank를 통한 개인별 맞춤형 건강정보 통합서비스 제공」. 『보건복지부 정부3.0 우수사례집: 맞춤형 3.0 보건복지』.
- 보건복지부. (2018. 5. 31.). 「의료기관 간 진료정보교류 2022년까지 전국 확대 추진!」. 보건복지부 의료정보정책과 보도자료. http://www.mohw.go.kr/react/al/sal0301vw.jsp?PAR_MENU_ID=04&MENU_ID=0403&CONT_SEQ=344976&page=1 에서 검색. (접속일: 2018. 11. 1.)
- 신수용·이재호. (2013). 「모바일 헬스: 유헬스의 새로운 돌파구」. 『Telecommunications Review』, 23(3), 288-296. https://www.researchgate.net/publication/258113304 에서 검색. (접속일: 2019. 1. 29.)
- 윤형진. (2018). 「블루버튼 이니셔티브로 소비자 의료정보 주권 찾기」. 2017년 제3차 미래보건의료포럼: IT기반 미래보건의료의 법, 제도, 윤리 학술발표 영상. https://youtu.be/W1lh1lW-RO0 에서 검색. (접속일: 2018. 11. 1.)
- 이다은·김석관. (2018). 「제4차 산업혁명 동향 ⑤ 디지털 헬스케어 혁신 동향과 정책적 시사점」. 『동향과 이슈』, 제48호. 한국과학기술정책연구원.
- 정일영·구원모. (2018). 「헬스케어 생태계 구축을 위한 데이터 통합 방안」. 『동향과 이슈』, 제46호. 과학기술정책연구원.

- 나의건강기록서비스 https://sis.nhis.or.kr/jsp/o/f/ggof010m00_00.jsp 에서 검색. (접속일: 2018. 11. 1.)
- 미국 블루버튼 홈페이지 https://www.healthit.gov/topic/health-it-initiatives/blue-button 에서 검색. (접속일: 2018. 11. 1.)

제 8 장

빅데이터를 활용한 공동주택 관리 투명성 제고 사례

– 대한민국, 경기도 –

황정윤

사례 요약

- 공동주택 관리의 비리와 허점이 지속됨에 따라 공동주택 관리의 투명성 제고를 위해 공동주택 관리비에 대한 부당사용 방지 대책이 필요함.
- 빅데이터를 이용해 공동주택의 관리비 활용, 입찰 과정, 민원결과 자료를 분석하여 다양한 비리 패턴을 추출해내고, 현장감사를 통해 정확도를 검증함.
- 공동주택 관리를 위한 표준 모델이 전국적으로 확산될 경우 1조 원 이상의 비용을 절감할 것으로 예상되며, 공동주택 관리의 투명성을 제고할 수 있을 것으로 기대됨.

서론 (개요 및 배경)

최근 들어 공동주택 관리에 대한 비리 문제가 반복되어 관리비 투명성 제고를 위해 공동주택 관리비의 부당사용을 방지하고 보다 투명한 공동주택 관리 방안에 대한 대책이 필요한 상황이다. 그러나 지자체에서 전체 공동주택 관리비 실태를 점검하기란 매우 어렵다. 예컨대 경기도만 하더라도 관리 대상 공동주택 단지 수가 3,600여 단지에 달하는데, 1개 단지 기준 감사 필요기간이 2~3주이므로 모든 공동주택 단지 관리실태를 조사하는 데는 240년이라는 천문학적인 시간이 소요된다.

경기도는 이러한 시간적·물질적 비용을 크게 낮추고 공동주택 관리비 집행 상황 전반을 점검하기 위한 방안으로 빅데이터 분석을 실시하였다. 관리비가 부적절하게 부과되고 있다고 판단되는 아파트 단지를 중심으로 데이터 분석을 실시하고 현지 감사를 진행함으로써, 아파트 관리비 집행에 대한 불신을 근본적으로 해소하고 공동주택 관리의 투명성을 제고하고자 하는 것이 이러한 시도의 주요 목적이라 할 수 있다.

본론 (내용)

경기도는 지난 2016년 빅데이터 분석을 통해 '관리비 위험군'으로 분류된 도내 524개 아파트 단지에 대해 감사를 실시하였다. 감사는 국토교통부 공동주택관리정보시스템K-APT에 등록된 경기도 내 아파트를 중심으로 이루어졌으며, 총 3,117개 아파트 중 17%가 그 대상에 해당한다. 분석은 난방비, 전기료, 수도료, 일반관리비 등 네 가지 항목과 아파트 관리를 위한 2013~2014년 입찰 관련 데이터를 분석하여 타 단지

그림 1.8.1 공동주택 관리비 부당지수 분석 자료 화면

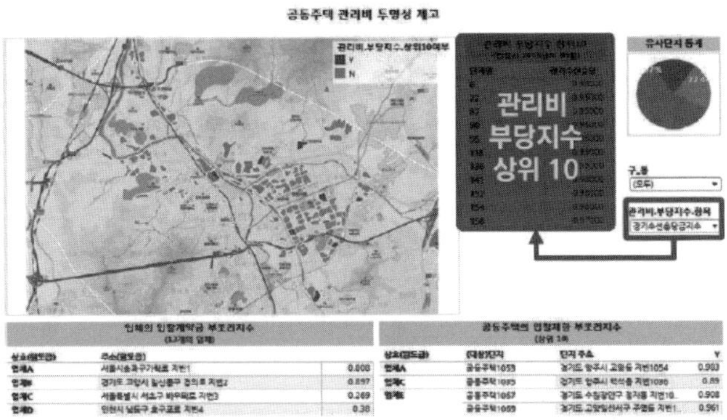

자료: 행정안전부·한국정보화진흥원. (2018). 『공공데이터 우수사례집: 행정을 스마트하게 바꾸다』.

에 비해 관리비 및 수선비가 상대적으로 높은 단지를 도출한 후, 관련 유관기관으로부터 단지별 부과된 관리비 정보와 실제 주민들이 납부한 금액의 차이가 큰 단지들을 추출하였다.

빅데이터를 통해 공동주택의 난방비·전기료 등 관리비 47개 항목과 관련 데이터를 분석한 결과, 경기도 내 일부 공동주택의 경우 실제 관리비 금액에 비해 2배 이상의 관리비가 부과되는 등 여러 비리가 확인되었다. 경기도는 안양시의 160개 공동주택 단지를 대상으로 공동주택 관리비 분석 모델을 개발하고, 이를 바탕으로 인근 지역인 광명시, 수원시, 안양시의 5개 단지를 대상으로 현장실사를 실시하였는데, 비교적 정확한 결과가 도출되었다.

경기도는 관리비 부풀리기 외에도 공동주택 입찰에서의 적정성 또한 분석하고자 하였다. 사업자의 입찰 금액과 사업자가 하도급 업체에 계약한 공사 금액 데이터를 비교 분석해 입찰 비리가 추정되는 사업자를 도출해낸 것이다. 광명시, 수원시 등의 2개 단지를 조사한 결과, 부적

정 리스트에 있는 업체가 입찰에 참여하는 등 입찰 과정에서도 부당한 문제점이 있었음이 밝혀졌다.

빅데이터를 활용해 공동주택을 효율적으로 관리하고자 하는 이와 같은 경기도의 시도는 이제 전국으로 확산되는 추세이다. 창원시, 김해시, 세종특별자치시 등 해당 분석모델이 지역적 경계를 넘어 확대되었으며, 당시 경기도와 협업했던 국토교통부는 아파트 관리비 표준분석모델을 만들기에 이르렀다.

예컨대 창원시의 경우 2017년 말 표준분석모델을 이용해 관내 295개 아파트 단지를 대상으로 관리비의 적정성을 분석해 종합관리비지수를 산출하고자 했다. 종합관리비지수에는 인건비, 전기료, 수도료, 수선유지비, 장기충당금, 입찰과제한 등의 6개 항목들이 포함된다. 이를 통해 아파트 2곳이 관리비 과다청구로 적발돼 시정조치가 내려졌다.

물론 미국, 영국 등 해외에서도 교통이나 부동산 관리 분야에서 빅데이터의 활용을 모색하고 있는 상황이다. 예컨대 영국의 경우 영국 정부 데이터 포털사이트(data.gov.uk)의 교통 데이터를 분석하고, 혼잡통행료 제도의 도입으로 인해 런던 도심으로 진입하는 자가용 승용차가 제도시행 이전에 비해 20~30% 정도 감소하였음을 확인하는 등 빅데이터를 활용한 정부정책의 효율성과 효과성을 진단하는 시도가 증가하는 상황이다(정연우, 2015). 공공부문은 아니지만 토지주택 분야에서 빅데이터를 광범위하게 활용하는 기업의 사례 또한 속속 등장하고 있다. 미국의 유명 부동산 정보업체 질로Zillow는 IT기술을 활용해 방대한 부동산 정보를 분석하고, 이를 웹과 모바일 등을 통해 사용자에게 친화적인 방법user friendly으로 정보를 제공하는 플랫폼을 운영하고 있다. 특히 질로는 미국 주택에 대한 공공데이터와 자체 보유 데이터를 결합해 주택가격을 산출하는 '제스티메이트Zestimate'라는 검색 서비스를 개발하였다. 1억 만개가 넘는 미국 가구의 세금, 인구, 지리정보, 재산세, 범죄율, 학군 등의 공공데이터와 주택면적, 주택정보 등의 사용자 데이터를 결합하여 머신러닝을 활용해 주택의 적정 가격을 산출하는 것이다. 이러한 시도는 주택이 지닌 지역성과 정보의 비대칭성을 빅데이터로 극복하고자 한다는 점에서 경기도의 주택관리 빅데이터 활용 시도와 어느 정도 유사한 측면이 없지 않다.

그러나 경기도의 주택관리 사례는 미국의 질로 사례와 비교했을 때, 민간이 아닌 공공부문이 빅데이터를 활용했다는 점에서 차별화된다. 질로의 경우 주택정보 데이터와 중개를 통해 수익을 얻는 모델인 반면, 경기도 사례의 경우 정보 비대칭성을 완화하여 공공의 이익을 증진시키고 주택관리의 투명성을 강화한 시도에 해당한다. 특히 질로의 경우 부동산 가격을 '예측'하는 것에 그치는 반면, 경기도 사례의 경우 이미 집행된 관리비의 '점검'과 동시에 향후 관리비에 대한 '예측', 그리고 적정 관리비 모형에 대한 '수립'까지 여러 방면에서 그 파급효과가 크다고 볼 수 있다.

행정안전부는 전국 주요 지자체에 이 표준분석모델이 확산될 경우 관리비를 10%까지는 절감할 수 있을 것으로 보고 있다. 2019년 1월을 기준으로 전국의 아파트 수가 11만 5,257단지(의무관리단지만을 포함)인 것을 감안하면, 관리비 10%는 엄청난 규모이다. 행정안전부에 따르면 관리비 절감으로 인한 경제적 효과는 약 1조 원 이상일 것으로 추산하고 있다.

결론 (결과, 효과 및 시사점)

경기도는 이러한 빅데이터 분석을 통해 다양한 비리 패턴 추출하고, 입찰 부조리 지수(입찰 계약금 부조리 지수, 입찰 제한 과(過) 부조리 지수), 관리비 부당 지수(전기료 부당 지수, 수도료 부당 지수, 난방료 부당 지수, 수선·장충금 부당 지수, 인건비 부당 지수) 등을 개발하였다.

이러한 공동주택 관리비 빅데이터 분석은 공동주택 관리비 및 입찰 비리 근절을 통해 공동주택 관리비의 상당부분을 절약하고 주택관리의 효율성을 크게 높일 것으로 예상된다. 또한 '공동주택 관리비 빅데이터 분석'은 행정안전부의 표준분석모델을 활용해 공동주택 관리에 대한 주민 신뢰도를 향상시키고, 주택관리정책의 투명성과 타당성을 확보할 수 있을 것으로 판단된다.

공공부문에서의 빅데이터 활용을 위한 이러한 시도는 단순히 주택관리에서의 효율성과 투명성을 높이는 것이 아니라 장기적으로는 주택시장에서의 안정과 정책 효과성 강화까지 기대할 수 있다는 점에서 더 큰 의의가 크다.

참고자료 및 출처

- 정연우. (2015). 「토지주택분야 적용을 위한 공간 빅데이터 활용방안」. 『부동산포커스』, 84, 42-56.
- 한국정보화진흥원. (2015). 『2015 빅데이터 공통기반 및 시범서비스 구축-사업추진 결과보고서』.
- 행정안전부·한국정보화진흥원. (2018). 『공공데이터 우수사례집: 행정을 스마트하게 바꾸다』.
- 행정안전부·한국정보화진흥원. (2018). 『내 삶을 바꾸는 공공 빅데이터!-빅데이터 사례집』.
- 『디지털타임스』. (2017. 9. 28.). 「[알아봅시다] 빅데이터로 부동산 시장의 판을 바꾸다」.
- 『연합뉴스』. (2017. 11. 17.). 「창원시, 빅데이터로 행정의 새로운 패러다임 제시」.
- 『이데일리』. (2019. 2. 15.). 「"줄줄 새는 아파트 관리비도 꼼짝 마!… 빅데이터만 돌렸는데 한 집 3만 원씩 줄었죠"」.
- 『토요경제』. (2018. 8. 24.). 「부동산 빅데이터 활용, 美 '달리기' 한국은 '걸음마'」.
- 『한국경제』. (2016. 4. 6.). 「524곳…빅데이터 분석에 딱 걸렸네! '관리비 뻥튀기' 경기도 아파트」.
- e-나라지표 공동주택 현황. http://www.index.go.kr/potal/main/EachDtlPageDetail.do? idx_cd=1233 에서 검색.

제 9 장

빅데이터 기반의 스마트 시티 구축

– 시카고, 'AoTArray of Things' 프로젝트 –

문승민

사례 요약

- 우리나라는 2004년 화성 동탄지구(동탄신도시)를 시작으로 적극적인 스마트 시티 도입을 추진하고 있으며 세계 최고 수준의 ICT 기술을 보유하고 있음에도 불구하고 다양한 스마트 시티 모델을 구축하지 못하고 있다는 비판을 받고 있음.
- 한편, 미국 시카고의 'AoT' 프로젝트는 도시 내에서 발생하는 기후, 대기, 소음, 교통과 같은 정보들을 수집하여, 사전에 다양한 도시 문제들을 예측하고 해결하고자 함.
- 'AoT' 프로젝트는 수집된 데이터를 무료로 공개함으로써 연구자·정책입안자·개발자 및 주민들이 더 좋은 도시를 만들 수 있는 기회를 제공하고 있고, 빅데이터의 수집 및 활용에 초점을 맞추고 있음.
- 빅데이터 기반의 스마트 시티는 행정 서비스의 비용절감 효과가 크고 혁신적인 서비스 개발을 촉진시킬 수 있어, 향후 스마트 시티 모델 개발에 유용한 시사점을 제공함.

4차 산업혁명과 스마트 시티 smart city

4차 산업혁명에 대한 개념은 굉장히 포괄적이고 광범위한 분야를 대상으로 한다. 따라서 어떠한 관점에서 4차 산업혁명을 바라보느냐에 따라 다양한 해석이 가능하다(노유나, 2017; 최순영·이삼열, 2017).

예를 들면, ICT Information and Communication Technology를 제조업 분야와 결합한 혁신으로 파악하는 관점이 있는 반면, 다보스 포럼의 회장인 클라우스 슈바프 Klaus Schwab는 "물리적·디지털·생물학적 영역 사이의 경계를 모호하게 하는 기술의 융합"을 4차 산업혁명의 특징으로 제시하고 있다.[1)]

4차 산업혁명에 대한 상이한 관점에도 불구하고 이를 구성하는 핵심적인 공통 요소로 인공지능 Artificial Intelligent, AI, 로봇 공학 robotics, 사물인터넷 Internet of Things, IoT, 무인 운송수단 autonomous vehicles, 양자 컴퓨터 quantum computer와 빅데이터 big data 등이 제시되고 있다.[2)]

스마트 시티에 대한 개념적 정의 역시, 4차 산업혁명만큼이나 다양하게 제시되고 있다(한국정보통신기술협회, 2018). 한국정보화진흥원(2016: 3-4)에 따르면, 스마트 시티의 개념은 1990년대 중반에 디지털 시티로부터 태동되어 다양한 의미로 사용되고 있음을 제시한 바 있다.

스마트 시티에 대한 개념적 복잡성은 ITU-U(2014)에서 조사한 스마트 시티 개념 정의의 키워드 분포를 통해서도 확인할 수 있다(한국정보화진흥원, 2016: 5).

---

1) https://www.weforum.org/agenda/2016/01/the-fourth-industrial-revolution-what-it-means-and-how-to-respond/(접속일: 2019년 1월 30일)

2) https://www.weforum.org/agenda/2016/01/the-fourth-industrial-revolution-what-it-means-and-how-to-respond/(접속일: 2019년 1월 30일)

표 1.9.1 스마트 시티의 개념 정의에 포함된 키워드 분포

유형	빈도
생활과 생활의 질 (Quality of life and Lifestyle)	6%
인프라와 서비스 (Infrastructure and Services)	17%
ICT, 통신, 지능, 정보 (ICT, Communication, Intelligence, Information)	26%
사람, 시민, 사회 (People, Citizens, Society)	12%
환경과 지속성장 (Environment and Sustainability)	17%
거버넌스, 관리와 행정 (Governance, Management and Administration)	10%
경제와 재정 (Economy and Finance)	8%
이동성 (Mobility)	4%

자료: ITU-T(2014); 한국정보화진흥원(2016: 5)에서 재인용

이처럼 스마트 시티에 대한 다양한 개념적 정의에도 불구하고 최근의 스마트 시티는 4차 산업을 구성하는 핵심적인 요소들을 적극 활용하는 도시로 파악할 수 있으며, 일반적으로 "인적자원과 환경, 에너지, 교통, 도시 인프라 등 도시 관련 모든 자원에 첨단 ICT를 활용하여, 지속적인 경제발전과 삶의 질 향상을 실현하는 미래형 도시"라고 정의한다(김규연, 2017: 37에서 재인용).[3)]

도시에서 발생하는 각종 문제들을 해결하고 주민들의 삶의 질을 높이기 위해, 전 세계적으로 점차 많은 도시들이 스마트 시티를 적극적으로 도입하고 있다. 특히, 도시는 지구 면적의 2%를 차지하지만, 2018

3) 스마트 시티의 개념은 1990년대 중반 디지털 시티로부터 태동되었으며, 기술의 발전과 함께 그 개념과 내용의 구성들이 점차 변화하고 있다. 즉, 스마트 시티에 대한 개념적 정의는 특정한 관점과 접근방식에 따라 다양하게 정의된다(한국정보화진흥원, 2016: 3-4; 한국정보통신기술협회, 2018). 그러나 ITU-U(2014)의 스마트 시티에 대한 개념 정의 키워드 분포를 살펴보면, ICT·통신·지능·정보(26%), 인프라와 서비스(17%), 환경과 지속성장(17%) 순으로 나타나, 최근의 스마트 시티에 대한 인식은 4차 산업혁명의 핵심적 요소들과 긴밀한 관계를 갖는다고 볼 수 있다.

년 기준, 전 세계 인구의 55%가 도시에 거주하고 있다는 점에서 스마트 시티에 대한 수요와 파급효과는 더욱 증가할 것으로 판단된다(조영태 외, 2017; UN, 2018: 1).

따라서 본 글은 전 세계 스마트 시티 중에서도 가장 우수한 사례로 평가받는 미국 시카고의 'AoTArray of Things'프로젝트를 검토함으로써, 우리나라의 스마트 시티 구축에 대한 시사점을 도출하고자 한다.

시카고 'AoT Array of Things' 프로젝트

2015년 버락 오바마 대통령은 스마트 시티 이니셔티브를 발표하였다. 스마트 시티 이니셔티브의 목표는 교통혼잡 감소, 범죄 대응, 기후변화 대응을 통한 일자리 창출 등 지역에서 발생하는 다양한 사회문제들을 해결할 수 있도록 지원하는 데 있다(김규연, 2017: 42; 조영태, 2017: 33; 스마트도시협회, 2018: 12).

이러한 배경에서 등장한 미국 시카고의 'AoT'프로젝트는 아르곤 국립연구소와 시카고 대학의 공동기획인 '도시 컴퓨터 및 데이터 센터' 그리고 시카고 예술 연구소를 포함한 다양한 학술기관 및 기업과의 파트너십에 기반해 2015년부터 시범적으로 추진되고 있다. 또한 국립과학재단, 시카고 혁신 기금, 아르곤 국립 연구소의 재정적인 지원을 받는다.[4)]

AoT 프로젝트는 시카고 도시 내의 곳곳에 쌍방향 네트워크가 가능한 모듈 센서 박스(이하, 노드 'node')를 설치하여, 도시의 환경과 인프라에 대한 실시간 정보를 수집한다. 특히, 노드는 거주 환경에 중요한 영향을 미치는 대기 및 기후, 온도, 진동, 소음과 같은 다양한 환경 요소들

4) https://arrayofthings.github.io/# (접속일: 2019년 1월 31일)

그림 1.9.1 AoT Array of Things의 개요

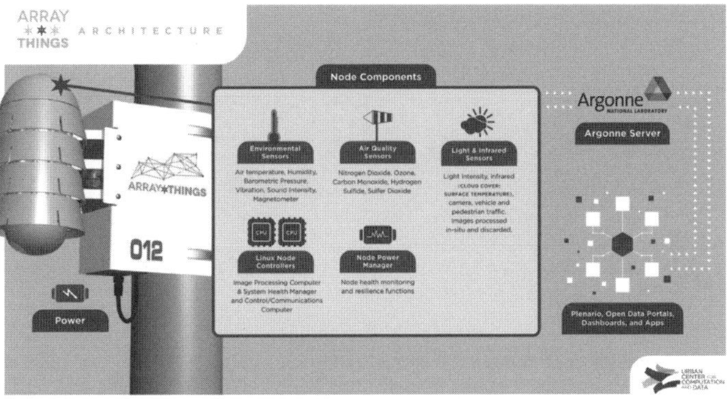

자료: AoT 홈페이지(https://arrayofthings.github.io)

을 측정하기 때문에, 일종의 도시 피트니스 트래커fitness tracker의 역할을 한다.[5] 2017년 기준, 시카고 내에 약 100여 개의 노드가 설치되었으며, 2018년 말까지 약 500개까지 설치 규모를 확대할 예정이다(스마트도시협회, 2018: 12).

AoT 프로젝트의 특징과 시사점을 다음과 같이 요약할 수 있다. 첫째, AoT 프로젝트는 노드를 통해 도시에서 발생하는 실시간, 위치기반 데이터들을 수집하고 도시 문제를 해결하기 위한 근거로 활용한다는 점이 특징이다. 특히, 수집된 데이터들을 심도 있게 분석하고 이들의 관계를 종합적으로 검토함으로써, 다양한 도시 문제들을 사전에 예측하고 그것에 대응하고자 한다. 또한 AoT 프로젝트는 이미 구축된 도시의 기반 시설들을 적극 활용하여 행정 서비스 제공의 비용 절감 효과가 크다는 장점이 있으며, 이를 통해 시민들의 삶의 질이 향상될 것으로 기대된다.

5) 피트니스 트래커(fitness tracker)는 각종 센서를 통해 자신의 걸음 수, 수면 시간, 심박 수 등 생체 정보를 실시간으로 수집하는 기기이다.

그림 1.9.2 노드 설치 위치와 수집된 데이터 셋의 종류

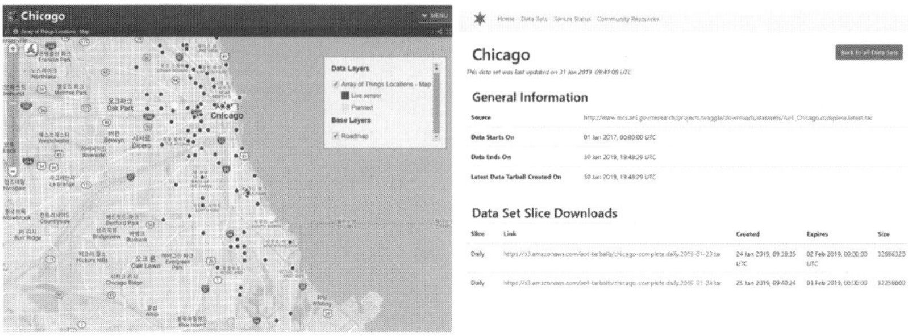

자료: AoT 홈페이지(https://arrayofthings.github.io)

둘째, 도시 문제를 해결하기 위해 도시의 환경과 인프라 및 활동 등에 대한 실시간, 위치기반 데이터를 무료로 제공하는 것이 특징이다. 즉, '노드'를 통해 수집 및 생성된 데이터를 별도의 요금부과 없이 무료로 공개하여, 연구자·정책입안자·프로그램 개발자 및 주민들이 도시의 문제해결과 삶의 질 향상을 위해 협업할 수 있는 기회를 제공한다. 이를 통해 특정한 대기 오염 물질에 대한 노출을 확인하거나, 교통 혼잡을 피하기 위해 도시를 탐색할 수 있는 모바일 애플리케이션과 같은 혁신적 프로그램 개발에 도움이 될 수 있다. 이처럼 AoT 프로젝트는 더 효율적이며 건강하고 보다 살기 좋은 도시를 만들 수 있는 원동력이 될 것으로 기대된다.

스마트 시티 생활연구소 Smart Cities Living Lab

시카고의 AoT 프로젝트의 핵심은 바로 '빅데이터'의 수집과 활용에 있으며, 많은 도시들은 스마트 시티를 만들기 위해 빅데이터를 적극 활

용하고 있다.

2015년 9월 미국 댈러스Dallas 시는 31개의 학계, 기업, 시민단체, NGO와 함께 댈러스 혁신 연합Dallas Innovation Alliance, DIA을 출범하였다. 또한 DIA는 스마트 시티 생활연구소Smart Cities Living Lab 프로젝트를 통해 댈러스 시의 지속적이고 혁신적인 '스마트' 글로벌 도시를 구현하고자 노력하고 있다.[6]

스마트 시티 생활연구소 프로젝트의 주요 사업들은 '어떻게 도시의 기술과 데이터 분석이 도시의 자원과 재원을 보존하면서 도시 운영과 시민들의 삶의 질을 개선하고, 나아가 도시를 위한 추가 수익을 창출할 수 있을까?'라는 질문에 기초한다.

그림 1.9.3 스마트 시트 생활연구소

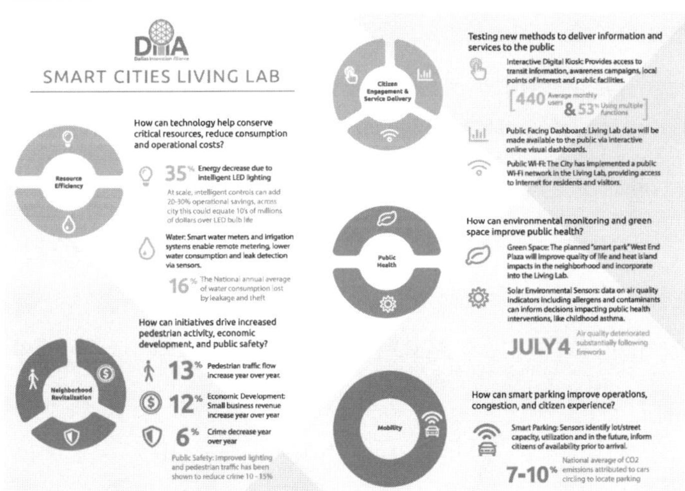

자료: DIA. Smart Cities Living Lab Case Study. p.13.

6) http://www.dallasinnovationalliance.com/what-we-do/ (접속일: 2019년 2월 1일)

스마트 시티 생활연구소의 주요 사업으로는 인터랙티브 디지털 키오스크interactive digital kiosk, 공공 대시보드public facing dashboard, 공공 와이파이public Wi-Fi, 녹색공간 조성green space, 스마트 주차smart parking들이 있는데, 이들 사업은 DIA 프로젝트 데이터와 공공적으로 이용할 수 있는 데이터, 그리고 지역 기업들이 제공하는 데이터에 기반하고 있다. 즉, 스마트 시티 생활연구소 프로젝트는 상호 운용 가능한 데이터를 통해 더 큰 통찰력을 얻고 그 결과 더 나은 의사결정을 내린다는 점이 특징이다.

우리나라의 스마트 시티 현황과 도전과제

우리나라는 지난 2008년「스마트도시 조성 및 산업진흥 등에 관한 법률(법률 제14569호, 구「유비쿼터스도시의 건설 등에 관한 법률」)」을 제정하여, 수도권 인근 신도시와 혁신도시 및 행복도시 등에 다양한 명칭의 스마트 시티를 건설해왔다. 2017년 말 기준, 38개 도시, 52개 지구에서 스마트 시티 정책 사업이 추진되고 있다.

그러나 스마트 시티의 양적인 확대에도 불구하고 대부분의 스마트 시티들은 공공LH, Korea Land & Housing Corporation(한국토지주택공사)이 주도하고 있어, 다양한 서비스 수요를 반영하지 못하고 있다는 한계가 지적되고 있다(4차산업혁명위원회, 2018). 그뿐 아니라, 우리나라는 세계 최고 수준의 정보통신기술ITC을 보유하고 있지만 이를 스마트 시티에 접목하여, 다양한 서비스들을 발굴하지 못하고 있다는 비판을 받는다(이재용, 2017; 4차산업혁명위원회, 2018).

이처럼 우리나라는 스마트 시티 보급에 적극적인 노력을 기울이고

그림 1.9.4 스마트 시티 정책 사업 지자체 현황

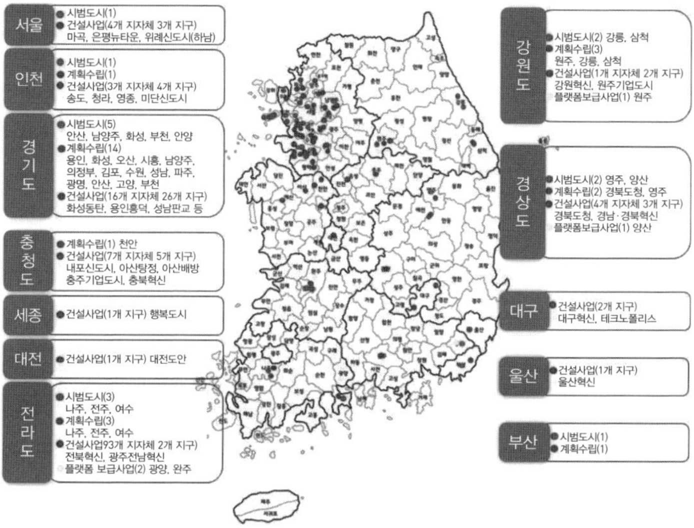

자료: 조영태 외. (2018). 「LH 스마트 시티 미래비전 및 추진전략」, p.12.에서 재인용

있음에도 불구하고 지난 2017년 주니퍼 리서치의 세계 스마트 시티 평가에서 종합 6위에 올랐다.[7] 따라서 스마트 시티의 질적인 개선을 통해, 세계 최고의 스마트 시티 선도국으로 나아갈 필요가 있다. 또한 시카고의 'AoT' 사례를 통해 살펴본 것처럼 보다 적극적인 실시간 정보 수집과 공유 및 확산을 추진할 필요가 있다. 특히, 빅데이터 기반의 스마트 도시 구현이 'AoT' 사례의 핵심이라는 점을 상기할 필요가 있다.

지난 2018년 4차산업혁명위원회(2018)에서 발표한 「도시혁신 및 미래

7) https://www.sciencetimes.co.kr/?news=%EC%84%9C%EC%9A%B8-%EC%84%B8%EA%B3%84-%EC%8A%A4%EB%A7%88%ED%8A%B8%EC%8B%9C%ED%8B%B0-6%EC%9C%841%EC%9C%84%EB%8A%94-%EC%8B%B1%EA%B0%80%ED%8F%AC%EB%A5%B4.（접속일: 2018년 12월 20일）

표 1.9.2	스마트 시티 정책 사업 추진 현황	
사업명	수행기간	지자체 수
U-시범도시사업	2009년 ~ 2013년	15개 도시
U-City 계획수립	2009년 ~ 2015년	25개 도시
U-City 기반조성사업	2009년~	11개 도시
혁신도시사업	2005년 ~ 2013년	10개 도시
스마트 시티 건설사업	2004년~	38개 도시(52개 지구)
통합플랫폼 보급사업	2015년~	22개 도시

자료: 조영태 외. (2018). 「LH 스마트 시티 미래비전 및 추진전략」, p.12에서 재인용

성장동력 창출을 위한 스마트 시티 추진전략」을 살펴보면, 세계 최고 스마트 시티 선도국으로 도약하기 위한 정책추진 방향으로 7대 혁신변화를 제시하고 있다.[8] 이 중 데이터 기반 스마트 도시 운영을 통해 도시 문제 해결 및 신산업 창출을 표명하고 있어, 미국 시카고 'AoT' 사례가 가지는 시사점이 클 것으로 판단된다.

8) 미래가치 지향의 '사람 중심' 도시, '혁신 성장동력' 육성 도시, 효율/서비스 중심의 '체감형' 도시, 공간/기술/주체별 '맞춤형' 도시, 플랫폼으로서 '지속가능한' 도시, 수요자/민간 참여의 '열린' 도시, 정책/사업/기술 '융합·연계형' 도시이다(4차산업혁명위원회, 2018: 5).

참고자료 및 출처

- 4차 산업혁명위원회. (2018). 『도시혁신 및 미래성장동력 창출을 위한 스마트시티 추진전략』, 1-34.
- 김규연. (2017). 「미국의 스마트시티 지원 정책 및 시사점」. 『산은조사월보』, 제742호, 35-54.
- 노유나. (2017). 「주요국 제4차 산업혁명 추진전략 동향」. 『전자통신동향분석』, 32(2), 1-9.
- 스마트도시협회. (2018). 『스마트시티 이슈리포트』, 2018년 3월호, 1-19.
- 이재용. (2017). 「스마트시티 관련 정책과 문제점」. 『도시문제』, 52(580), 26-29.
- 조영태. (2017). 「스마트시티 국내외 현황」. 『도시문제』, 52(580), 30-33.
- 조영태·박신원·오명택·김병환·조예진. (2017). 「4차산업혁명과 Smart City의 도시기반시설」. 『지반』. 33(6), 18-27.
- 조영태·박신원·이상훈·오명택·이진희. (2018). 『LH 스마트시티 미래비전 및 추진전략』. 한국토지주택공사 토지주택연구원, 연구지원 2018-108, 1-224.
- 최순영·이삼열. (2017). 「미래 사회변화와 파괴적 기술발전에 대응하는 정부운영 방안」. 『KIPA 연구보고서』, 2017-10, 1-208.
- 한국정보통신기술협회. (2018). 「4차 산업혁명 핵심 융합사례 스마트시티 개념과 표준화 현황」. 『표준화 이슈』, 2018-1호, 1-31.
- 한국정보화진흥원. (2016). 「스마트시티 발전전망과 한국의 경쟁력」. 『한국정보화진흥원 IT & Future Stratey 보고서』, 1-42.
- ITU-T Focus Group on Smart Sustainable Cities. (2014). *Smart Sustainable Cities: An Analysis of Definitions*.
- United Nations. (2018). Population Facts. Retrived from https://population.un.org/wup/Publications/Files/WUP2018-PopFacts_2018-1.pdf
- AoT 홈페이지 https://arrayofthings.github.io/# (접속일: 2019. 1. 31.)

- DIA 홈페이지 http://www.dallasinnovationalliance.com/what-we-do/ (접속일: 2019. 2. 1.)
- DIA 홈페이지. DIA Smart Cities Living Lab Case Study. Retrived from http://www.dallasinnovationalliance.com/living-lab-case-study/ (접속일: 2019. 2. 3.)
- https://www.sciencetimes.co.kr/?news=%EC%84%9C%EC%9A%B8-%EC%84%B8%EA%B3%84-%EC%8A%A4%EB%A7%88%ED%8A%B8%EC%8B%9C%ED%8B%B0-6%EC%9C%841%EC%9C%84%EB%8A%94-%EC%8B%B1%EA%B0%80%ED%8F%AC%EB%A5%B4. (접속일: 2018. 12. 20.)
- https://www.weforum.org/agenda/2016/01/the-fourth-industrial-revolution-what-it-means-and-how-to-respond/ (접속일: 2019. 1. 30.)

제10장

스마트 국가 플랫폼, '버추얼 싱가포르Virtual Singapore' 프로젝트

– 싱가포르, 정부 –

유한별

사례 요약

- 싱가포르의 '버츄얼 싱가포르'는 도시 문제를 해결하기 위하여 싱가포르 내 모든 건축과 지형 정보를 기반으로 3D 가상화 자료를 구축하는 사례임.
- '버츄얼 싱가포르'에서 빅데이터와 사물인터넷, 머신러닝, 인공지능을 활용한 첨단기술을 융합하여 도시의 각종 문제들을 해결하는 데 필요한 의사결정에 도움이 되는 시뮬레이션이 가능함.
- '버츄얼 싱가포르'의 데이터는 다양한 공공기관으로부터 수집되고 정책 입안자와 연구자들은 이러한 데이터를 통해 시각모델을 생성하여 싱가포르의 실제 규모와 같은 수준으로 모델링, 시뮬레이션을 진행할 수 있음.
- 우리나라도 도시 문제를 해결하기 위하여 해당 기술을 대도시 단위로 구축하여 스마트 시티 시스템을 구축하고 다양한 서비스를 개발할 필요가 있음.

도시를 가상공간에 그대로 옮겨 놓는 '가상 도시' – 「매트릭스」, 「레디 플레이어 원」이 현실로?

워쇼스키Wachowski의 「매트릭스」, 스티븐 스필버그Steven Spielberg의 「레디 플레이어 원」 등 가상현실을 소재로 한 영화들은 가상의 세계에 현실 세계를 그대로 구현하여 관객들의 눈길을 사로잡는 데 성공했다. 관객들은 이 영화를 보면서 마치 가상의 세계가 현실 세계인 것처럼 인식하게 되고, 가상 세계에 한 번쯤 들어가보고 싶다는 생각을 했을 것이다. 영화에서는 다양한 컴퓨터 그래픽CG, Computer Graphic과 물리, 수학적인 모델링을 이용하여 자연스러운 가상 세계를 구현하였다. 그렇다면 이러한 가상 세계는 영화에서만 가능한 일일까?

최근 소위 '4차 산업혁명'을 목전에 두고, 빅데이터, IoT, VR, 5G 등 다양한 기술이 우리 삶에 녹아들고 있다. 컴퓨터의 발달과 기술의 진화로 방대한 양의 정보를 단시간에 처리할 수 있게 되면서 다양한 분야에서 이러한 기술을 이용할 수 있게 된 것이다. 행정과 정책의 분야도 예외는 아니다. 빅데이터, GISGeographic Information System 등에 기반해 앞서 소개한 영화처럼 실제 도시를 '가상 도시'로 구현하여 도시 문제와 정책을 미리 시행해보려는 시도가 일각에서 일어나고 있다.

그 예를 단편적으로 살펴보면 서울시는 1999년 세계최초 '인터넷 가상도시'를 구현하기 위해 프랑스의 한 입체영상 업체와 계약을 하였고, 인터넷에 서울 시내 곳곳을 구현하기 위한 노력을 하였다(『중앙일보』, 1999. 5. 3.). 또한 2006년 3차원 GIS를 이용하여 서울 가상도시 구축 방안에 대한 연구 과제를 진행한 바 있다. 인터넷과 기술의 지속적 발달로 서울시 사례 외에도 다양한 국가와 도시에서 도시를 가상 세계에 구현하기 위한 움직임을 보였다.

대표적으로 미국 UCLAUniversity of California at Los Angeles(캘리포니아대학교 로스앤젤레스 캠퍼스)의 '로스앤젤레스 가상도시화' 프로젝트, 싱가포르의 '버추얼 싱가포르Virtual Singapore' 프로젝트, 영국 UCLUniversity College London(런던 컬리지 대학교)의 'Palimpsest' 프로젝트 등 가상 도시와 증강현실을 구현하기 위한 시도들이 해외에서도 활발히 진행되었으며, 현재 진행 중이다. 이러한 사례 중 싱가포르의 '버추얼 싱가포르' 프로젝트를 좀 더 살펴보기로 하자.

'버추얼 싱가포르' 프로젝트는 어떻게 시작되었나?

싱가포르는 인구 약 520만 명의 도시국가로 정유, 금융산업 등 다양한 분야에서 두각을 나타내는 국가이다. 싱가포르는 국토면적이 697km²(한국의 국토면적은 100,363km²로 싱가포르의 약 140배)이기 때문에 도시국가라는 특징을 이용하여 건물, 도시 인프라, 녹지 등을 가상화하는 프로젝트를 계획하고 있다. 이 프로젝트는 싱가포르가 건국 100주년을 맞이하여 싱가포르를 스마트 국가로 2025년까지 구축하겠다고 밝히고 난 후 해당 프로젝트의 일환으로 시작되었다. 스마트 국가로 발돋움하는 데 필요한 기술은 프랑스의 한 소프트웨어 기업(다쏘시스템, Dassault Systems)이 담당하며, 이 기업과 함께 싱가포르를 그대로 3차원 시스템으로 만드는 것을 목표로 하고 있다.

'버추얼 싱가포르' 프로젝트는 정말 구현이 가능할까?

좀 더 구체적으로 살펴보면 싱가포르 국무총리실 소속 국립연구재단과 해당 소프트웨어 기업이 함께 싱가포르 가상도시 건설을 목표로 하고 있으며, '버추얼 싱가포르' 프로젝트는 빅데이터 기반으로 도시의 전반적인 정·동적 데이터를 반영할 수 있는 모델링 기술을 통해 실제 도시의 특성을 살린 통합적 3차원 시뮬레이션 모델을 구현하고자 한다. '버추얼 싱가포르'는 기본적으로 풍부한 데이터, 시각화를 위한 기술 등이 결합된 시스템으로 볼 수 있다. 이 프로젝트를 추진하는 소프트웨어 기업의 사용자 기반 도시설계 플랫폼인 3D익스피리언시티3DEXPERIENCity를 기반으로 싱가포르의 동적 3D 디지털 모델을 생성하며 다양한 참여자들이 협업 가능한 시스템을 구축하여 안정적이고, 대규모 데이터에 대한 해킹에 위험이 없는 환경을 제공하고자 한다.

이러한 기술을 이용하여 싱가포르의 국민, 기업, 정부 및 연구 단체 등 다양한 주체들은 이 플랫폼을 통해 싱가포르 내에서 발생하거나 발생할 수 있는 복잡한 도시 문제를 해결하기 위한 서비스 및 툴tool을 개발할 수 있다. 또한 정책에 대한 기획이나 서비스 및 계획, 관련 기술

그림 1.10.1 '버츄얼 싱가포르'의 구현

자료: NRF Singapore/BBC

연구 및 지역사회 협력 등 다양한 도시설계를 데이터 분석을 통해 모델링(시뮬레이션도 가능) 할 수 있다.

대세는 스마트 국가? 싱가포르는 '버추얼 싱가포르' 프로젝트로!

싱가포르 스마트 국가 추진에서 가장 핵심 사업은 '버추얼 싱가포르' 사업일 것이다. 이 사업은 싱가포르 내의 모든 건축과 지형 정보를 기반으로 3D 가상화로 구축하는 사업이다. 2014년 12월에 시작해 2018년까지 구축하였고, 구축에 드는 총비용만 약 700억 원이다.

'버추얼 싱가포르' 플랫폼은 2014년 11월에 리센룽李顯龍, Lee Hsien Loong 싱가포르 총리가 개발하기 시작한 것으로, 싱가포르의 미래 10년 비전으로 선포한 '스마트 네이션Smart Nation'의 일환이다. 스마트 네이션은 기술, 데이터, 네트워크 등 정보통신기술ICT을 활용하여 싱가포르 국민의 삶을 향상시키고자 하는 목표를 가지고 있다. 또한 정부가 수집한 다양한 데이터들과 스마트폰, 카메라 등 다양한 데이터 수집 경로를 통해 데이터를 수집하여 도시계획에 활용한다.

그림 1.10.2 '버추얼 싱가포르'의 핵심 기술

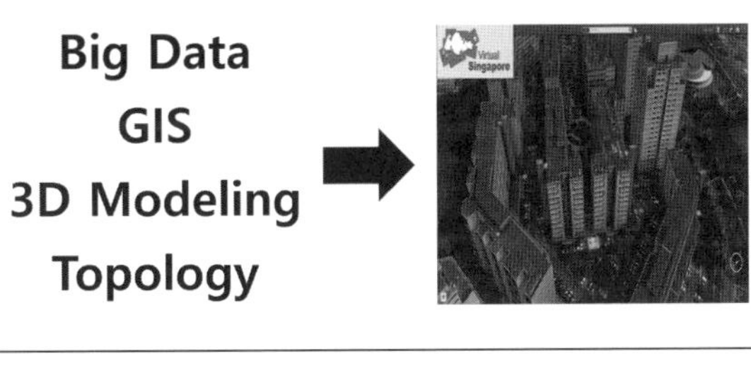

자료: 다쏘시스템

이 계획에서 빅데이터와 사물인터넷, 3D 모델링, 머신러닝과 인공지능을 활용한 예측 분석 등의 첨단 기술들이 융합된다. '버추얼 싱가포르'는 소위 '디지털 쌍둥이'라고 불리기도 하는데 '버추얼 싱가포르' 프로젝트를 통해 도시에서 일어나는 모든 일의 상황을 파악하거나 시뮬레이션을 하는 등 다양한 부분에서 그 역할을 담당할 수 있다. 그뿐만 아니라 인구 증가, 새로운 건축, 주요 행사, 사건들을 예측해서 미래 도시의 진화 시뮬레이션까지 시각화해서 보여준다. 단순히 건물 인프라뿐만 아니라 '녹지' 등 도시 생활의 모든 측면을 가상화한다.

'버추얼 싱가포르'의 모든 데이터는 다양한 공공기관으로부터 수집된다. 인구 및 인구의 이동, 도시 기후, 환경 등 다양한 실시간 데이터뿐 아니라 GIS 데이터, 위상기하Topology 등과 같은 전문적 데이터를 포함하고 있다. 더하여 사용자들은 이러한 데이터를 기반으로 다양한 시각적 모델을 생성할 수 있으며, 싱가포르의 실제 도시규모와 같은 시뮬레이션이 가능하다. 이러한 모델링과 시뮬레이션 등을 기반으로 하여 향후 도시에서 발생할 문제, 도시 고도화에 따른 다양한 영향을 탐색할 뿐 아니라, 환경과 재난의 관리, 지역사회 서비스, 안보, 치안 등 다양한 분야에 활용 가능한 시스템을 개발할 수 있다. '버추얼 싱가포르'의 경쟁력은 빅데이터와 3D 플랫폼이 결합해서 나오는 3D 예측 및 시뮬레이션이다. 싱가포르는 도시국가이기 때문에 작은 재난이 큰 피해를 야기할 수 있는 위험성을 내재하고 있다. 이러한 재난을 관리하거나, 특정 사건event, 정책 시행 등의 결과를 미리 예측하는 용도로 '버추얼 싱가포르'를 활용할 수 있다. 예를 들어, 매년 9월 싱가포르 전역에서 열리는 포뮬러원Formula 1 자동차 경주 시즌에도 '버추얼 싱가포르'가 활용될 수 있다. 이 경주 시즌에 포뮬러원 경기를 관람

하는 관중들의 스마트폰 데이터를 사용하여, 관중들의 위치와 동태를 파악하고, 그 흐름을 살펴본 후 비상사태 발생 시 가장 효율적인 대피 전략을 미리 도출하는 것이다.

싱가포르는 '버추얼 싱가포르'? 그렇다면 한국은?

싱가포르가 도시 가상화에 신경을 쏟는 이유는, 도시 정보의 공유를 더욱더 촉진하기 위해서이다. 싱가포르의 실제 도시 모습을 여러 네트워크를 형성하고 있는 모든 관계자들에게 공개함으로써, 실제 스마트 국가를 구현하고자 하는 것이 정부의 목표이다. 스마트 국가 성공 여부는 내부에 사는 국민에 의해서 판단되는 것이고, 국민들의 생활이 윤택하고 편리해져야 하며, 국민들의 참여도 또한 높여야 한다.

싱가포르는 아울러 사이버보안 역량도 강화하고 있다. 스마트 국가는 대량의 정보를 구성하여 활용하는 만큼, 많은 네트워크 인프라를 구축해야 하고, 이를 활용하기도 한다. 그렇기 때문에, 해당 네트워크 구성 및 가상공간, 데이터 등에 있어서 위협에 더 많이 노출될 수 있다. 따라서 싱가포르 정부는 사이버보안을 강화하고 있다. 싱가포르의 대표 통신사인 '싱텔Singtel'은 2015년에 사이버보안 전문성 확보를 위해서 글로벌 전문 보안회사인 '트러스트웨이브Trustwave'를 인수하였으며, 사이버보안청Cyber Security Agency'을 신설하여 사이버보안에 심혈을 기울이고 있다.

정리하면, 싱가포르는 스마트 국가를 이용하여 문제를 해결하고 있다. 아울러 국가 내 역량을 최대한 끌어내려는 노력을 하고 있다. 예를 들어 자율주행 택시의 경우를 살펴보면, 스타트업Start-up에게 맡김으로써 사업을 추진하였을 뿐 아니라, 물 부족의 경우에도 대학교와 함께 해결방안을 모색하고 있다. 이러한 여러 사업과 더불어 많은 사람의 참여를 끌어내기 위한 싱가포르 정부의 노력은 민주적일 뿐 아니라 정부의 직간접적인 투자를 통한 국가 전체의 가상화 구현, 경제적인 부가가치 창출 등을 목표로 사업을 추진하고 있다고 할 수 있다.

이러한 면에서 볼 때 한국은 '버추얼 싱가포르'와 같은 국가 단위의 연구와 기술을 확보할 뿐 아니라 민간과의 협력을 통해 스마트 시티 구축을 목표로 하여 스마트 시티를 형성해나가야 한다. 한국에서는 2006~2007년 서울시, 대전시 등에서 3차원 GIS 시스템을 이용하여 도시를 구현하고 '버츄얼 싱가포르'와 같은 형태로 도시를 가상 도시화 하여 정책에 활용하려고 하였다. 이 프로젝트의 핵심에는 한국전자통신

그림 1.10.3 세종시 스마트 시티 '디지털 트윈Digital Twin'

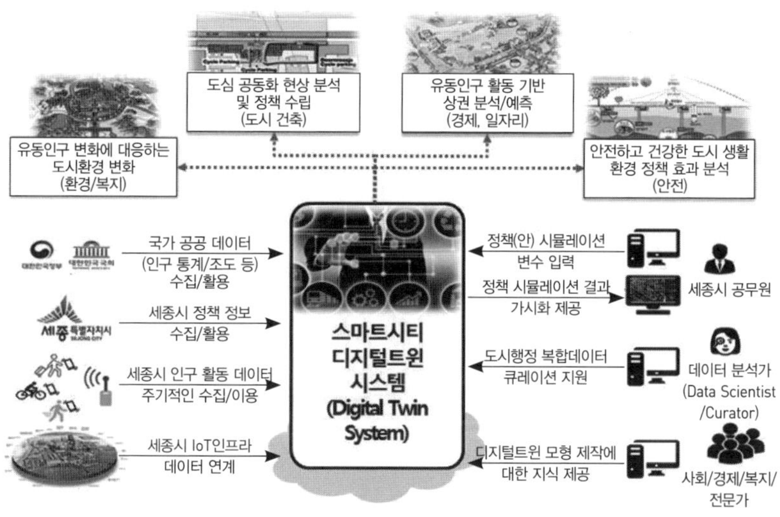

자료: 세종특별자치시

연구원ETRI, Electronics and Telecommunications Research Institute이 있었으며, 도시정보를 이용하여 도시 데이터베이스를 구축하고, 국토지리정보원과 함께 3D 모델링을 하여 가상 도시를 구축하기에 이르렀지만 크게 주목받지 못하였다.

이후 U-City 기반 조성 사업, 유비쿼터스 사업 등 스마트 시티 사업이 진행되고 있었으나, '버츄얼 싱가포르'처럼 도시 전반을 실제와 같이 스마트 공간에 구현하는 형태는 아니었기 때문에 이러한 가상 도시화 사업이 주춤하는 듯 보였으나 최근 다양한 자치구에서 스마트 시티를 조성하기 위한 노력을 지속적으로 진행하고 있다. 대표적으로 세종시의 경우 2022년까지 '디지털 트윈(디지털 쌍둥이)' 도시를 목표로 도시 전체를 가상화하는 가상 도시 시뮬레이션 프로젝트를 위한 노력을 기울이고 있다.

이 프로젝트는 2017년 한국전자통신연구원과 세종시의 양해각서MOU, Memorandum Of Understanding를 통해 시작되었으며, 190억 원의 사업비가 투자된다. 이 프로젝트를 통해 세종시의 '디지털 트윈'이 구축되면 모든 정보(교통, 안전, 환경 등)를 통합하여, 시민 생활에 밀접한 스마트 서비스를 제공하며, 인구 분포와 이동을 기반으로 상권의 분석, 대중교통의 형태 분석, 정책 분석 등 다양한 시도를 할 수 있을 것으로 보인다.

이러한 노력을 통해 도시 문제를 해결할 수 있을 뿐 아니라, 연구, 기술 확보 측면 등에서 민간과의 협치를 자연스레 달성할 수 있으며, 국가의 새로운 산업발전의 동력이 될 가능성이 높다. 이를 이루기 위해서 먼저 데이터에 대한 구체적인 수집과 관리, 보안 등의 문제를 해결하고 현재 한국의 도시 문제, 국토의 균형 발전, 산업의 고도화 등을 이룩하기 위해 스마트 국가 플랫폼을 적극 활용하여 혁신적이고 지속적으로 성장 가능한 스마트 국가를 구축해나가야 할 것이다.

또한 '디지털 트윈'을 구축하는 신산업 기술시장이 지속적으로 성장하고 있기 때문에, 현재 '미래 먹거리'가 부족한 한국의 실정에서 실업과 경제난을 해결하고 선진 기술의 우위를 점유하기 위해서도 민관 협력적인 디지털 트윈 구축 기술의 연구 개발이 필요하다. 최근 제너럴 일렉트릭GE, General Electric Company, 다쏘Dassault, 지멘스Siemens 등 디지털 트윈 기술 시장을 점유해나가고 있는 기업들의 성장세가 지속되고 있기 때문에 해당 기술에 대한 적극 장려가 미래 한국의 신산업과 성장 동력이 될 수 있음을 고려해볼 수 있다.

참고자료 및 출처

- 국토교통부. (2018. 7. 16.). 「스마트시티 국가 시범도시 기본구상안 수립 현황 및 향후 추진계획(관계부처합동)」.
- 윤범진. (2016). 「싱가포르 스마트시티 프로젝트 스마트 네이션(Smart Nation), 국가 비전 선포 미래형 도시국가 건설에 착수」. 『CHINDIA Plus』.
- 이광기·윤호동·김탁곤. (2018). 「디지털트윈기술발전방향」. 『KEIT PD Issue Report』, Vol.18-9.
- 임시영·김미정. (2018). 「스마트시티의 성공을 위한 디지털트윈 적용방안」, 『국토정책』, no. 687.
- 지현호. (2017). 「'버츄얼싱가포르프로젝트' 스마트 시티의 새로운 혁신 창조」. 『KIBIM Magazine』.
- 최준영. (2018). 「첨단 기술 기업 만들어 가는 스마트 도시」. 『도시정보』.
- 한국토지주택공사. (2018). 「새정부 스마트시티 정책과 국가시범사업추진 방향」.
- 다쏘시스템 홈페이지 https://www.3ds.com/
- National Research Foundation Singapore. http://www.nrf.gov.sg/programmes/virtual-singapore
- Virtual cities: Designing the metropolises of the future. Retrived from https://www.bbc.com/news/business-46880468.

2

조직혁신 사례

문명재·박일주

조직의 생존과 발전을 위해 혁신은 필수불가결하다. 조직이 처한 환경이 계속 변하기에 만약 조직이 혁신을 거듭하지 않으면 어느 순간 도태되어 궁극적으로 사라질 가능성도 있기 때문이다. 이에 따라 조직의 혁신은 조직의 크기, 형태, 설립목적 등을 막론하고 중요한 논의 주제로 언급되곤 한다. 특히 기업의 경우 조직이 생산하는 제품이나 생산 과정에 대한 관심 못지않게 조직 전반의 혁신에 관심을 기울여왔다. 예를 들어 기업 혁신에 대한 표준을 제시하는 OECDOrganization for Economic Cooperation and Development(경제협력개발기구)의 「오슬로 매뉴얼Oslo Manual」에서도 혁신innovation을 "제품혁신product innovation, 공정혁신process innovation, 마케팅혁신marketing innovation, 그리고 조직혁신organizational innovation"으로 구분하고 있을 만큼 조직혁신은 혁신의 한 부류로 인정받고 있다.

공공부문 역시 이전과 달리 조직의 생존을 완벽히 보장받지 못할 뿐만 아니라 조직성과에 대한 평가도 받게 됨에 따라 경쟁력 확보를 위해 조직혁신에 관심 갖기 시작하였다. 20세기 이후 국가들은 전통적으로 국가가 주도해오던 발전국가적 행정 운영을 지속해오다 신자유주의 등의 영향으로 신공공관리NPM, New Public Management를 적용하였고 최근 후기 신공공관리post-NPM 패러다임에 직면하였는데, 이러한 흐름에 맞춰 공공부문의 개별 조직들 역시 조직의 생존과 성과 관리를 위해 변모해왔고 조직혁신에 대해 더 많이 관심 갖게 된 것이다. 이는 조직의 경쟁력 확보를 위해 기존의 관료제에서 탈피하여 새로운 조직 형태와 구조를 모색하는 최근 공공조직들의 노력과 무관하지 않다.

특히 새로운 기술들이 대거 출현하고 이들이 일상생활과 산업 현장에서 활용되는 사례가 이전보다 많아지면서 조직혁신을 가능케 하는 전략 역시 이전보다 다양해지게 되었다. 특정 기술을 활용하여 새로운 것을 시도하고 실행할 수 있다는 믿음이 생기고 공유되는 사례가 많아지면서 공공조직들 역시 새로운 기술을 활용하여 조직에 맞는 전략을 세우고 혁신을 실행하며 이를 다시 수정 반영feedback하는 과정을 거듭할 수 있게 되었다. 그리고 이는 해당 조직의 산출과 결과에도 긍정적인 영향을 미쳐 공공서비스를 공급하는 공공조직뿐만 아니라 서비스의 수혜 대상인 국민들에게도 긍정적 영향을 미치게 되었다. 나아가 이러한 긍정적 영향은 국민들의 정부 신뢰 향상에 긍정적인 영향을 주고, 공공조직의 정당성 확보 및 유지에도 보탬이 되어 왔다.

본 편에서는 국내외 정부 및 공공기관들이 새로운 기술을 활용하여 조직의 혁신을 꾀하고 실제로 소기의 성과를 거둔 사례들을 조명하고자 한다. 본래 조직혁신에 대한 논의는 조직 구성원 혹은 리더십에 대한 논의 등 인적자원에 대한 논의나 조직 형태 및 구조, 제도나 조직행동의 채택 등에 대한 논의까지 광범위하게 포함하나 본 편에서는 조직이 혁신 활동에 새로운 기술을 접목한 사례를 주로 살펴본다. 사회적 경제로서 지역화폐를 활용한 사례, 한국농어촌공사 스마트 워크 구축 사례, 국립종자원과 한국동서발전이 스마트 워크 센터를 이용하여 이뤄낸 조직혁신 사례 등 국내 사례를 비롯하여 Carrot Rewards App을 활용한 캐나다의 국민건강관리 혁신 사례, 덴마크의 의료서비스와 e-Health 활용 사례, 핀란드 정부실험실 디지털 플랫폼 구축 사례, 공공서비스와 블록체인 정책을 활용한 스위스 주크 시의 사례 등 해외 사례를 정리하였다. 해당 사례들은 최근 활용되기 시작한 새로운 기술들을 공공부문 조직혁신에 어떻게 접목할 수 있는지 보여주는 선도 사례들이다. 그리고 미래정부연구센터가 초변화 사회와 고신뢰 미래 정부의 상像으로 제시했던 '지능적 정부intelligent government', '민첩한 정부agile government', '글로벌 대응 정부globally responsive government'등 3가지 측면의 논의 모두에 적용할 수 있는 우수 사례들이기도 하다. 그러므로 본 편이 향후 새로운 기술 적용을 통한 공공부문의 조직혁신을 논할 때 좋은 참고자료가 될 수 있으리라 본다.

제 1 장

정부정책수립 혁신 디지털 플랫폼, '코케일른 파이카Kokeilun Paikka'

– 핀란드, 정부 –

김도윤

사례 요약

- 핀란드 정부는 혁신적 정책수립 방법의 하나로 코케일른 파이카Kokeilun Paikka 디지털 플랫폼을 개발함.
- 코케일른 파이카는 일종의 정부정책 실험실로, 핀란드 국민이 참여하여 아이디어를 제안하고, 재원을 확보하여 실제 실험을 할 수 있도록 하는 플랫폼임.
- 코케일른 파이카는 핀란드에서 정책수립 과정에 시민참여를 확대시키고, 풀뿌리 민주주의를 강화하며, 사회혁신 풍토를 조성하는 데에 크게 기여함.

정책설계 방식의 혁신, 정책실험

정책수립은 전통적으로 정부의 역할로 간주된 경향이 있다. 그러나 정책을 둘러싼 환경이 갈수록 복잡해지고, 국민의 요구needs가 다양화되면서, 정책수립 패러다임도 변화하고 있다.

2018년 OECD에서 발간한 *Embracing Innovation in Government: Global Trends*는 세계 국가의 혁신 트렌드를 크게 6가지로 요약하고 있는데 그중 하나가 바로 '실험적 정부'이다. 갈수록 복잡한 정책환경을 대면하게 되면서, 공공부문의 정책결정자들은 오늘날의 정책 문제를 해결하기 위한 방안으로서 정책수립에 실험적 기법을 도입하려는 노력을 해왔다는 것이다(Breckon, 2015; Mulgan, 2013; Sahni et al., 2013).

정책실험은 정부로 하여금 새로운 아이디어나 해결책을 대규모로 적용하기 전에 관리가능한 규모에서 적용해볼 수 있도록 함으로써 비용을 최소화하고 지속적으로 새로운 해결책을 탐색할 수 있는 원동력을 제공한다(OECD, 2018). 실험은 일반적으로 정해진 기간 특정 집단을 대상으로 정책을 집행해보고, 확인해보고 싶은 결과나 효과 등에 대한 피드백을 얻는 것을 목적으로 한다. 정부는 실험 결과를 통해 정책집행을 통한 문제의 개선 정도, 예기치 않은 부작용, 정책의 확산 가능성 등에 대해 학습할 수 있는 기회를 얻게 된다. 정책 문제에 대한 지식을 모으고, 지식의 적용가능성을 탐색하는 비용–효율적인 방안으로서의 정책실험이 대두된 것이다.

실험의 나라 핀란드

정책실험 분야에서 가장 혁신적 위치에 있다고 평가되는 것이 바로 핀란드이다. 핀란드 정부는 공공서비스를 개선하기 위한 혁신적 방법의 하나로 정책수립 과정에 실험적 문화를 정착시키기 위하여 노력해 왔다. 핀란드 정부는 2025년까지 혁신과 실험 분야에서 세계적 선구자가 되겠다는 목표하에, 2013년부터 총리실 주도로 데모스 헬싱키Demos Helsinki 등의 싱크탱크와 알토Aalto 대학 등과 협업하여 '정부를 위한 디자인the Design for Government' 모델을 수립하기 위한 연구를 진행하였다(『오마이뉴스』, 2018. 7. 20.). 그리고 2015년 6월 관련 보고서 발간을 시작으로 '실험의 핀란드Experimental Finland' 프로젝트를 시작하였다.

핀란드는 '실험의 핀란드' 프로젝트 일환으로 약 2년간 세계 최초로 전국단위의 '기본소득 실험'을 진행하면서 크게 이슈를 불러일으킨 바 있다. 실험은 2017년 1월부터 2018년 12월까지 약 2년간 진행되었다(『한국일보』, 2019. 2. 12.). 실험 결과에 대한 핀란드 정부의 공식 결론은 기본소득 고용 증대 효과가 미미했던 반면, 삶의 질은 개선되었다는 점이다.

그런데 핀란드의 실험이 정부혁신의 모범 사례로 주목받고 있는 원인은 단순히 '정책실험'을 도입했기 때문이 아니라, '정책실험을 하는 방식'에 있다. 핀란드는 '실험의 핀란드' 프로젝트의 일환으로서, 혁신의 확산과 실험풍토 조성에 중요한 역할을 하는 '코케일른 파이카Kokeilun Paikka'라는 디지털 플랫폼을 창조하였다. OECD에서 2018년 발간한 정부혁신트렌드 보고서에서도 실험의 핀란드 프로젝트 중 코케일른 파이카를 주목할 만한 사례로 보고하고 있다.

핀란드의 정부 실험실: 코케일른 파이카Kokeilun Paikka

핀란드 정부는 혁신 문화를 조성하고, 정부와 시민의 관계를 개선하는 데에 몇 가지 장애물이 있음을 발견하였다. 유연한 자금 확보의 부재, 혁신가들 간의 커넥션, 혁신적 접근법이나 가능한 솔루션에 대한 정보의 부재 등이다. 게다가 지역·국민 수준의 실험은 핀란드 내에서 보편적인 반면 실험 전반에 대해 검토할 수 있는 컨트롤 타워가 없었기 때문에 실험을 통한 학습이 우연적이고 일시적이라는 문제가 있었다.

이러한 문제를 해결하기 위해 핀란드 정부가 창조한 것이 바로 코케일른 파이카이다. 코케일른 파이카는 우리말로 '실험 공간'이라는 뜻을 가지고 있다. 코케일른 파이카는 일종의 정책 실험실이다. 국민이 생활 속에서 직접 경험하는 문제의 해결방안을 제시하고, 크라우드펀딩crowd funding 방식으로 재원을 확보한 후, 실제 정책으로 실험할 수 있도록 하는 디지털 플랫폼을 말한다. 코케일른 파이카를 통해 핀란드 국민들은 스스로 가지고 있는 유용한 아이디어를 실험하고, 이를 위한 기금을 모으고, 상호 간의 토론을 통해 실험의 결과를 평가할 수 있다. 게다가 유용할 것으로 예상했던 정책 아이디어가 현실에서는 어떻게 작동하는지에 대한 함의점을 얻을 수 있을 뿐만 아니라 새로운 정책아이디어를 통한 이점을 효과적으로 확산시킬 수 있다.

코케일른 파이카에서의 실험은 전략적 차원, 집단 파트너십 차원, 풀뿌리 차원의 세 가지 수준으로 구분된다. 전략적 차원의 실험은 정부가 중점적으로 추진하는 목표와 관련된 5~10개의 실험이 선택된다. 앞서 언급한 기본소득과 관련된 실험이 여기에 해당된다. 이 실험들은 총리실Prime Minister's Office 소속의 '실험의 핀란드 팀Experimental Finland

Team'에서 관리·감독한다.

집단 파트너십 차원의 실험은 정부의 정책목표를 실현하기 위해 지방 정부, NGO, 민간 산업 등과 협업하여 시행하는 프로젝트들이 포함된다. 이 수준에서는 지역사회나 공동체에서 시행된 소규모 실험 결과가 광범위한 수준에서도 적용될 수 있는지를 확인한다.

마지막으로 풀뿌리 차원의 실험은 지역사회 단체나 학술 조직, 시민들이 직접 상호 모니터링을 통해 실험을 진행한다. 여기서 코케일른 파이카는 흩어진 혁신가들을 서로 연결시켜 주거나 기금을 모금하는 네트워크를 제공한다.

2018년 6월까지 핀란드 정부는 더 나은 일상생활을 만들어가기 위한 AI실험 프로젝트 공모를 진행하였다. 이에 모두 37개의 아이디어가 플랫폼에 등록되었으며, 심사를 거쳐 선정된 21개의 실험에 각각 3,000~5,000유로(390~650만 원)가 지원되었다. 그리고 핀란드 남부 라펜란타Lappeenranta 시가 제안한 전기차 공유 서비스는 '이달의 실험'에 뽑히기도 하였다(『오마이뉴스』, 2018. 7. 20.).

핀란드 정부는 코케일른 파이카를 통해 혁신적 솔루션을 통한 공공서비스의 개선, 국민 개인의 참여 장려, 시민 주도의 문제해결 능력 배양 등이 가능할 것으로 예측한다. 나아가서는 사회적 문제를 해결하기 위한 핀란드 정부의 역량 제고, 공공부문의 신뢰와 투명성 향상, 시민 참여, 효율성과 효과성, 정책과 공공서비스의 질 향상 등을 목표로 하고 있다. 이와 관련하여 핀란드 '지방정부 및 공공개혁부' 베흐비래이넨 장관Anu Vehviläinen은 코케일른 파이카가 "풀뿌리 단체들에게 사회 구조를 바꿀 기회를 제공한다."며 "사회혁신의 공간일 뿐 아니라 민주주의를 위한 도구"라고 강조한 바 있다(『오마이뉴스』, 2018. 7. 20.).

사용자 모두가 주체가 되는 정책실험 플랫폼

코케일른 파이카 홈페이지에는 실험의 방법을 구체적으로 설명하고 있다. 주요 내용을 소개하면 다음과 같다.

코케일른 파이카 플랫폼에 등록이 완료된 사람이 실험제안서proposal를 제출할 수 있다. 실험제안서에는 구체적으로 해결하고 싶은 문제, 문제를 해결하기 위한 아이디어, 이를 위한 실험 방법 등의 내용이 포함된다. 제출된 실험제안서는 플랫폼을 사용하는 누구나 열람 및 토론이 가능하다. 이 과정에서 아이디어의 개선이 이루어지기도 하며, 이를 응원하는 사람들로부터 크라우드펀딩crowd funding을 받게 된다.

재원 확보가 완료되면 실험을 제안한 사람은 실험의 집행과 진행 과정에 대해 기록하고, 실험 완료 후에는 실험을 통해 학습한 내용과 함의점을 보고한다. 실험을 통한 학습 단계는 코케일른 파이카의 실험 절차의 마지막 단계인 동시에 가장 중요한 단계라고 볼 수 있다. 실험의 목표는 항상 실험의 성공뿐만 아니라, 실패를 통한 학습과 경험의 공유

그림 2.1.1 코케일른 파이카 실험 절차

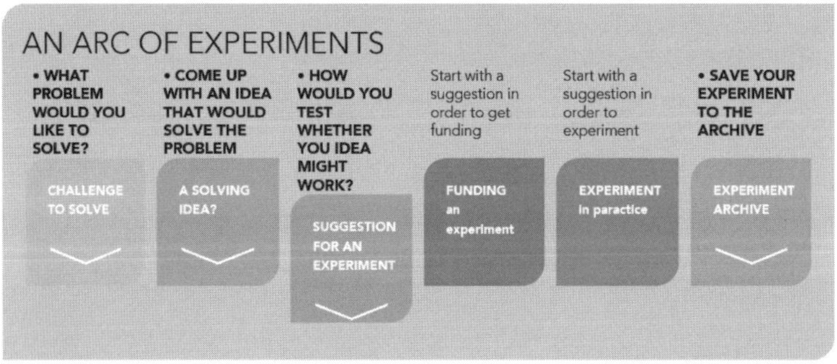

자료: 코케일른 파이카 홈페이지(https://www.kokeilunpaikka.fi/en/) (접속일: 2018. 1. 11.)

에도 있기 때문이다.

이렇듯 문제의 인식과 해결방안 모색, 재원 마련, 실험 결과를 통한 학습 전 과정을 국민이 직접 주도하고 참여할 수 있다는 점은 코케일른 파이카가 혁신적이라고 평가받는 가장 큰 이유이다.

이 밖에 코케일른 파이카가 가지는 장점은 플랫폼 사용자들 간 자유로운 토론이 가능하다는 점이다. 모든 사용자들이 서로 아이디어를 공유하고, 실험에 대해 조언하고, 의문에 대해서 질문하거나 답할 수 있다.

정책실험을 통한 행정가치 향상

코케일른 파이카 플랫폼은 역사가 길지 않기 때문에, 그 효과를 평가하기에는 다소 무리가 있다. 그럼에도 불구하고 코케일른 파이카가 가지는 장점은 분명하다. 우선 행정적 관점에서, 정부와 국민의 연결고리를 강화하여 정부 신뢰나 개방적 정부의 가치를 제고할 수 있다는 점이다. 이는 공공서비스 개선이나 사회 혁신이 풀뿌리 민주주의를 바탕으로 이루어지는 한편, 모두가 참여하는 정책수립과 문제해결 메커니즘은 다시 민주주의의를 강화하고 시민참여를 높이는 선순환 성장이 이루어질 수 있기에 가능하다.

그리고, 실천적 관점에서 효율적이고 효과적인 공공서비스 개선, 사회 혁신 확산의 기능을 한다는 점이다. 코케일른 파이카 플랫폼은 다양한 혁신가들의 역량을 집중시키고, 집단지성을 발휘할 수 있는 장을 제공할 뿐만 아니라 유연한 재원확보를 가능케 한다. 기존에도 정책실험이나 크라우드소싱crowd sourcing, 크라우드펀딩 방식은 존재해왔으나 코케일른 파이카와 유사한 방식은 찾아볼 수 없었다.

코케일른 파이카와 같은 플랫폼은 정책수립에 대한 시민참여를 지향하는 데에 좋은 모범이 될 수 있을 것으로 판단된다. 게다가 핀란드 사례에서 볼 수 있듯이 이 플랫폼은 적은 비용으로 빠른 성장이 가능하기 때문에, 혁신을 지향하는 여타 국가들이 벤치마킹하는 데에 큰 어려움이 없을 것으로 판단된다.

참고자료 및 출처

- 윤찬영. (2018. 7. 20.). 「'기본 소득 실험' 실패한 핀란드? 조롱할 일이 아니다」. 『오마이뉴스』. http://m.ohmynews.com/NWS_Web/Mobile/at_pg.aspx?CNTN_CD=A0002455088#cb 에서 검색.
- 인현우. (2019. 2. 12.). 「고용 못 늘려 실패? 핀란드 '기본소득 실험 시도 자체가 진전'」. 『한국일보』. http://www.hankookilbo.com/News/Read/201902111565312682?did=DA&dtype=&dtypecode=&prnewsid= 에서 검색.
- OECD. (2018). *Embracing Innovation in Government: Global Trends 2018*. OECD.
- https://www.kokeilunpaikka.fi/en/ (접속일: 2018. 1. 11.)

제 2 장

정부 산하 혁신 조직, '18F-Digital service delivery'

– 미국, 연방정부 –

송현진

※ 본 사례는 18F 공식 홈페이지의 "Happy 5th birthday, 18F"를 바탕으로 작성되었음.

사례 요약

- 18F는 미국 연방정부 산하 혁신 조직으로, 최신의 기술을 정부조직이 제공하는 공공서비스에 적용해 각종 정부 부처가 신속하고 합리적으로 정책 서비스를 제공하도록 돕는 역할을 함.
- 200여 명의 디자이너, 소프트웨어 엔지니어, 전략전문가, 제품관리자 등 ICT 분야 기술 전문가 등으로 구성됨.
- 18F는 2014년 3월에 대통령 직속기관으로 설치되어 건강보험사이트, 이민신청서류 온라인 제출 서비스, 재향군인 사이트 등을 개선하는 등의 성과를 냄.

해와 바람의 대결

우리가 익히 잘 알고 있는 이솝우화 중에 해와 바람의 대결 이야기가 있다. 해와 바람 중에서 누가 더 힘이 센지 겨루어보기 위해서 길을 걸어가는 나그네의 외투를 벗기는 내기를 한 것이다. 결국은 힘이 센 바람보다는 따뜻한 햇볕을 통해 스스로 외투를 벗게 만든 해가 승리했다는 것으로 이야기는 끝을 맺는다. 2014년 3월에 설치된 18F는 연방총무청General Service Administration 산하의 조직으로 다른 부처와 공동으로 기술 문제를 해결하고, 제품을 만들고, 정부가 기술을 통해 공공서비스를 제공하는 방식을 개선하도록 돕는 일을 하는 기관('18F'라는 이름의 유래는 팀의 본부가 속한 연방총무청 건물의 주소 'Washington, DC: 1800 F Street.'를 뜻함)으로 실리콘밸리의 노하우를 주요 공공서비스에 적용해 정부의 기술적 향상 및 현대화를 달성하는 바람 같은 변화를 끌어내고자 했다. 2014년 3월에 대통령 직속 혁신 펠로우PIF, Presidential Innovation Fellows가 18F의 신설을 추진하였다. 18F는 정부가 자부심과 신뢰를 심어주고, 사용자의 요구를 충족시키며, 안전하고, 신속하고, 합리적인 비용으로 디지털 서비스를 지속적으로 제공할 수 있도록 돕는 것을 목표로 각종 정부 부처와 협력적 관계를 형성해 해당 부처의 전략적 이니셔티브가 해결될 수 있도록 기술적 측면에서 도움을 제공해왔다. 이솝우화와는 달리 바람같이 움직이던 18F는 작지만 강한 변화들을 보여주었다. 하지만 설립 5주년을 맞이한 지금 18F는 지난 5년을 통해 얻은 교훈을 바탕으로 새로운 변화를 모색하고 있다.

18F는 어떤 조직인가?

1. 18F의 구성원

18F 구성원들은 연방공무원으로 200여 명(2019년 3월 현재 118명)의 디자이너, 소프트웨어 엔지니어, 전략전문가, 제품관리자 등 ICT 분야 기술 전문가이다. 개별 구성원들은 각각 워싱턴 DC와 샌프란시스코, 시카고, 뉴욕 등의 사무실에 흩어져서 팀의 구성원으로 국가 전체에서 원격으로 근무한다. 이들은 미국에서 가장 최신의 기술을 가진 인재들로 구글, 페이스북, 아마존, 트위터 등에서 일한 경험이 있었고 18F의 프로젝트를 위해 영입됐다. 미국 국민의 삶에 필수적인 정부서비스를 변화시키기 위해서 이렇게 영입된 기술산업 인재들은 현장의 공무원들과 팀을 짜서 일했다. 각 부처의 담당자부터 당시 대통령이었던 오바마에 이르기까지 서비스를 개선하기 위한 전폭적인 지지를 제공한 것으로 알려져 있다.

그림 2.2.1 18F의 구성원들

자료: Jon Gertner(2015)

2. 18F의 활동 원칙

18F의 활동 방침은 다음과 같다. ① 이용자의 요구를 이해할 것, ② 서비스 이용의 시작부터 끝까지 사용자가 경험하는 서비스 이용의 절차를 고려할 것, ③ 단순하고 직관적으로 설계할 것, ④ 서비스는 기민함agile과 반복 실험을 통해 개발할 것, ⑤ 서비스 전달을 위한 예산 및 계약을 구조화할 것, ⑥ 선출된 리더에게 충분한 권한을 부여할 것, ⑦ 경험이 풍부한 팀을 영입할 것, ⑧ 최신의 기술을 선택할 것, ⑨ 유연한 호스팅 환경을 효율적으로 사용할 것, ⑩ 테스트와 코드 입력을 자동화할 것, ⑪ 재사용 가능한 프로세스를 통해 보안 및 개인정보를 관리할 것, ⑫ 데이터를 기반으로 의사결정을 내릴 것, ⑬ 모든 내용을 공공에 공개할 것. 18F의 이러한 활동 원칙은 어쩌면 민간기업에서는 당연해 보이는 운영 원칙이지만 공공부문에서 실천하기에는 어려웠을 것으로 예상한다. 그러나 이들은 고정관념을 극복하고 다음과 같은 성과를 달성하였다.

3. 18F의 초기성과

(1) 건강보험사이트(Healthcare.gov) 재건축 프로젝트

2015년 8월, 정부디지털서비스USDS, United States Digital Service와 함께 공공기관 웹사이트 디자인을 현대식으로 수정하기 위해「웹디자인 표준안의 4대 원칙」을 제안하였다. 웹디자인 표준안 4대 원칙은 다음과 같다. 첫째, 웹사이트 제작 가이드라인을 구성하여 개발자와 디자이너가 간단한 도구로 좋은 웹사이트를 만들 수 있게 하기, 둘째, 508 컴플라이언스를 준수하여 장애인 및 어린이 등 누구나 쉽게 이용하도록 접근성을 개선하기, 셋째, 다양한 인터페이스에서 통일된 디자인이 보이도록 스크린 크기에 상관없게 만들기, 넷째, 개발 주체들이 상황에 따라 쉽게 수정할 수 있도록 웹사이트 개발 소스를 공개하기 등이다.

(2) **이민신청서 개선**

지금까지의 이민 신청은 전부 종이서류를 사용해 6개 이상의 심사기관을 거쳐야 했기 때문에 최소 6~8개월의 시간이 소요되었고, 이러한 과정을 개선하기 위해 정부의 이민국은 6년 동안 12억 달러를 투자했지만, 사업에 성공하지 못했다. 하지만 18F가 6명으로 구성된 작은 팀을 구성해서 부서를 도와 최신 방식을 도입한 뒤 해결을 시도하여, 수년에 걸쳐 수행해야 할 큰 프로젝트를 작은 프로젝트로 나누어 위험부담을 줄이고 결과를 몇 주 단위로 확인할 수 있게 만듦으로써 3개월 만에 I-90 서류를 온라인으로 처리할 수 있게 되었다.

(3) **재향군인 사이트 개선**

재향군인 관리국 및 재향군인 본인들과 협력해서 베타 사이트(Vets.gov)를 오픈하였다. Vets.gov는 단 하나의 사이트로 기존에 존재하는 모든 온라인 서비스를 통합해 이전보다 간단하고 쉽게 이용할 수 있도록 구성된다. 재향군인들과의 소통을 바탕으로 먼저 교육 혜택과 장애 혜택으로 시작한 베타 사이트는 서비스 영역을 확대하고, 기존 사이트는 점차 폐쇄하는 방향으로 개선 중이다.

18F의 새로운 변화

성공적인 혁신 결과가 나타났지만 18F를 전폭적으로 지지했던 오바마 정부의 임기가 끝나고 트럼프 정부가 정권을 잡으면서 이전과 같은 지원을 기대하기 어려워졌다(Castro, 2018). 따라서 스스로 1~2년에 거쳐 정체성을 재검토하고 지난 프로젝트 경험을 통해 핵심전략을 개선했다.

1. 전달 중심의 전략에서 탈피

초기 18F 팀은 정부 운영의 문제점을 지적하고 이를 현대 기술을 통해 혁신적으로 바꾸기 위해 노력했다. 그리고 새로운 기술이 정부혁신에 실효성이 있다는 것을 증명하기 위해 직접적인 방법을 사용해서 특정 부처의 문제를 해결할 솔루션을 제공했다. 하지만 이러한 접근이 지속적인 혁신을 가져올 수는 없다는 판단을 내리게 되었다. 그래서 18F 팀은 자신들이 없이도 혁신을 유지 및 관리할 수 있도록 특정 부처에 혁신을 위해 필요한 팀-기술-프로세스를 만드는 방식으로 전략을 바꾸었다. 예를 들어 내무부의 천연자원수익국The department of the Interior's Office of Natural Resources Revenue, ONRR의 경우 18F와 장기 계약을 체결하여 코칭을 받고, 조직의 비전을 재검토하는 등 총체적인 전환을 시도했다.

2. 겸손한 자세로 신뢰를 형성

앞서 소개한 이솝우화의 바람처럼 18F는 자신들이 '전문가'로서 위기에 빠진 정부를 '구할' 것이라는 당찬 포부를 가지고 있었다(18F, 2014). 따라서 '해킹' 전략을 통해 비효율적인 정부의 기존 운영방식을 부수고 새롭고 효율적인 방법을 도입하려고 했다. 하지만 5년의 프로젝트 운영을 통해 새로운 양식을 인터넷에 올리는 것만으로 고질적인 문제가 해결되지 않는다는 것을 인정하게 되었다. 따라서 현장에 있어서는 파트너인 정부 부처 역시 전문가라는 사실을 인정하고, 사용자의 필요에 적합한 기술지원을 제공하기 위해서 해당 부처의 업무를 배우기 시작했다. 18F 팀은 정책운영에 따르는 규제와 예산제약을 이해하기 위해 정책담당자와의 협력에 시간과 노력을 쏟았고, 실무에서 발생할 수 있는 다양한 오류를 점검하기 위해 수많은 테스트를 진행했다.

3. 새로운 경험을 공유하기 위한 인력관리의 변화

기존의 18F 팀의 직원은 정규직이 아니고 2~4년의 임기직이었다. 따라서 민첩한agile 조직의 한계를 극복하기 위한 제도적 보완책을 마련했다. 첫째는 프로젝트의 수석chief of projects 제도이다. 프로젝트 수석은 조직 전체의 우수 사례를 연구, 종합, 문서화 및 보급하는 일을 한다. 템플릿을 작성하고, 역할을 코드화하고, 계약 내용을 모듈화해서 이전 프로젝트의 솔루션이 다음 프로젝트에서 지식으로 활용될 수 있도록 돕는다. 둘째는 경력직 채용 제도의 도입이다. 물론 새로운 관점과 기술을 가진 사람들을 임기에 따라 선발하는 것이 혁신을 이루는 데는 큰 도움이 되었지만 18F의 문화와 사명을 장기간 지속하기 위해서는 인력의 잦은 변화는 부정적일수도 있다. 따라서 18F는 특정 구성원에 한해서 경력직 제도를 운영하기로 하였다. 경력직사원은 파트너인 정부의 조직들과 교량적 역할을 함과 동시에 신입 직원들의 멘토 역할을 한다.

결론

18F는 정부가 자부심과 신뢰를 심어주고, 사용자의 요구를 충족시키며, 안전하고, 신속하고, 합리적인 비용으로 디지털 서비스를 지속적으

로 제공할 수 있도록 돕는 것을 목표로 각종 정부 부처와 협력적 관계를 형성해 해당 부처의 전략적 이니셔티브가 해결될 수 있도록 기술적 측면에서 도움을 제공하였다. 18F에서 다양한 프로젝트를 주도한 반 다이크Haley Van Dyck는 18F가 실패한 정부의 비효율적인 서비스 제공방식을 민간부문에서 축적한 지식을 활용해 개선하고 있다고 표현했다. 시민들에게 필요한 서비스를 제공하는 방법을 최신 기술을 적용해 변화시킴으로써 정부가 '제대로' 일하게 하는 것이 18F의 궁극적인 목표였다. 하지만 현재의 정부는 18F를 기존의 방식대로 무한대의 예산과 인력을 지원하여 유지하려는 의지가 과거와 비교해 부족한 편이다(Castro, 2018). 따라서 18F 팀은 지금까지 조직이 이룬 성공의 경험과 가용자원을 바탕으로 변화를 모색하고 있다. 앞으로도 18F는 새로운 방식으로 정부조직의 지속가능한 혁신을 위한 노력을 계속할 것이다. 18F가 정부조직 구성원들의 이해와 신뢰를 바탕으로 상생해나가는 새로운 혁신 모델로도 성공할 수 있을지 제2의 도약을 주목해보아야 할 것이다.

참고자료 및 출처

- 김영화 외. (2015). 「D.gov Edge: 월간 디지털 정부 최신 해외 정책」. 『기술동향』, vol.08. 한국정보화진흥원. http://www.nia.or.kr 에서 검색.
- 18F. (2014). Hello, world! We are 18F. Retrieved from https://18f.gsa.gov/2014/03/19/hello-world-we-are-18f/
- Castro, D. (2018). The rise and fall of 18F. Retrieved from https://www.fedscoop.com/rise-fall-18f/
- Colter, A. (2019). Happy 5th birthday, 18F. Retrieved from https://18f.gsa.gov/2019/03/19/18F-5-Anniversary-achieve/
- Gertner, J. (2015). Inside Obama's Stealth Startup. Fast Company Magazine. Retrieved from https://www.fastcompany.com/3046756/obamaand-his-geeks (번역본: 「오바마가 비밀리에 주도한 스타트업」. http://madedesignbyme.com/archives/1561?ckattempt=1 에서 검색.)
- Van Dyck, H. (2016, February). Haley Van Dyck: How a start-up in the White House is changing business as usual [Video file]. Retrieved from https://www.ted.com/talks/haley_van_dyck_how_a_start_up_in_the_white_house_is_changing_business_as_usual?language=ko&utm_campaign=tedspread&utm_medium=referral&utm_source=tedcomshare
- 18F Homepage 홈페이지 https://18f.gsa.gov/

제 3 장

사회적 경제로서 지역화폐 조직혁신 활용 사례

- 영국, 브리스톨 시 -

김선형

사례 요약

- 영국 브리스톨 시는 인구 43만 명의 항구도시로서, 지역산업 침체를 극복하고 대형마트로부터 골목상권을 보호하기 위해 지역 활동가들이 3년간 준비를 통해 지역화폐를 고안함.
- 이와 같은 지역화폐를 유통함에 있어 브리스톨의 시민·시민단체·정부 모두 협력하여 지역의 사회적 경제 활성화를 위한 조직혁신을 지속적으로 진행하고 있음.
- 지역산업 침체를 극복하기 위해 시 차원에서 사회적 경제 육성정책 전개를 추진함(1,000개 이상의 사회적 경제 조직에 9,000명 고용+도시재생, 주거, 재산관리 등 여러 사회적 경제 활성화를 야기함).

들어가며

지역화폐운동은 유럽, 남미, 아시아 각국을 포함해 영·미, 캐나다, 호주를 중심으로 전 세계 2,000여 지역 이상에서 실험되고 있는 새로운 지역사회운동이다(천경희·이기춘, 2005). 지역화폐운동은 노동력과 물품을 가상의 지역화폐community currencies를 지불함으로써 교환 거래가 되도록 체계화하려는 것이고, 양자 간 돈 없이도 재화와 서비스를 서로 주고받는 형식이 가능하게 하는 것이다(서울시 사회적경제지원센터, 2016).

지역화폐마다 특성의 차이를 보이고는 있지만 일반적으로 지역화폐운동은 지역사회의 경제를 활성화시키려는 차원에서 실업자 및 저소득층 보호, 자원봉사 활성화, 지역사회 상호부조 증진, 주민들의 사회적 관계에 기반을 둔 경제제도 재구성 등의 역할을 하고 있는 것으로 평가받고 있다(김동배·김형용, 2001).

지역화폐의 이론적 논의가 1800년대부터 시작되어 현재에도 지속적으로 오랜 시간 동안 논의되어 오고 있다(최준규 외, 2016). 지역경제가 활발하지 못한 지역의 경제를 살리기 위한 방안의 하나가 지역화폐이다. 지역화폐를 통해 지역경제를 활성화한다는 목표를 가지고 유럽연합 지역발전기금ERDP, European Regional Development Fund이 출연한 돈은 총 400만 유로이다. 이 자금을 지원받아 영국·프랑스·네덜란드·벨기에 등 많은 유럽국가에서 다양한 방식과 형태의 지역화폐 시범사업이 이뤄지고 있다(문진수, 2014). 특히 2012년부터 유통되기 시작한 영국의 브리스톨파운드(£B)는 가장 넓은 화폐공간을 가진 지역화폐로, 최근 가장 성공적인 지역화폐 사례이다.

지역화폐 개관

지역화폐란 한정된 지역에서만 사용할 수 있다. 즉 법률로 정해진 국가화폐, 원이나 달러, 엔, 유로, 마르크 등과 대비되는 단어로서, 지역화폐는 보완통화, 지역통화, 자주통화, 자유통화, 회원제통화, 커뮤니티통화, 그린달러, 에코머니, 오리지널머니 등으로 다양하게 불리고 있다(아베 요시히로·이즈미 루저, 2002).

지역화폐의 도입과 발전 과정은 지역 및 시기에 따라 격차가 있지만, 기본적으로 지역화폐가 가지고 있는 이익에 따라 시작되었다. 많은 학자들은 지역화폐운동이 지역주민을 위해 경제적·사회적 이익을 가져오고, 환경보존의 이익을 가져온다고 보았다. 지역화폐의 의의는 지역경제 침체에 따른 지역주민들의 충족되지 못한 욕구 충족, 실업 해소, 공동체운동, 지속 가능한 소비 등 지역 주민들 간 신뢰를 바탕으로 지역경제 활성화를 이루는 실천적 장으로 보았다(김현우, 2008).

지역화폐는 운영 단체가 관리하는 구좌 내에서 재화나 서비스를 제공한 사람에게는 플러스 포인트가 부여되고 반대로 재화나 서비스를 제공받은 사람들은 마이너스 포인트가 주어지는 시스템이다(김민정, 2012). 지역화폐는 특정한 사람에게 부여된 돈의 발행을 공동체에 참여한 개개인에게 위임하고 회원 간의 신뢰관계를 기반으로 화폐가 발행된다(행정자치부, 2017). 국민화폐와 지역화폐의 본질적인 차이는 유통이 전국적인가 일정 지역인가라는 공간 범위의 차이가 아니다. 바로 화폐가 가지는 성격이다. 즉 전자가 의미하는 이윤창출을 목표로 한 시장의 교환과 후자가 포함하고 있는 상호부조, 공동체의 신뢰에 토대가 된 교환의 성격 차이이다(최준규 외, 2016). 화폐의 기능 면에서 지역화폐의 장점은 첫 번째로 자산이 크게 부각되지 않는다는 점이다. 두 번째로 지역화폐는 내재된 통제와 지침서, 한도를 알려준다. 세 번째로 지역화폐는 공식적인 통화로 쉽게 전환될 수 있다. 네 번째로 지역화폐는 지역공동체를 더 견고하게 해줄 수 있다. 다섯 번째로 지역화폐는 사용지역들 간 연결망을 강화하고 나아가 새로운 사회적 연결망을 구축할 수 있도록 도와준다(김민정, 2012).

이러한 지역화폐의 다양한 특징을 본 사례에서 살펴보고자 하는 영국의 브리스톨 시 지역화폐를 통해 자세히 알아보고자 한다.

브리스톨의 지역화폐[1)]

최근 주목받고 있는 브리스톨파운드는 지역순환경제구축 차원의 지역화폐 형태로 분류할 수 있다. 브리스톨파운드는 공간적 한계를 극복하고 시市차원의 지역화폐시스템 구축을 목표로 한다. 브리스톨 시는 도심인구 43만 명에 외곽지역까지 포함하게 된다면 인구 100만 명이 넘는 중소규모 도시로 전통적 지역화폐 흐름 가운데 가장 큰 공간 범위를 차지하고 있는 사례 중 하나이다. 브리스톨파운드는 발행액만큼의 실물화폐를 금융기관에 예치하는 본위제방식의 화폐구조이며, 실물통화와 온라인, 모바일(SMS 활용) 결제 방식을 행하고 있는 구조이다. 브리스톨파운드는 환전은 불가능하지만, 가맹점 차원에서는 환전이 가능한 중간 형태의 사업모형을 제시한다.

브리스톨파운드의 운영을 위하여 시 정부, 지역 금융기관, 지역사회 혁신조직 등 다양한 이해관계자가 참여하여 사업모형을 구축하였다.

1) 이 부분은 최준규·윤소은. (2018). 「지역 활성화를 위한 지역화폐의 쟁점과 과제」; 문진수. (2014). 「이 돈으로 세금을? 살짝 미쳤다고들 했죠」 기사문을 참고하여 발췌·기술함.

초기 화폐설계 단계에서는 신경제재단New Economic Foundation의 자문을 통해 화폐 도입 방안을 마련하였고, 지역 금융기관Bristol Credit-Union(지역 신협)은 브리스톨파운드의 전자화폐 시스템을 개발 및 운영하였다. 또한 브리스톨 사무국은 우리나라의 사회적 기업과 유사한 형태인 지역공동체기업Community Interest Company, CIC이 담당하여 운영하였다. 브리스톨 시 정부는 사무공간과 초기(3년) 운영자금을 지원하며, 지방세 일부를 브리스톨파운드로 납부할 수 있도록 제도 개선을 추진하였고, 시 정부가 직접 화폐를 발행하고 운영하는 형태가 아닌 민간의 다양한 자원이 결합하여 자율적으로 운영하는 가운데, 시 정부는 지역화폐 이용 활성화를 위한 제도개선 및 운영 자원에 초점을 두어 운영 중이다.

더불어 브리스톨 시 정부는 지역화폐 이용 활성화를 위해 납부단 확

그림 2.3.1 브리스톨파운드의 운영구조

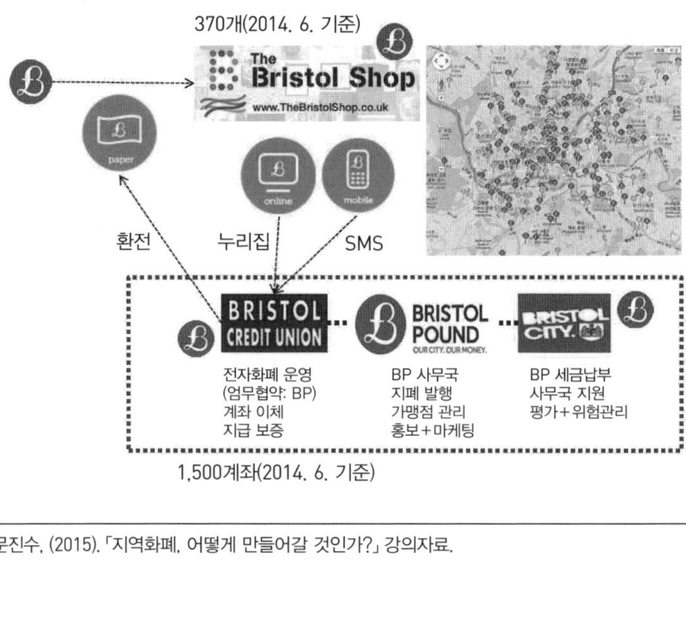

자료: 문진수. (2015). 「지역화폐, 어떻게 만들어갈 것인가?」 강의자료.

대를 추진하였다. 브리스톨 시는 직원 급여의 일부를 브리스톨파운드로 지급하며, 시장의 경우 급여 전액을 브리스톨파운드로 지급한다. 시 정부는 지방세와 에너지 요금의 일부를 브리스톨파운드로 납부할 수 있도록 제도를 개선 중이다. 지방세 납부의 경우, 온라인으로 본인 계좌에 접속하여 지불금액과 고유번호를 입력하여 납부하며, 매달 자동납부도 가능하다. 브리스톨 지역기업인 브리스톨 에너지Bristol Energy와 신재생 기업인 굿 에너지Good Energy 2개 에너지 기업의 이용요금을 납부 가능하도록 추진한 바 있다.

2014년까지 발행된 지폐 총량은 11만 3,000파운드(약 2억 원)로 소규모이며, 전용계좌 개설 수는 1,500계좌, 가맹점 수는 370여 개로 파악된다. 현재 브리스톨파운드의 주 수입원은 화폐거래 시에 징수하는 수수료 수입이다. 수입구조만 놓고 보자면, 일정한 수의 가맹점이 만들어지고 적정 수준의 거래가 이뤄져야만 지속가능성이 담보될 수 있다.

브리스톨파운드는 가맹점 확보 이외에 소비자들의 참여를 촉진하기 위한 방안으로 화폐교환 시 10%의 인센티브를 부여하는 방법(법정화폐

그림 2.3.2 브리스톨파운드 사용처 및 지방세 납부 화면

자료: 브리스톨파운드 홈페이지(https://bristolpound.org/)

그림 2.3.3 브리스톨 지역화폐

자료: 브리스톨파운드 홈페이지(https://bristolpound.org/)

100파운드를 받고 지역화폐 110파운드를 주는 방식)을 채택하고 있다. 가맹점이 늘어도 화폐 소비자가 없으면 의미가 없기 때문에 가맹점과 소비자층 두 대상 모두에 힘을 집중하고 있는 중이다.

브리스톨파운드는 도시의 경계를 넘어 보다 넓은 지역을 화폐공간으로 설정하고 있다는 점, 윤리적 금융기관으로 평가받는 신협이 중앙은행 역할을 하며 시스템에 결합되어 있다는 점, 사용자 편의를 위한 다양한 결제수단을 동원하고 있다는 점, 세금 납부를 포함해 지방정부가 적극적인 지원과 협력을 아끼지 않고 있다는 점 등에서 기존의 지역화폐 흐름과 구별된다.

마치며

브리스톨파운드를 포함해 대부분의 지역화폐는 법정화폐를 대체하기 위해 만들어졌다고 보기에는 다소 무리가 있다. 지역화폐는 법으로 정한 공통화폐의 존재를 인정하지만 경쟁 원리와 희소성으로 인해 결핍을 겪고 있는 지역의 돈 문제를 해결하고, 실업률을 낮춰 노동시장을 되살리고자 하는 궁극적인 목표가 있다. 또한 가격 뒤에 숨겨진 이자를 제거함으로써 소득을 증대시키고, 지역사회의 성장 발전을 촉진하게 함으로써 법정화폐의 사각지대를 메우기 위한 보완화폐Complimentary Currency적 성격을 가지고 있다(문진수, 2014).

이러한 지역화폐의 도입과 운영은 매우 혁신적인 도전과 실험을 하고 있음에 틀림없다. 반면, 우리나라 사례에도 브리스톨과 비슷한 지역화폐를 운영하고 있는 곳을 찾아볼 수 있다. 서울시 노원구 지역화폐 노원NO-WON은 「서울특별시 노원구 마을공동체 만들기 지원 등에 관한 조례」 제9조에 따라 상호 신뢰를 바탕으로 마을공동체를 공고히 하고 공유경제를 실현하고자 추진되고 있다. 노원구 지역화폐의 명칭인 노원은 돈이 없어도 살 수 있는 행복한 마을공동체를 노원구 안에서 실현하고자 하는 의미이며, 레츠 방식을 도입하고 있다. 레츠 방식을 도입한 이유는 공동체 간의 상호 신뢰가 바탕이 될 경우 공동체 복원 및 공유경제 활성화 매개체로써 적합하고, 자원의 재활용, 보육이나 돌봄 등과 같은 사회서비스, 소외계층 대상 교육, 재능기부 등 품앗이 형태의 화폐 발생 및 지역 가맹점을 통한 화폐 사용이 가능하기 때문이다(최진규 외, 2016).

무엇보다 운영체제로서 비교해본다면 브리스톨의 지역화폐가 노원구가 실시하고 있는 지역화폐보다 더 포괄적인 운영방식에 속한다. 노원구도 마을공동체에 국한된 두레, 품앗이 정도의 지역화폐로 그치는 것이 아니라 브리스톨처럼 실질적인 금융기관과의 협력을 이루어 민관 협력의 거버넌스로 이루어진 지역화폐가 실시되어야만 궁극적인 지역화폐가 가지는 의미를 더 살릴 수 있다고 생각된다.

참고자료 및 출처

- 김동배·김형용. (2001). 「지역통화운동이 지역사회 공동체의식 강화에 미치는 영향에 관한 연구」. 『한국사회복지학』, 45, 40-71.
- 김민정. (2012). 「기획: 민주주의의 새로운 흐름들; 지역화폐 운동의 성과와 한계-한국 사례를 중심으로」. 『기억과 전망』, 26, 116-148.
- 김현옥. (2008). 「지역화폐운동에의 참여경험에 대한 질적 연구」. 『한국사회복지질적연구학회』, 2(1), 85-107.
- 문진수. (2014. 7. 7.). 「이 돈으로 세금을? 살짝 미쳤다고들 했죠」. 『오마이뉴스』. http://www.ohmynews.com/NWS_Web/View/at_pg.aspx?CNTN_CD=A0002009935 에서 검색.
- 문진수. (2015). 「지역화폐, 어떻게 만들어갈 것인가?」. 강의자료.
- 서울시 사회적경제지원센터. (2016). 『서울 사회적경제 아카데미 2016 사회적금융론 교안』. 서울특별시 사회적경제지원센터.
- 아베 요시히로·이즈미 루저. (2002). 『누구나 알 수 있는 지역통화 입문』. 아르케.
- 천경희·이기춘. (2005). 「지역화폐운동의 소비문화적 의미 연구」. 『한국생활과학회지』, 14(4), 593-611.
- 최준규·윤소은. (2018). 「지역 활성화를 위한 지역화폐의 쟁점과 과제」. 『이슈&진단』, 325, 1-60.
- 최준규·전대욱·윤소은. (2016). 「경기도 지역화폐 활용방안 연구」. 『정책연구』, 2016-102. 경기연구원.
- 행정자치부. (2017). 『지역경제 활성화를 위한 공동체 금융연구』. 서울: 행정자치부.

제 4 장

공공서비스와 블록체인 정책

– 스위스, 주크 시 –

손선화

사례 요약

- 블록체인산업은 떠오르는 신기술이자 정체되고 있는 지역경제를 살릴 수 있는 방법이 될 수 있어 새로운 성장동력으로서 침체된 지방자치단체들의 경쟁력을 높일 수 있음.
- 우리나라 정부의 블록체인에 대한 대응은 해외 정부에 비해 미흡한 수준이지만, 제주도와 서울시를 비롯한 다수의 지방자치단체에서 블록체인 지역특구가 되기 위한 정책과 시범사업을 추진 중임.
- 스위스 주크Zug 시는 선도적으로 블록체인산업을 개방하여 공공서비스에 적용하는 산업육성정책을 펼치고 있으며, 이에 일자리 창출 효과도 나타남.
- 주크 시 사례를 통해 우리나라에서 향후 다양한 공공서비스 영역에 블록체인 기술을 적용하기 위해 규제완화와 적합한 정책 마련이 필요하다는 시사점을 도출함.

서론

블록체인blockchain에 대한 국내외 관심이 증가하면서 블록체인기술이 가져오는 혁신에 관한 뉴스가 매일 쏟아져 나오고 있다. 블록체인이란 데이터의 신뢰성을 확보하는 기반기술을 뜻하며, 네트워크 내의 참여자가 공동으로 정보 및 가치의 이동을 기록·검증·보관·실행함으로써 중개자 없이도 신뢰를 확보할 수 있다(과학기술정보통신부, 2018). 즉, 유무형의 자산을 다수 참여자가 거래하고 이에 대한 기록을 함께 공유할 필요가 있는 경우에 효과적이다(과학기술정보통신부, 2018. 6. 22.). 전 세계 정부들은 이미 발 빠르게 블록체인산업 분야에 주목하여 관련 법안 신설 및 정책을 도입하며 대응하고 있다. 그에 비해 우리나라 국회와 정부는 암호화폐 투자자의 피해를 우려해 정책도입이 더디게 진행되고 있다. 특히 정부의 가상화폐발행ICO, Initial Coin Offering 전면 금지 조치는 국내 블록체인기업들이 한국을 떠나는 요인이 되고 있다(『서울경제』, 2018. 10. 5.). 2017년 7월 발표된 '크립토 파이낸스 컨퍼런스' 보고서에 따르면 ICO에 호의적인 국가 1위는 미국, 2위가 스위스로 나타났다(『매일경제』, 2018. 10. 22.). 스위스는 주크Zug 시에 '크립토밸리(Crypto Valley, 암호화폐 도시)'를 조성해 가장 먼저 블록체인·암호화폐 시장을 선도하고 있는 국가로 꼽힌다. 신산업정책을 빠르게 확립해 초기 시장을 선점하고 있는 스위스 사례는 선제적인 공공선도 사업을 추진하여 공공업무에 효율화를 가져와 향후 블록체인 기술과 가상화폐에 대한 유용성 및 안정성이 공식적으로 인정받을 경우에 우리나라 블록체인정책의 활성화에 시사점을 줄 수 있다. 블록체인산업은 떠오르는 신기술이자 정체되고 있는 지역경제를 살릴 수 있는 방법이 될 수 있어 새로운 성장동력으로서 침체된 지방자치단체들의 경쟁력을 높일 수 있다. 국내에서도 서울시뿐만 아니라 다른 지방자치단체에서도 블록체인특구 지정을 위한 정책도입에 시동을 걸고 있다. 스위스 주크 시의 혁신적인 정책 사례에서 도출된 성공 요인을 살펴봄으로써 국내 블록체인기술 관련 정책 활성화에 기여할 수 있는 함의를 도출하고자 한다.

본론

스위스 주크 시가 선도적인 크립토밸리로 도약한 성공 요인

스위스의 작은 도시인 주크 시에서는 세계 최초로 블록체인기술 기반 비트코인의 사용을 공식 인정하였으며, 암호화폐나 블록체인 관련 사업을 별도의 허가를 받지 않고 추진할 수 있다(『매일경제』, 2018. 10. 22.). 따라서 투자금을 모으기 위한 전 세계 블록체인기술을 보유한 스타트업들이 몰리고 있어 블록체인 생태계를 주도하고 있다. 크립토밸리를 통해 생태계를 구축하고 있는데, 이는 주크 시에 모여 있는 블록체인기업의 연합체이자 정부와 규제를 논의하고 인력양성을 고민하는 민간주체로서, 스위스 크립토밸리는 대학, 협회, 연구실, 변호사, 회계사, 공공기관들이 네트워킹을 형성해 하나의 가치를 형성하고 있다. 스위스의 블록체인기업은 주크 시가 쌓아올린 명성으로 무려 700개에 달한다. 그리고 이들 중 상위 50개 블록체인 관련 기업의 기업가치는 무려 50조 원에 달하고 있다. 이미 공공서비스 이용료를 암호화폐로 낼 수 있도록 허용하고, 블록체인에 구축된 ID 등록을 디지털화했으며 최근에 전자투표 테스트도 마쳤다. 현재 지방세도 암호화폐(가상화폐)로 수령가능한 상태

그림 2.4.1 스위스 주크 시의 기업들

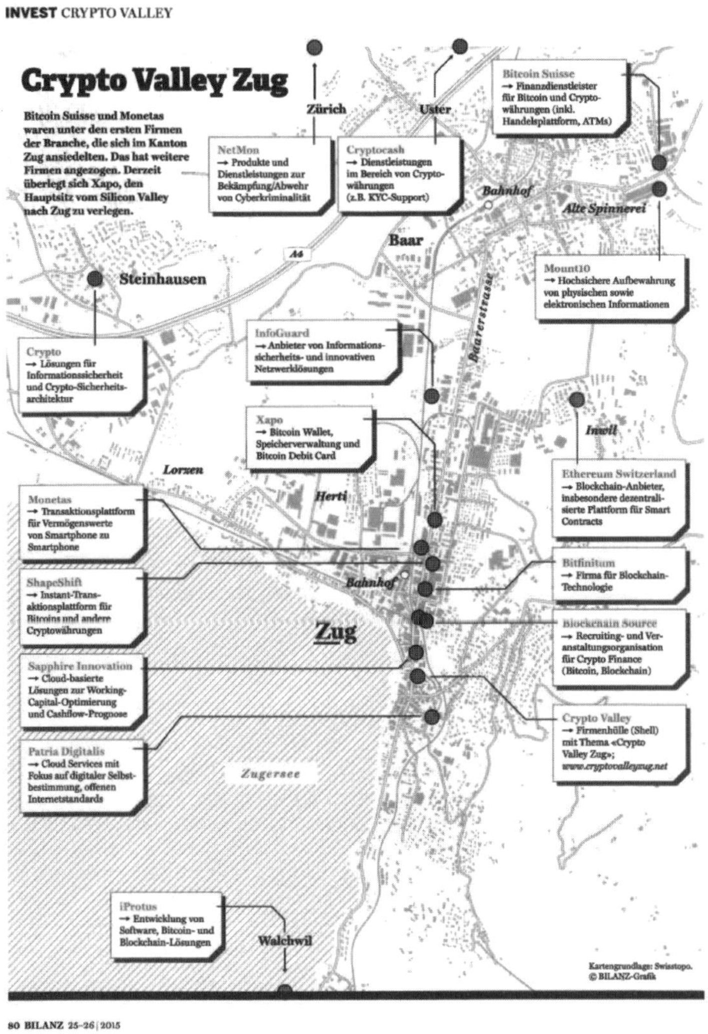

자료: Bilanz, CryptoValleyZug.Net

다. 이처럼 스위스 주크 시가 크립토밸리로 빠르게 성장한 이유는 무엇일까? 스위스 크립토밸리협회CVA, Crypto Valley Association의 뮐러 첸Mueller Chen 위원에 따르면 스위스의 혁신친화적이고 자유주의적 규제환경, 스위스 금융감독청FINMA, Swiss Financial Market Supervisory Authority의 개방적이고 발전적인 규제방침에 의한 규제확실성regulatory certainty, 스위스의 합리적 정책과 경제력과 높은 삶의 질이 수용 배경이지만 무엇보다도 스위스 정부 기관과 공무원들의 혁신을 통해 변화를 원하는 적극적이고 열린 자세를 강점으로 꼽았다. 즉 세계적 수준 인재, 인프라, 중립성, 프라이버시 문화 등 많은 요인이 있지만, 그중에서도 공무원들의 비즈니스 마인드가 가장 큰 성공 요인이며 경쟁력이라는 것이다(『시사매거진』, 2018. 12. 6.). 공무원들이 문제를 해결하려는 적극적인 태도로 행정지원을 빠르게 해준 덕분에 2014년 재단을 설립하고 주크 시는 세계적인 크립토밸리로 성장할 수 있었다.

스위스 정부의 공공정책도 블록체인과 암호화폐에 친화적이다. 스위스연방철도SBB, Schweizerische Bundesbahnen는 매표기에서 비트코인을 살 수 있는 서비스를 제공하고, 정부는 블록체인에 기반한 신분인증(디지털 ID)을 적극 도입했다. 또한 주크 시의 실질 법인세율은 연방세와 지방세를 합쳐 14.57%이나 해외 기업에게는 지방세를 대폭 감면해 법인세율을 8.56~9.62%로 낮춰 지방세를 거의 걷지 않는 수준으로 적용해준다(『한국경제』, 2018. 8. 30.). 이와 같이 블록체인이 가진 분권화, 스마트 계약, 투명성 확대, 보안 강화 등의 장점은 산업에 혁명을 가져올 잠재력이 있으므로 현실적인 대안으로 거듭나기 위한 정부의 지속적인 노력이 필요하다(『조선일보』, 2019. 1. 30.).

국내 지방자치단체들의 블록체인정책 도입 사례

국내에서는 블록체인특구 지정에 대한 기대가 크다. 지방자치단체들은 행정 업무, 대국민 서비스에 블록체인기술을 활용해 효율성을 높이고 블록체인기업들을 유치해 지역경제 활성화를 추진하기 위해 관심을 보인다. 서울시가 '블록체인 도시 서울'을 추진하겠다는 강한 의지를 보인다. 서울시에서도 서울시가 블록체인산업 생태계의 중심이 되기 위한 「블록체인 도시 서울 추진계획(2018~2022년)」 5개년 마스터플랜을 발표했다. 서울시에서 발표한 5개년 마스터플랜은 서울 개포와 마포에 200여 개의 블록체인·핀테크 기업이 들어설 수 있는 블록체인 집적단지를 조성하고 향후 5년간 1,233억 원을 집중 투입해 블록체인 활성화에 나선다는 것이다(『시사매거진』, 2018. 12. 6.). 이러한 사업의 일환으로 장안평 중고차 매매, 주민투표 엠보팅 등의 시범사업에 대해 시민과 함께하는 블록체인 거버넌스단을 발족하여 서울시 블록체인 시범사업의 서비스를 이용해보고 아이디어를 모아 안정적인 정식서비스에 참여토록 하였다. 서울시가 4차 산업혁명의 핵심이자 성장동력인 블록체인을 위한 기반을 마련하기 위해서는 법적 규제 대신에 재빠른 가이드라인을 수립할 필요가 있다.

제주도에서는 가장 빨리 제주특별법 등을 개정, 단체장의 권한으로 이를 허가해달라고 지속적으로 요청하고 있다. 국내의 가이드라인 부재로 인한 기업들의 이탈을 방지하기 위해 제주도로 유입하기 위한 전략을 꾀하는 것이다. 이 외에도 경기도, 부산시, 전라북도 등도 본격적으로 추진하며 블록체인 경쟁이 가속화될 전망이다.

결론

스위스 주크 시 사례에서와 같이, 스위스 정부는 한국처럼 규제를 강화하지 않는 대신 블록체인산업을 개방하면서 블록체인기술 자체도 향상되었다. 이미 해외의 작은 도시들이 블록체인기술과 암호화폐(가상화폐) 사업을 장려하면서 전 세계 블록체인 시장을 선도하고 있으며 기술개발 및 각종 시범사업을 추진하고 있다(『시사매거진』, 2018. 12. 6.). 블록체인기술이 가지는 투명성·분산처리·무결성 등의 특징은 서비스의 신뢰성을 보완할 수 있을 것이며 이런 점에서 공공서비스의 영역에 확대될 것으로 전망된다(이중엽, 2018). 이에 따라 국내 지방자치단체들도 크립토밸리가 되기 위하여 블록체인·가상화폐 사업에 대한 의지를 보이고 있고, 미래 기술을 활용해 지방자치단체만의 경제적 자생력을 키울 수 있다는 점에서 긍정적으로 보고 있다.

블록체인은 우리 경제·사회의 새로운 성장 가능성을 제공하는 중요한 기술이므로 기술발달 초기 단계에 경제·사회의 인프라로 자리 잡을 수 있는 정책적 노력이 시급하다. 또한 우리나라의 크립토밸리 조성은 머지않아 시행될 것이므로 블록체인산업의 발전과 지역생태계 활성화를 위해서 규제완화와 적합한 육성정책을 마련해야 한다.

참고자료 및 출처

- 과학기술정보통신부. (2018).『신뢰할 수 있는 4차 산업혁명을 구현하는 '블록체인 기술 발전전략'』.
- 과학기술정보통신부. (2018. 6. 22.).「블록체인 글로벌 기술경쟁력 확보」. 선도사업 본격 추진 보도자료.

- 김홍록. (2017. 8. 15.). 「[리빌딩파이낸스 2017] 스위스 '양질 일자리 생기는데 블록체인 육성 마다할 이유 있나'」. 『서울경제』. https://www.sedaily.com/NewsView/1OJRFAMY2H 에서 검색.
- 민서연. (2018. 10. 5.). 「[ABF in Seoul] 세계 블록체인 허브 꿈꾸는 서울시...경쟁 도시는 어디?」. 『서울경제』. https://news.naver.com/main/read.nhn?mode=LS2D&mid=shm&sid1=101&sid2=263&oid=011&aid=0003409450 에서 검색.
- 오세성. (2018. 8. 30.). 「암호화폐 특구 '스위스 주크' 공무원 태도부터 달랐다」. 『한국경제』. http://news.hankyung.com/article/201808303329g 에서 검색.
- 이중엽. (2018). 「해외 공공분야 블록체인 적용 사례 및정책적 시사점」. 『한국IT서비스학회 학술대회 논문집』, 480-483.
- 임현지. (2018. 6. 14.). 「[4차산업혁명] 열악한 국내 블록체인, 정부 주도로 시장진출 토대 마련해야」. 『일간투데이』. http://www.dtoday.co.kr/news/articleView. html?idxno=268753 에서 검색.
- 임형준. (2018. 10. 22.). 「ICO하기 좋은 '블록체인 선도국'...정책은 어떻게 다를까」. 『매일경제』. http://news.mk.co.kr/newsRead.php?year=2018&-no=646323 에서 검색.
- 전범준. (2019. 1. 30.). 「실생활에 접목되는 블록체인… '올해가 재도약 원년'」. 『조선일보』. http://news.chosun.com/site/data/html_dir/2019/01/29/2019012901582.html 에서 검색.
- 정보통신산업진흥원. (2018). 『블록체인 관련 동향 및 시사점』.
- 최지연. (2018. 12. 6.). 「너도나도 블록체인, 국내 블록체인 도시 형성 가능할까」. 『시사매거진』. http://www.sisamagazine.co.kr/news/articleV-iew.html?idx-no=159941#09ne 에서 검색.

제5장

스마트 워크smart work를 이용한 조직혁신

– 대한민국, 국립종자원 및 한국동서발전 –

유한별

사례 요약

- 스마트 워크smart work는 정보통신기술 즉, 4차 산업혁명의 기반으로 알려진 ICTInformation and Communications Technologies를 통해 시간, 장소 등에 상관없이 어느 시간, 어느 장소에서든지 업무를 수행할 수 있도록 하는 유연 근무 방식임; 이러한 스마트 워크 시스템을 도입하여 가정–일 양립, 근무의 유연화, 우수한 전문인력의 지속적 유치, 근무환경의 효율적 조성 등 다양한 이점이 있을 수 있음.
- 현재 국립종자원은 전국 12개소의 '국립종자원 자체 스마트 워크센터'를 구축하여, 자체적으로 스마트 워크시스템을 구축하고 인사이동에 대한 불만을 해소하였음.
- 한국동서발전은 스마트 오피스를 구현하여 부처 간 칸막이 제거, 근무 유연성 등을 보장함. 이를 통해 구성원들의 만족도 향상과 능률성을 향상시킴.
- 스마트 워크는 초고령화 시대, 저출산 시대에 맞추어 사회문제를 해결하고, 시공간의 제약을 받는 근로자들에게 그 제약에서 벗어나 효율적 업무를 가능하게 하는 좋은 수단임. 앞으로 스마트 워크 체제를 적극적으로 도입하여, 다양한 업무, 조직 혁신을 꾀하여야 할 것임.

스마트 워크는 무엇이고 어떻게 도입되었나?

스마트 워크smart work는 정보통신기술 즉, 4차 산업혁명의 기반으로 알려진 ICTInformation and Communications Technologies를 통해 시간, 장소 등에 상관없이 어느 시간, 어느 장소에서든지 업무를 수행할 수 있도록 하는 유연 근무 방식으로 볼 수 있다. 스마트 워크센터(https://smartwork.go.kr/swc/SwcMainHome.do) 홈페이지에서는 스마트 워크를 "재택근무+모바일근무+스마트 워크센터"라고 소개하며, 시간, 장소에 얽매이지 않고 언제, 어디서나 일할 수 있는 체제라고 소개하고 있다. 이러한 스마트 워크는 최근 국내에서 가정-일의 양립, 근무 유연화 등 다양한 조직의 특성과 그 근무환경에 맞춰 조직의 능률성, 유연성 향상 등의 목적을 두고 2011년 행정안전부에서 스마트 워크 추진계획을 발표[1)]한 이후 스마트 워크센터를 구축하여 스마트 워크를 지원하고 있다. 행정안전부 예규는 2012년 제정되었으며, 이후 지속적으로 시행하려는 노력을 통해 국내 다양한 행정기관들이 스마트 워크를 지원하고 있다.

특히, 특허청은 2009년부터 특허넷 등의 정보시스템을 구축(GVPN, Government Virtual Private Network; 원격근무 전산망 지원시스템)하여 재택근무 특허심사관 등이 지문인증 등으로 원격업무시스템에 접속하여 원격업무를 할 수 있도록 업무 연속성을 보장하였고, 관련 인사 및 평가제도도 개선하였다. 2009년에 이미 특허심사관 재택근무가 약 90명 정도였음을 살펴보면, 특허청의 원격업무는 상당히 빨리 도입되었다고 볼 수 있다. 이러한 특허청의 선행적인 스마트 워크 시스템과 더불어 최근 국립종자원은 『스마트 워크 우수사례집(2015)』에 소개될 정도로 가정-일 양

1) 행정안전부 보도자료, 2011년 1월 20일

립 스마트 워크 시스템을 잘 구축하였다고 평가받고 있다. 또한 한국동서발전(공공기관)은 부서-개인 간 모든 칸막이 제거, 유연좌석제, 모바일 오피스 등을 잘 구현했다고 평가받고 있다. 해당 사례를 소개하면서 앞으로 스마트 워크 시스템이 추구할 목표와 나아갈 방향 등을 외국의 사례와 비교하며 제시해보기로 한다.

스마트 워크는 어떻게 운영되고 있는가?

스마트 워크는 앞서 서론에서 서술한 바와 같이 시간과 장소에 얽매이지 않고 언제, 어디서나 일할 수 있는 체계이면서 사람과 일이 같이 움직이는 시대, 직장이 아닌 직업을 선택하고 취업이 아닌 창업을 하는 문화[2) 등을 표방하면서 시행되고 있다. 스마트 워크가 시행되면서 스마트 워크센터도 함께 구축되었는데, 이는 2011년 「스마트 워크 추진계획」이 발표되면서 본격적으로 시행되기 시작했다. 주거지, 교통요지 인근에 IT 기반을 갖춘 복합 업무 공간을 만들겠다는 해당 계획에 따라 서울, 경기, 인천을 비롯한 수도권뿐만 아니라 전국 17개 시, 도에 스마트 워크센터가 설립되고 시행되었으나, 현재 서울과 경기, 세종을 제외하고는 모두 시, 도 청사로 운영되고 있다. 하지만 이들 시설 모두 업무 공간, 회의 공간, 휴게 공간 등을 제공하고 있으며, 이용자에 대한 편의를 제공하고 있다.

이렇게 스마트 워크센터가 구축·운영되고 있으며, 이 스마트 워크센터에서 이용자(공무원, 공공기관 직원 등)는 본래 근무지가 아닌 가까운 지역에서 근무할 수 있는 공간을 지원받게 되었다. 더하여 앞서 서술한 바와

2) 스마트 워크센터 홈페이지 참조.

같이 업무에 필요한 다양한 IT 시설을 지원하면서 업무 공간을 확보하여, 업무 및 회의 등에 적합한 시설을 제공하고 있다고 볼 수 있다. 이를 통해 업무 효율성 향상, 출-퇴근 시간의 감소(에너지 절약), 가정-일의 양립(가족친화 및 개인 삶의 질 향상), 육아문제 해소 등의 기대효과를 얻을 수 있다. 이러한 스마트 워크센터는 해당 홈페이지에 소개된 바와 같이 전국 시, 도에 설치된 센터가 존재하며 더불어 국립종자원의 경우와 같이 기관이 직접 개별적으로 스마트 워크 시스템을 구축하기도 한다.

스마트 워크 시스템의 우수기관은 어디인가?

앞서 스마트 워크에 대하여 설명하였듯이, 스마트 워크는 ICT 등을 공공조직 등에 적용하여, 근무 환경을 유연화하고, 가정-일 양립이 가능하도록 하는 일종의 시스템system이라고 볼 수 있다. 서론에서 설명하였듯이, 국립종자원과 한국동서발전은 스마트 워크 시스템을 잘 구축하여 2015 스마트 워크 우수 사례로 선정된 정부 및 공공기관이다. 이 두 기관들의 스마트 워크 시스템 구축 사례를 자세히 소개하고, 해당 사례가 왜 우수 사례로 뽑히게 되었는지, 스마트 워크 시스템으로 추구하고자 하는 목표와 방향은 무엇인지 확인해보고, 해당 사례와 해외 사례를 비교하여 향후 스마트 워크 시스템이 더욱 발전할 수 있는 방법을 모색해보고자 한다.

스마트 워크 우수기관 하나, 국립종자원은 어떻게 운영할까?

국립종자원의 경우를 좀 더 살펴보면, 국립종자원은 전국 12개의 사

그림 2.5.1 국립종자원 사무실 분포

자료: 『2015 스마트 워크 2020 우수사례집』

무실을 가지고 있는 정부기관으로 **그림 2.5.1**과 같이 전국에 그 사무실이 위치하고 있다.

이러한 국립종자원의 특성상 6년 동안 6개 분원을 이동하여 근무해야 하는 등 인사이동이 광범위하게 지역을 이동하는 도 단위 인사이기 때문에 인사 불만이 있을 수 있는 근무환경을 가지고 있다. 이러한 면에서 국립종자원은 스마트 워크 시스템이 필요함을 인식하고, 스마트 워크센터를 이용하려고 하였으나, 기존 스마트 워크센터가 앞서 서술한 바와 같이 서울, 경기, 세종 등에 위치하고, 시, 도청에 위치하고 있어 그 실효성이 없었기 때문에 '국립종자원 자체 스마트 워크' 제도를 운영하기에 이르렀다. 이 자체 스마트 워크 제도는 근무자가 자신의 원래 근무지가 아닌 주거지와 가까운 국립종자원 사무실에서 근무할 수 있도록 하는 원격근무의 형태를 가지고 있으며, 2015년 7월부터 운영되고 있다. 이를 통해 유연근무제를 시행할 수 있으며, 지리적 한계에 의해 하지 못했던 업무정보 공유가 가능해짐으로써 업무생산성이 향상되고, 앞서 열거했던 다양한 스마트 워크의 이점을 살릴 수 있는 좋은 근무 형태를 가지게 되어 조직의 혁신을 불러왔다는 평가를 받고 있다.

다음으로 한국동서발전의 스마트 워크 사례의 경우를 살펴보면, 스마트 워크 시행을 위해 한국동서발전은 스마트 오피스 구축을 하고자 하였다. 이를 통해 근무환경의 유연화와 조직 소통 등 다양한 기대효과를 창출하고자 하였다. 자세히 살펴보면 공공기관의 조직이 경직, 폐쇄, 획일화되어 있기 때문에 조직문화 혁신의 필요성이 있다고 판단한 한국동서발전은 2012년 스마트 오피스 구축을 결정하였다. 이에 따라 스마트 오피스를 본격 시행하기로 하였으며, 부서 – 개인 간 모든

그림 2.5.2 한국동서발전 스마트 오피스 구축 사례

자료: 『2015 스마트 워크 2020 우수사례집』

칸막이 제거, 전 직원 유연좌석제, 클라우드 PC, 모바일 사내전화, 문서통합보관 시스템 등 다양한 노력을 통해 유연하고, 혁신적인 사무실을 구현하고자 하였다. 이러한 조직혁신은 그림 2.5.2를 통해 확인할 수 있다.

이러한 스마트 오피스를 구축한 후 자체 내부고객 설문조사를 실시한 결과 스마트 오피스 만족도는 종전과 비교하였을 때 10점 척도에서 1~3점 정도의 향상효과를 가져왔으며, 그중 사무실 공간배치 및 구성원 간 소통, 협업 수준에서 그 향상 폭이 컸다. 이 결과로 보았을 때, 스마트 워크 시스템 구축은 구성원, 조직을 불문하고 업무효율성, 능률성 등을 향상시킬 수 있는 좋은 방안이며, 진화하는 ICT의 선제적 적용은 앞으로 국내 ICT의 발전에도 긍정적인 영향을 미칠 것으로 보인다.

결론 (결과, 효과 및 시시점)

선진국들은 다양한 조직혁신을 통해 근로자의 권리를 보장하고 근무환경을 잘 구성함으로써 효율성과 능률 향상을 꾀하여 생산성을 증가시키고 있다. 이러한 추세를 공공부문에 한정해본다면, 스마트 워크를 통한 조직혁신을 살펴볼 수 있는데 미국, 일본, 네덜란드 등에서 스마트 워크 관련 시스템을 운영하고 있다. 먼저 미국 사례를 살펴보면, 워싱턴에 14개 스마트센터를 운영하고 있으며, 원격근무 가능자를 적극적으로 원격근무로 전환하였다. 다음으로 네덜란드는 500명 이상 기업의 원격근무율이 91%에 육박하고, 스마트 워크센터를 공공, 민간 공동으로 운영 구축하고 있다. 동아시아 국가인 일본의 경우도, 2017년 일하는 방식 개혁을 발표하고 텔레워크telework를 도입하였으며, 2020년 도

교올림픽을 앞두고 텔레워크를 촉진하고 있다.[3)]

이러한 세계적인 스마트 워크의 추세와 더불어 한국은 2011년부터 행정안전부 계획을 시작으로 본격적으로 스마트 워크를 도입하고자 하였다. 특히 한국의 경우 경제성장률의 저조가 시작되었고, 초고령 사회로 진입할 예정이며, 출산율은 세계 최하위에 머물고 있는 상황에서 이러한 스마트 워크의 도입은 매우 긍정적이다. 스마트 워크는 시간과 공간에 제약되지 않고 일을 할 수 있기 때문에 업무, 근무 태만에 대한 관리만 정확히 할 수 있다면 스마트 워크 시스템 이용자의 유연한 근무에 따른 능률이 오를 수 있는 조직혁신전략이 될 수 있다. 더하여 초고령화 시대에 은퇴한 전문 인력을 시공간 제약 없이 등용하여 활용할 수 있을 뿐 아니라, 출산을 고려한 여성 인력 역시 마찬가지로 시공간의 제약에서 벗어나 자택 근무, 혹은 자택과 근접한 곳에서 일을 하게 할 수 있는 좋은 방안이다.

앞서 국립종자원과 한국동서발전의 스마트 워크 시스템 전략에서 보았듯이 스마트 워크 시스템은 이용자들에게 여러 가지 좋은 영향을 미친다. 특히 국립종자원의 경우 시, 도를 넘나드는 잦은 인사이동에 따른 근무자들의 불만은 국립종자원 자체 스마트 워크 시스템을 구축함으로써 바로 해결할 수 있었다. 더하여 한국동서발전의 스마트 오피스 구축 등 스마트 워크 시스템 구축은 근무자가 원하는 환경에서 원하는 형태로 일할 수 있는 기회를 제공하고 근무자들의 소통과 자율성 향상이라는 결과와 함께 만족도까지 향상되는 장점을 보였다. 이렇게 다양한 장점이 있는 스마트 워크 시스템은 우리나라의 출산율 문제와 좀 더 결부시켜 생각해보면, 출산율 향상에도 좋은 해결방법이 될 수 있다. 예

3) 스마트 워크센터 홈페이지 참조.

를 들어, 노동법상 보장된 출산 전, 후 휴가와 더불어 임신 사실을 안 날로부터 바로 스마트 워크 시스템을 이용할 수 있는 권리를 부여하여, 자택근무 등을 보장하고, 출산 후 1~2년까지도 같은 형태로 일을 할 수 있도록 한다면 출산 여성의 직업 안정성이 높아지고, 직장 여성의 출산에 대한 부담을 줄여줄 수 있을 것으로 본다. 더하여 국립종자원이 자체 스마트 워크 시스템을 운용하게 된 계기에서 알 수 있듯이 현재 시, 도 단위로 운용되고 있는 스마트 워크센터가 충분하다고 볼 수 없기 때문에 미국, 네덜란드 등과 같이 적극적인 스마트 워크 시스템을 구축하여 공공조직의 능률을 향상시키는 도구로 활용해야 한다.

참고자료 및 출처

- 서울특별시시설관리공단.「스마트워크센터 구축 운영계획」.
- 스마트워크센터 정책홍보자료. https://smartwork.go.kr/swc/SwcMainHome.do 에서 검색.
- 정병주. (2010).『Smart Office Stategе and Policy』. 한국정보화진흥원.
- 행정안전부.「보도자료」.
- 「2015 스마트 워크 2020 우수사례집」.
- 「대한민국 스마트 워크 2020 개최계획」.
- 「스마트워크센터 이용 및 운영지침」.
- 국립종자원 홈페이지 https://www.seed.go.kr/index.jsp
- 한국동서발전 홈페이지 https://www.ewp.co.kr/kor/main/main.asp
- KDI 경제정보센터 홈페이지 http://eiec.kdi.re.kr/

제 6 장

한국농어촌공사 스마트 워크 구축 사례

– 대한민국, 한국농어촌공사 –

유승주

사례 요약

- 한국농어촌공사는 당면한 여러 사회문제의 해결을 도모하는 과정에서 '스마트 워크'에 주목하여, ① 관행적·비효율적 공간을 축소 정비, ② 복지공간을 확충, ③ 변동식좌석제 도입, ④ 유무선통합시스템Fixed Mobile Convergence, FMC 운영 등 조직을 혁신함.
- 이와 같은 '스마트 워크' 제도의 도입을 통해 공간·ICT·조직문화 혁신상 불필요한 비용과 관행들을 획기적으로 절감했고, 공공기관 최초로 스마트 워크를 활용한 일하는 방식의 총체적 혁신모델을 구축함.
- '스마트 워크'는 업무 프로세스에 상당한 개선을 가져옴과 동시에 직원 간의 소통을 증대시키는 등 자유롭고 창의적인 조직문화 안착에 일정한 성과를 냈음.

공기업 혁신의 선두주자: 한국농어촌공사

한국농어촌공사는 '행복한 농어촌을 만드는 글로벌 공기업'이라는 기치를 내걸고, 2014년 9월 나주혁신도시로 본사를 이전하였다. 공사는 정부의 공공기관 지방이전정책에 따라 '광주전남혁신도시'로 이전한 8번째 공공기관이다. 나주에 건립된 신사옥의 핵심 테마는 '혁신·창조·개방' 이고, 기본적으로 위 가치들이 반영되도록 사옥이 디자인되었다. 구체적으로 공사는 직원들의 창의성을 이끌어낼 수 있도록 사무공간을 배치하였다. 공간적 변화뿐만 아니라 다양한 방식으로 직원 간 협업과 소통이 이루어질 수 있도록 업무 프로세스에도 큰 혁신을 도모하였다. 궁극적으로 한국농어촌공사는 '일家양득'의 선순환구조를 만들어 직원 개인 삶의 질 향상을 통해 최고의 대국민 서비스를 제공하려는 시도를 하고 있다.

공간혁신에서 업무혁신으로

한국농어촌공사는 한국 기업들의 과도한 노동시간과 이에 비해 현저히 낮은 생산성 문제, 일·가정양립 괴리와 이어지는 저출산·고령화 문제 등 사회 전반에 걸쳐진 이슈들에 대한 대응으로 새로운 해결방안을 모색하였고, 이때 논의된 것이 바로 '스마트 워크smart work'이다.

한국농어촌공사에서 추진하고 있는 '스마트 워크'란 직원 개인의 라이프 스타일 특성에 맞는 유연한 근무시간 관리, 업무 시 발생하는 불필요한 관행의 제거, 업무에 있어 ICT의 활용, 근무공간 혁신을 통한 업무의 효율성 증대 등을 의미한다. 위와 같은 다양한 혁신 시도를 통해 절약된 근무시간은 직원 개인의 자기계발과 재충전의 기회로 활용하여 궁극적으로 조직의 생산성을 높이는 선순환구조를 만들고자 하였다.

체계적인 '스마트 워크'의 추진을 위해 전담부서인 '스마트워크추진부'를 신설하였다. 공사가 추진하고자 하는 '일하는 방식'의 혁신은 제도·공간·ICT·문화 등 4개 분야별 추진과제를 도출해 서로 유기적으로 진행되고 있다.

1. 근무제도

우선, 공사는 근무제도에 변화를 주었다. 직원이 언제 어디서나 자신의 업무스타일에 따라 자유롭게 근무할 수 있는 유연근무제와 원격근무제(Flex-Space 근무, 이동근무, 재택근무)를 도입하였다. 이와 더불어 내부 복무 관련 규정과 운영시스템을 개정했다.

2. 근무시간

시간과 관련해서는 집중근무시간을 기존 10~16시에서 11~15시로 조정해 직원의 출퇴근 시간을 개선했다. 나주본사에는 수도권 거주 직원들이 많은데 이들은 매주 월요일부터 금요일까지 경기도에서 나주로 출퇴근을 하고 있다. 이들은 유연근무제를 적극 활용하여, 월요일 11시 출근, 금요일 15시 퇴근하고 주중 연장근무로 주 40시간을 채우고 있다. 또한 업무와 개인 삶의 균형적인 발전을 이룩하고자 장기간에 걸쳐 연차휴가를 사용할 수 있는 '장기휴가제도(행복충전휴가)'를 새로이 신설하여 운영하고 있다.

3. 근무공간

공사에서는 고정된 '내 사무실'에서 근무해야 한다는 기존의 고정관념을 깨기 위해 재택근무를 위한 업무공용공간 마련을 추진하고 있다. 현재 한국농어촌공사는 전국 9개 시도에 걸쳐 넓은 조직망을 구축하고 있다. 공사는 이러한 자원을 적극적으로 활용하여 출장근무자와 재택근무자들의 이동시간 및 이동거리를 최소화하기 위한 일환으로 9개 시도와 주요 거점지역에 공용업무공간을 마련하였다. 이와 동시에 클라우드 시스템을 구축하여 공사 건물 어디에서든지 내 사용 PC 전산 시스템 접근이 가능하게 하여 원격지에서 전산 시스템에 접근할 수 있도록 클라우드 시스템을 구축하였다. 공사 건물 어디에서든 내 사무용 PC처럼 접속할 수 있다.

한국농어촌공사는 농업용수를 전문적으로 관리하는 업무를 수행하기 때문에 직원들이 현장으로 바로 출동하는 경우가 많다. 이들 현장 근무자들을 위해 공사는 사무실을 거치지 않고 바로 현장에서 출퇴근을 실시하는 '이동형근무형' 방식의 유연근무제를 도입하였다. 개별 직원들에게는 공사가 개발한 스마트폰 앱인 'm-KRC'를 통해 이동근무자에 대한 현장 출퇴근을 가능케 하여 직원 개인의 불필요한 이동시간을 단축시키고자 하였다.

또한, 동 스마트폰 모바일 앱을 통해 현장 직원의 위치와 시간 등이 바로 서버에 자동 전송되어 대국민 현장서비스에 대해 보다 효과적으로 대응할 수 있도록 하였다.

4. 근무방식

공사는 불필요한 업무 관행의 타파와 바람직한 조직문화의 조성을 위해 다양한 형태의 캠페인을 실시하였다. 구체적으로 그동안 잘못 정립된 회의 관행을 개선하고자 회의 가이드인 SOSSmart, On-time, Speed를 정립하였다. 또한 스마트폰 모바일 앱을 통해 '1페이지 보고서 제도'를 운영하여 간단·명료한 보고 문화, 관리자의 실시간 의사결정 피드백, 직원 간 실시간 정보공유 및 활용을 유도하고 있다.

※ 스마트 워크

- 시간과 장소에 얽매이지 않고 언제 어디서나 일할 수 있는 체계.
- 스마트 오피스 구축을 통한 업무의 효율성을 높일 수 있는 환경 조성.
- 상호협력 및 정보공유를 통한 빠르고 정확한 업무처리 체계 구축.

그림 2.6.1 스마트 워크 개요

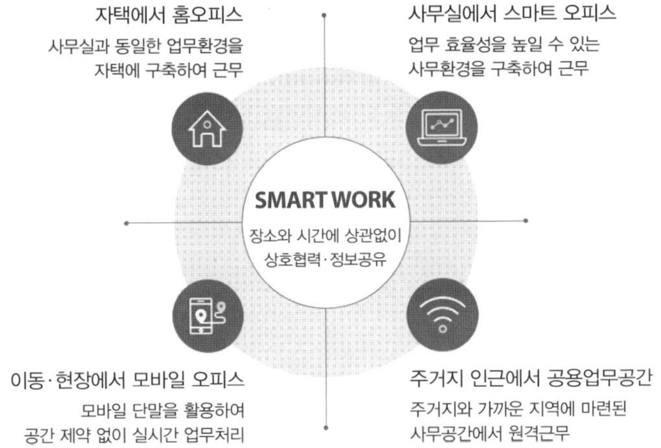

자료: 한국농어촌공사 홈페이지 http://www.ekr.or.kr/homepage/cms/index.krc?MENUMST_ID=21437 에서 검색.

그림 2.6.2 부서 간 칸막이 제거, 개인 캐비닛 설치

자료: 행정안전부. (2016). 『공간혁신 우수사례집』. 행정자치부.

그림 2.6.3 스마트 워크 추진계획

관행적·비효율적 공간 축소, 정비

- 본부장 업무공간 축소, 부장은 일반직원과 동일 책상
- 부서 간 장벽을 제거한 Open Space로 소통·협업환경 조성
- 복도를 없애고 기계실 등의 불용공간 정비로 신규공간 창출

협업과 소통 복지공간 확충

- 회의공간 확충: (당초) 2개 → (개선) 1개
- 휴게실을 전 층에 조성: (당초) 1개 → (개선) 4개
- 공용업무공간(Flex-Space), 고객 및 직원 소통공간 신설

공간혁신

- 본무장 업무공간: 122m^2→ 56m^2
- 직원 사무공간: 1,131m^2→ 744m^2
- 회의공간: 212m^2→ 346m^2
- 휴게·복지공간: 358m^2→ 551m^2
- 소통·공용업무공간: 0m^2→ 301m^2
- 복도, 기계·전기실: 652m^2→ 453m^2

변동좌석제 도입 ※ 변동좌석제: 고정된 개인좌석 없이 직원이 원하는 자리에 앉아 업무처리

- 직원 근무형태를 분석, 현원보다 적은 수의 좌석 배치(85%)
- VDI 단말기,Cloud 프린터,FMC 등 ICT를 기반으로 운영 활성화
- 출장복귀 후 잔업은 Flex-Space를 활용하는 등 효율적으로 운영

유무선통합시스템(FMC) 운영 ※ FMC: Fixed Mobile Convergence

- 책상 전화기를 없애고 개인 스마트폰으로 대내외 전화 송·수신
- 직원 스마트폰에 FMC앱을 설치, 사무실 전화번호를 스마트폰에 연결
- 언제 어디서나 전화 연결이 가능하여 고객만족 및 업무효율성 제고

내자리 無
내 PC 無
내 전화 無

↓

any time
any where
We can do it!

자료: 행정안전부. (2016). 『공간혁신 우수사례집』. 행정자치부.

스마트 직장의 성공모델

한국농어촌공사는 '스마트 워크' 제도의 도입을 통해 공간·ICT·조직문화 혁신상 불필요한 비용과 관행들을 획기적으로 절감했고, 공공기관 최초로 스마트 워크를 활용한 일하는 방식의 총체적 혁신모델을 구축하는 등 괄목할 만한 성과를 거뒀다. 특히 지난 2016년 기획재정부가 주관한 '2016년 공공기관 우수 경영 사례' 기관으로 선정되었고 이후로도 대외 기관과 성과를 활발히 공유함으로써 공공 분야의 성공적인 일터 혁신 아이콘으로서 입지를 굳혀가고 있다.

기관 외부의 평가뿐만 아니라 기관 내부구성원들의 만족도도 상당한 것으로 나타났다. 한국농어촌공사가 직원 대상으로 실시한 설문조사에서는 협업·소통·회의·보고·야근 등 조직문화 개선에 직원 대다수(92%)가 긍정적인 반응을 보인 바 있다. 또한 본사의 경우 야근을 포함한 근무시간이 주당 53분 감소됐다고 응답하였다.

이처럼 '스마트 워크'는 업무 프로세스에 상당한 개선을 가져옴과 동시에 직원 간의 소통을 증대시키는 등 자유롭고 창의적인 조직문화 안착에 일정한 성과를 냈음을 알 수 있었다.

참고자료 및 출처

- 유진우. (2014).「스마트워크로 공기업 혁신 선두에 선다」.『비즈조선』. http://biz.chosun.com/site/data/html_dir/2014/10/23/2014102303390.html 에서 검색.
- 이윤지. (2017).「한국농어촌공사, 스마트워크 도입」.『미디어SR』. http://www.mediasr.co.kr/news/articleView.html?idxno=28402 에서 검색.
- 행정안전부. (2016).「제4회 워크스마트포럼 발표자료」.
- 행정안전부. (2016).『공간혁신 우수사례집』. 행정자치부.
- 한국농어촌공사 홈페이지 http://www.ekr.or.kr/homepage/cms/index.krc?MENUMST_ID=21437

제 7 장

국민건강관리 혁신 사례, 캐롯 리워드 앱carrot reward app

– 캐나다, 연방정부(보건부) –

황정윤

사례 요약

- 캐나다에서 만성질환의 질병부담이 크게 증가함에 따라 경제적 인센티브 제공을 동해 운동실천을 효과적으로 촉신하는 캐롯 리워드 앱을 구축 및 운영함.
- 캐롯 리워드 앱은 캐나다 국민들이 가장 선호하는 4가지 상업포인트 중 본인이 선호하는 형태로 포인트를 통합 적립할 수 있어, 맞춤형 건강행태 실천 인센티브를 제공함.
- 캐나다 국민의 90% 이상이 일상 소비활동 중 포인트 적립 서비스를 이용하고 있으며 소비행태에 큰 영향을 주는 것으로 알려져 그 효과성이 클 것으로 예상됨.

서론 (개요 및 배경)

캐나다에서는 20세 이상 캐나다인 5명 중 3명이 만성질환 및 비만을 가지고 있고, 4명이 만성질환이 발생할 수 있는 고위험군에 속하는 상황이다. 이렇듯 캐나다에서 만성질환의 질병부담이 크게 증가함에 따라 공중보건 및 국민건강 관리에 있어 만성질환과 비만 관리가 절실한 상태이다.

만성질환의 위험요인과 결정요인 파악, 현황과 추이에 대한 해석, 효과적인 중재법 개발은 이제 캐나다 만성질환 예방관리의 핵심적 과업으로 자리 잡았다. 특히 2005년부터는 캐나다 공중보건기관Public Health Agency of Canada의 주도로 주州 보건부들이 연합하여 범국가적 만성질환 예방관리 전략개발에 착수하였으며 만성질환에 대한 모니터링 지표 등을 선정하여 관리하고 있다.

본론 (내용)

우리나라의 경우에도 질병관리본부에서 '국가건강정보포털'을 개발하고 웹 및 앱의 형식으로 국민에게 건강 및 질병 정보를 제공하고 있다. 해당 앱에서는 어려운 의학용어를 애니메이션으로 쉽게 설명한 콘텐츠를 제공하고 질병정보, 건강증진정보 등 주제별로 텍스트 콘텐츠 및 이미지를 제공하는 등 다양한 측면에서 건강정보를 광범위하게 제공하고 있다는 점에서는 의의가 있다. 그러나 캐롯 리워드 앱과 국가건강정보포털을 비교해보면 두 가지 측면에서 차이가 발견된다. 첫째, '소통'과 '참여'이다. 국가건강정보포털의 경우 건강행태 개선을 위해 전통적인 정보제공과 홍보의 방식을 따르는 반면, 캐롯 리워드 앱의 경우 사용자, 즉 시민이 직접 앱을 활용하고 운동을 실천하는 행위에 동참하게 된다. 일방향적인 정보제공은 그것이 지닌 유용성에 비해 실제 시민들의 행동 변화를 이끌어내기 어렵다. 둘째, 캐롯 리워드 앱의 경우 시민들의 실생활에 보다 직접적으로 맞닿아 있다는 점이다. 국가건강정보포털의 경우 개인들이 건강에 대한 궁금증 또는 증상에 대한 정보 획득이 필요한 경우에만 정보를 획득하는 경향이 있는 반면, 캐롯 리워드 앱은 시민들이 일상적으로 이를 활용함에 따라 정책의 '체감' 정도가 보다 크다고 볼 수 있다.

캐나다에서도 국민건강행태를 개선함에 있어 시민들의 참여를 가장 중요한 고려사항으로 삼았다. 즉, 건강행태를 개선하는 데 있어 시민들에게 인센티브를 제공할 수 있어야 한다는 점이었다. 전통적 방식의 매체홍보는 그 가시성에 비해 국민건강 개선에 대한 직접적인 효과는 크지 않다. 오히려 경제적 인센티브 제공을 통해 운동실천을 효과적으로 촉진할 수 있고, 경제적 인센티브는 크기가 작더라도 권장행위를 실천할 때마다 제공할 수 있으므로 효율적이다. 따라서 포인트 제공 방식을 활용한 건강정보 확산은 전통적 방식의 매체홍보에 비하여 비용절감 효과가 클 것으로 기대된다.

그에 따라 캐나다 연방정부(보건부)는 2015년 7월 29일, 'Carrot rewards'라는 이름의 「National healthy living platform 구축」 계획을 발표하였다. 그 과정에서 캐나다 연방 보건부, British ColombiaBC 주 보건부, 다양한 NGO 및 민간부문 관련기관들이 참여하였고, 캐나다 연방정부와 BC 주정부에서 각 500만 달러(CAD)와 250만 달러를 출연하는 등 총 1,500만 달러의 운영기금을 확보하여 추진되었다.

캐롯 리워드 앱은 평소 운동량이 부족하고 불규칙한 식습관을 가진 캐나다인들을 위해 개발된 앱으로서, 'Social Change Rewards'라는 공익적 벤처기업에서 개발한 앱이다. 이 앱 서비스에서 권고하는 건강 관련 행태를 실천하거나 퀴즈 이벤트에 응모할 때마다 소정의 포인트를 부여받는데, 모든 이용자가 무료로 이용할 수 있으며 앱에서 몇 가지 퀴즈와 설문조사로 리워드 포인트를 받을 수 있게 설계되어 있다.

특히 캐롯 리워드 앱은 캐나다 국민들이 가장 선호하는 4가지 상업 포인트(항공마일리지, 주유포인트, 포털포인트, 시네마포인트) 중 본인이 선호하는 형태로 포인트를 통합 적립할 수 있어, 맞춤형 건강행태 실천 인센티브를 제공한다는 점이 특징이다. 초기에는 사용자가 자신의 활동량이 어느 정도인지 모니터링 할 수 있는 기간이 필요하며 스스로 목표를 설정할 수 있어야 하므로, 등록 후 처음 2주간은 쌓은 포인트를 바로 돌려받을 수 없게도 설계되어 있다.

캐롯 리워드 앱은 2016년 4월부터 캐나다 BC 주 지역주민을 대상으로 시범 서비스를 운영한 이후 현재까지 4만 명 이상의 시민이 이용하

그림 2.7.1 캐롯 리워드 앱 소개 화면

자료: 조희숙 외(2016)

는 등 크게 확산되고 있다. 또한 이 캐롯 리워드 앱을 통한 국민건강관리정책은 2020년까지 캐나다 전국으로 확대될 예정이다.

결론 (결과, 효과 및 시시점)

캐롯 리워드 앱은 캐나다 공공기관과의 협력으로 개발되었으며, 정부 입장에서는 항상 모바일을 손에 쥐고 다니며 리워드 앱에 열광하는 이들에게 효과적인 건강 캠페인에 해당한다는 점이 특징이다. 또한 캐롯 리워드 앱은 다양한 포인트 옵션과 함께 사용자가 자신의 라이프 스타일에 맞게 포인트를 선택할 수 있어 더 유용하다는 점에서 앞으로도 더 많은 사용자들이 앱을 설치할 것으로 예상된다.

'야후 캐나다Yahoo Canada'의 조사에 따르면 캐나다 국민의 90% 이상이 일상 소비활동 중 포인트 적립 서비스를 이용하고 있으며 소비행태에 큰 영향을 주는 것으로 알려지는데, 그에 따라 캐롯 리워드 앱을 통한 비만 예방 효과가 클 것으로 전망된다.

캐롯 리워드 앱으로부터 얻을 수 있는 교훈은 보건·건강과 같이 시민들의 일상에 직결된 정책문제일수록 이들의 참여를 이끌어내기 위한 인센티브가 중요하다는 점이다. 시민들의 참여와 소통을 외치면서도 여전히 많은 정책의 홍보PR, Public Relations 수단은 단순 정보 제공에 그치는 경우가 많은데, 보다 직접적이고 시민 개인에게 큰 영향을 미치는 정책일수록 이들의 관심과 참여를 이끌어낼 수 있는 인센티브 설계가 필요하다는 점을 유념해야 할 것이다.

참고자료 및 출처

- 조희숙·정지태·이영성·김유진·장설희·정수미·김새롬. (2016). 「2016년도 소비자 건강정보 제공을 위한 중장기 전략 수립에 관한 연구」. 『보건복지부 연구보고서』.
- 질병관리본부. (2016). 『공무국외여행 결과보고서 – 캐나다의 만성질환 예방 관리 현황』.
- OECD. (2017). *Behavior Insights and Public Policy: Lesson from around the World*. Paris: OECD.
- 국가건강정보포털 홈페이지 http://health.cdc.go.kr/health/
- 캐롯 리워드 앱 홈페이지 https://www.carrotrewards.ca/2017-best-canadian-app

제 8 장

의료서비스와 e-Health

– 덴마크, 정부 –

정예준

사례 요약

- 덴마크는 모든 의료 커뮤니케이션과 교류가 인터넷 서비스를 통해 이루어질 수 있도록 하며, 플랫폼과 가이드라인을 기반으로 한 스마트 의료서비스 제공 국가를 목표로 하고 있음.
- MedCom은 덴미크 복지부가 설립하여 의료부문에 전자 커뮤니케이션을 도입하고 그 질을 보장하기 위해 점진적으로 국가 e-Health 인프라를 확대하고, 지역 및 의료행위자, 약국, 병원 및 환자 간의 커뮤니케이션을 증대하는데 기여하고자 함.
- 우리나라의 인구, 높은 수준의 전자정부 및 모바일 헬스케어 잠재력을 고려할 때, 정책지원 및 규제개선으로 의료서비스의 디지털화 증대가 충분히 이루어질 수 있음.

개관

덴마크는 유럽연합 내에서도 디지털화가 가장 크게 진행된 국가이며, 정부의 정치적 목표는 덴마크를 ICT 주도 국가로 만드는 데 있다. 수십 년 동안 국가 IT전략은 의료서비스 부문 전반을 디지털화하는 데 주력하였으며, 이는 크게 환자들의 안전을 도모하고 비용 절약 및 의료서비스의 질을 높이고자 하는 데 있다. 덴마크 의료서비스는 모든 커뮤니케이션과 교류가 인터넷 서비스를 통해 이루어질 수 있도록 하며, 플랫폼과 가이드라인을 기반으로 한 스마트 의료서비스 제공 국가를 목표로 하고 있다. 이에 따라 덴마크는 가장 높은 수준의 e-보건 시스템을 구축한 국가로 EU 내에서도 인정받았으며, 인터넷을 이용한 표준화된 의료시스템을 구축함으로써 모든 의료 행위자 및 주체들, 기기 간의 상호운용가능성을 높였다. 본 분석에서는 덴마크의 e-Health 사례가 우리나라 보건시스템과 조직 운용에 어떤 함의를 가지는지 알아본다.

덴마크 e-Health

1. 덴마크 보건시스템 및 e-Health 소개

덴마크의 보건시스템은 전반적으로 분권화된 형태를 띠나, 일부 부문에서 중앙집권적인 면모를 보인다. 덴마크 의료보험은 광범위한 제도로서 세금에 의해 운용되며, 원외 치과치료와 안경 처방 등을 제외한 병원 및 약물치료 전반은 무료로 제공된다. 지역구에서 제공하는 의료서비스는 중앙정부의 관리감독을 받도록 되어 있다.

2007년에 제정된 덴마크 보건법 'Danish Health Act'는 덴마크에 거주하는 모든 등록 주민이 보편적인 의료서비스를 보장받도록 하고 있다. 덴마크 의료서비스는 주 단위에서 무료로 제공되며, 만성질환 환자 등의 경우 중앙정부가 의료비를 보상해준다. 정부는 의료복지시스템 전반을 디지털화하고자 일련의 시스템을 구축하였는데, 먼저 Sundhed.dk는 덴마크의 주regions, 보건예방부Ministry of Health and Prevention, 지방정부가 2003년 공동 설립한 공공의료포털이다. MedCom은 1994년 수립된 국가보조금으로 운영되는 비영리 조직이며, 덴마크 보건부가 소유 및 출자한다. 해당 조직의 설립목표는 민간과 공공의 의료기관들을 연계하여 하나로 묶는 데 있다. 덴마크의 보건부가 천명한 바에 따르면, MedCom은 의료부문에 전자 커뮤니케이션을 도입하고 그 질을 보장하기 위해 점진적으로 국가 e-Health 인프라를 확대하고, 지역 및 의료행위자, 약국, 병원 및 환자 간의 커뮤니케이션을 증대하는 데 기여하고자 한다. MedCom을 통해 환자명단, 진료기록, 엑스레이 사진, 검진 결과 등을 전자기록으로 관리 및 전달할 수 있다. 수요 측면에서 환자들은 인터넷과 이메일로 병원을 예약하고 의사와 상담할 수 있다. 일반의GP, General Practitioner 및 전문의의 경우 직접 환자들에게 언제 방문해야 하는지를 인터넷상으로 통보한다.

덴마크 보건데이터 네트워크Danish National Health Data Network, SDN 는 Medcom에 의해 수립되었으며, 의사, 병원, 약국, 홈케어 공급자 및 전문가들을 잇는 전자자료 교환electronic data interchange 커뮤니케이션 기준을 마련한다. 여기에는 처방전, 진단, 퇴원·입원자료 등이 포함되며, 디지털화되어 모든 정보가 처리 및 전달된다. 또한, 국가적인 처방전 서버는 환자와 보건전문가들이 Sundhed.dk 포털로부터 약국 처방전을 받을 수 있게 한다.

그 밖에도 Shared Medication Record는 비교적 최신의 중앙 데이터베이스로, 지난 2년간 환자의 약 처방 및 복용 기록을 확인할 수 있게 한다. 또한, National Service Platform은 국가적인 보건서비스에 접근 가능하게 하는 중앙 커뮤니케이션 플랫폼인데, 덴마크의 모든 ICT 시스템은 다른 시스템 간의 통합 문제를 줄이기 위해 NSP 국가기준을 따라야 한다.

전자의료서비스의 전달 연계망은 다음과 같다.

① GP(일반의)가 진단 및 검진을 함.
② 의료기관에서 검진 결과를 전자시스템으로 전송함.
③ GP가 진단서를 약국으로 전자시스템으로 전송함.
④ 진단, 검진 결과는 일반의, 전문의, 병원이 모두 포털을 통해 확인 가능함.
⑤ GP는 병원에 환자 이송, 퇴원 등 관련 정보를 전달함.
⑥ GP는 전문의에게 환자 이송 등에 대한 정보를 전달함.
⑦ 병원은 전자진단서를 발행하여 약국으로 발송함.

또한 2012년 덴마크 정부는 「원격 의료 실천 계획Telemedicine Action Plan」으로 원격의료서비스를 전국적으로 보편화시키고자 하였다. 여기에는 총 1,100만 유로의 국가예산이 투입되었고, 원격 정신과 치료와 만성질환 환자들의 지속적인 원격관리 등이 포함된다. 이러한 원격의료는 e-Health 시스템과 상호운용 가능하도록 디자인되었으며, 일반의와 병원 등 의료서비스 제공자 간 연계와 연속성을 보장한다. 덴마크는 이에 따라 16개 병원의 신축 계획을 가지고 있으며(15년 계획), 이 중 절

그림 2.8.1 덴마크 e-Health 운용 프로세스

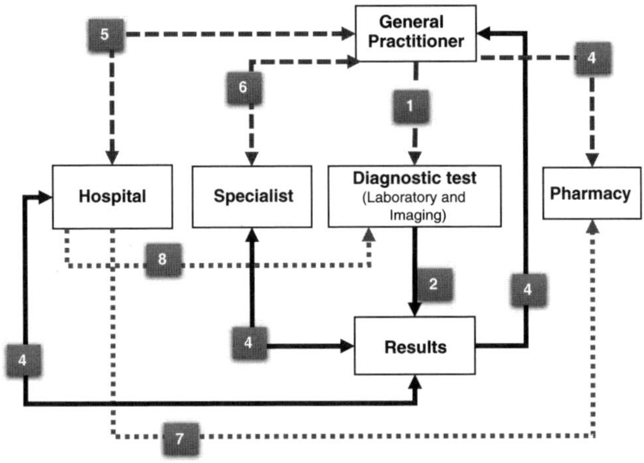

자료: Kierkegaard, P. (2013). eHealth in Denmark: A Case Study. *Journal of Medical Systems*, 37(6), 9991.

반은 '슈퍼병원super hospital'으로서 e-Health 에 대한 완벽한 인프라를 구축하고 있을 예정이다.

2. 의료서비스 개혁의 효과

이러한 덴마크 의료시스템은 서비스의 유연성과 효과성을 높임으로써 더 향상된 질의 의료서비스를 제공하고 받을 수 있게 한다. 실제로 2010년 덴마크 의료행위 및 커뮤니케이션의 90%는 인터넷상에서 이루어졌으며, 이는 매우 효과적인 것으로 평가받는다. 포털서비스는 의사와 환자 모두에게 일원화된 의료정보를 제공하고 보다 효율적으로 상호간 전자 커뮤니케이션을 가능하게 한다. 국민들은 포털을 통해 일반적인 의료서비스에 쉽게 접근할 수 있으며, 진료 및 약 처방, 건강검진 기록 등을 쉽게 열람할 수 있다. 마찬가지로 의료 전문가들 역시 쉽게 환자들에 대한 검진 기록들을 확인할 수 있다. 또한, 환자들은 인터넷으로 병원을 예약하면서 전화 대기 시간 등의 복잡성과 비효율을 줄일 수 있으며, 전자기록 및 데이터베이스를 통해 더 차별화, 개별화된 의료서비스를 제공받을 수 있다. 의료서비스 제공자들도 마찬가지로 전화응대 등 서류처리 시간을 절약함으로써 환자들에게 보다 많은 시간 투자할 수 있게끔 하고, 더 나은 업무환경을 제공한다. 또, 의료진에게 더 최신의, 정확한 환자정보가 제공될 수 있다는 점에서 의료서비스의 질이 개선된다. 마지막으로, 의료기관 간에 환자정보가 안전하게 교환됨으로써 의약품의 중복 사용 및 사용 오류 등을 줄이고, 환자 관리의 일관성을 도모할 수 있다.

국내적 적용 및 함의

덴마크의 인구는 550만 명으로, e-Health 기술을 국가단위로 적용하는 데 상당히 유리하며, 이는 우리나라도 마찬가지인 것으로 판단된다. 하지만 우리나라의 ICT 정부 발달 및 스마트폰 보급률을 고려했을 때, e-Health의 보급률은 상당히 낮은 편에 속한다. 우리나라 전자의무기록 시스템EMR, Electronic Medical Record 보급률은 92.1%로 상당히 높지만, 의료기관 사이에서 진료정보 교류가 거의 일어나나지 않는다. 여전히 종이 처방전이 주로 발행되고 있어, 전자 처방전의 발행률은 덴마크 등 유럽국가에 비해 현저히 낮다. 또한, 원격의료는 의사–의사 간은 이루어지나, 환자–의사 간 허용범위가 제한적으로만 나타나고 있다. 그리고 우리나라 스마트폰 보급률 등을 고려했을 때 모바일 헬스케어의 잠재력은 매우 높으나, 모바일 헬스케어가 본격적으로 이루어지지 않고 있는 것도 사실이다.

이러한 e-Health 네트워크가 완비된 국가로는 덴마크가 유럽 내에서 대표적이나, 핀란드, 영국, 네덜란드, 스웨덴 등도 모바일 헬스케어 선도국가로 지목되고 있는데, 이들 국가의 공통점은 적은 인구규모, 의료서비스의 높은 디지털화, 그리고 규제수준이 이에 매우 친화적이라는 것이다.

2015년 우리나라 의료법 시행규칙의 일부개정안으로 병원의 전자의무기록을 전문기관에서 관리할 수 있게끔 하고 있으나, 여전히 시스템 보안 등의 문제가 존재한다. 또한, EMR의 경우 의료정보시스템 간 표준화의 결여로 상호운용성이 매우 부족한 상태이다. 그리고 우리나라의 IT기업 등 비의료산업의 의료서비스 참여가 크게 제한되어 있으며, 스마트폰에 건강관리 기능을 포함하는 것에 대한 의료기기법상의 엄격한 규제가 적용된다. OECD 국가들 중 의료인력의 비중이 현저히 낮다는 점도 한계로 작용한다.

하지만 높은 수준의 공공서비스 디지털화 및 모바일 헬스케어 잠재력을 고려할 때, 우리나라에서 정책지원을 통한 의료서비스의 디지털화 증대가 의료복지에 기여할 수 있는 바는 매우 크다. 무엇보다도 e-Health의 표준화되고 효율적인 의료서비스 제공의 기회가 가져오는 혜택은 한계점들을 초월할 것으로 예상된다. 따라서 덴마크의 사례를 모델로 규제개선 및 정책적 지원을 통해 EMR 및 모바일 헬스케어가 보편적으로 활용될 수 있는 환경이 조성될 필요가 있다.

참고자료 및 출처

- KIRI. (2016). 『고령화 리뷰』, 4(1).
- NIPA. (2014). 「세계 5개국의 ICT 기반 헬스케어 정책사례」. 『해외 ICT R&D 정책동향』, 2.
- Danish Ministry of Health. (2012). *eHealth in Denmark: eHealth as a Part of a Coherent Danish Health Care System*.
- Kierkegaard, P. (2013). eHealth in Denmark: A Case Study. *Journal of Medical Systems*, 37(6), 9991.

3

업무혁신 사례

문명재·하희송

대한민국은 자타가 공인하는 인터넷 강국이며 4차 산업혁명의 중심에 있는 국가이다. 하지만, OECD의 「2017 고용동향」에 따르면 2016년 우리나라 근로자들의 연간 평균 근로시간은 2,069시간으로 OECD 평균(1,764시간)보다 약 300시간이나 많으며 OECD 국가 중 멕시코에 이어 2위다. 그뿐 아니라, 대한민국의 1인당 노동생산성은 미국의 45%밖에 안 된다. 이는 야근과 특근으로 인하여 '저녁이 있는 삶'을 포기해야 함을 의미하고 일-생활 양립work-life balance이 이뤄지고 있지 못함을 말한다. 이는 또한 대한민국의 일하는 방식과 업무시스템에 혁신과 개선이 절실함을 의미한다.

다행히 요즘, 4차 산업의 핵심기술들인 클라우드와 모바일, 사물인터넷, 그리고 블록체인기술 등의 급속한 발전과 상용화가 민간과 정부의 일하는 방식을 변화시킴으로써 업무혁신을 가져올 것으로 기대된다. 즉, 기존의 개인 컴퓨터가 아닌 클라우드 저장소에 자료와 데이터 등 정보를 저장함으로써 접근이 허용된 동료가 모바일을 사용하여 언제든지 공유할 수 있다. 이러한 클라우드와 모바일 기술로 인한 업무혁신으로 1인당 일일 근로시간을 평균 1~3시간 단축시킬 수 있다고 한다. 또한 클라우드와 모바일 기술의 적극 활용은 자기주도적 업무환경을 조성할 수 있게 하고 실시간 수평적 의사소통을 가능하게 함으로써 나아가 발상의 전환을 통하여 업무혁신을 꾀할 수 있다. 여기에 블록체인기술의 활용은 정보의 보안성과 안정성을 높여줄 수 있다. 구글 애플리케이션 활용이나 네이버 파파고 활용이 좋은 예이다.

그리하여, 본 편에서는 클라우드와 모바일, 블록체인, 그리고 빅데이터와 사물인터넷 등 4차 산업 기술의 활용을 통한 근로시간 단축, 일-생활 양립 확보, 하드워커hard worker

에서 스마트 워커smart worker로 전환, 스마트 오피스와 스마트 팜 구축, 상하 간에 수평적 의사소통을 통한 상호 신뢰 구축, 자율성 부여로 생산성 향상 등의 사례들을 소개하고자 한다. 예로, CCTV와 사물인터넷을 활용하여 독거노인이나 어린이에 대한 안심케어서비스 등 공공복지서비스 업무혁신을 이룬 오산시나 노원구의 사례, 또는 치매 어르신을 위한 고양시의 스마트 슈즈(꼬까신) 사례 등 몇몇 지차체의 우수 업무혁신 사례들은 민-관협력으로 사회안전망 설치의 모범 사례로 평가받고 있기 때문에 다른 지자체에도 도입·확산을 적극 고려할 필요가 있다. 이 외에도 경기도의 CCTV 설치지역 분석을 통한 치안과 방범분야의 업무혁신, 또는 국민안전처의 긴급신고전화통합서비스(21개에서 '112'와 '119' 두 개로 통합)로 공동대응시간 단축, 한국도로공사나 한국환경공단의 웹 기반 비대변 약식기성검사제도 도입으로 하도급자에 대한 계약업무혁신, 그리고 스마트 오피스 구축을 통한 행정자치부의 업무공간 혁신, 그리고 농림수산식품교육문화정보원의 스마트 팜 기술 도입으로 농정업무 혁신 등은 국내의 우수한 업무혁신 사례들을 소개하고 있다. 그뿐 아니라, 유럽연합과 벨기에의 전자정부조달시스템e-PRIOR 도입 사례, 에스토니아 정부의 블록체인 기술을 활용한 전자투표제도 개선 사례, 미 연방항공국FAA, Federal Aviation Agency의 드론규제 완화 사례, 영국 중앙정부의 오픈데이터에 기반한 성과관리제도 도입 사례, 멕시코시티의 교통시스템 Mapatón 개선 사례, 미국, 독일, 일본의 원격의료나 의약품 원격배송 사례 등 우수 해외 사례도 소개하고 있다.

이상, 총 14편의 사례가 국내외 중앙·지방 정부의 업무혁신뿐만 아니라 공공기관이나 공기업의 업무혁신 우수 해외 사례로 선정되었다. 향후 업무혁신을 꾀하고자 하는 다른 분야나 지방 및 중앙 정부기관에게 중요한 참고자료가 될 것으로 기대된다. 끝으로, 당장 실무적인 업무혁신뿐만 아니라 4차 산업혁명으로 인하여 새롭게 등장할 일자리(약 20년 후 약 65%)가 요구하는 업무능력(문제해결 능력, 협업능력, 그리고 디지털 리터러시(literacy))향상을 위한 장기적·전략적 업무혁신도 함께 이뤄져야 할 것이다.

제 1 장

사물인터넷을 통한 공공복지서비스 강화

– 대한민국, 오산시 및 서울특별시 노원구 –

김태형

사례 요약

- 오산시는 2017년 12월 13일 사물인터넷을 활용하여 4개 분야(독거노인, 치매환자, 어린이, 수도계량기)의 사회복지서비스를 강화하는 정부혁신 거점 지자체 공모사업에 선정되어 2억 4,000만 원의 특별교부세를 확보함.
- 서울시 노원구는 2019년 3월 8일까지 50세 이상 64세 이하 1인 남성가구(약 3,500가구)를 대상으로 실태조사를 한 후, 조사 결과를 바탕으로 사물인터넷 기술을 활용하여 중장년 독거 남성의 고독사를 예방하는 건강 관리 체계를 구축하는 동시에 돌봄 지원 등 맞춤형 고독사 예방 특화 사업을 펼칠 예정이라고 밝힘.
- 복지서비스를 관리할 인력부족의 문제와 수혜 대상의 확대 문제는 앞으로도 해결해나가야 할 과제이며 사물인터넷 기술을 활용한 공공서비스 강화가 이루어질 수 있는 분야를 지속적으로 개척해나갈 필요성이 있음.

사물인터넷과 복지서비스의 연계

오산시는 2017년 정부혁신 거점 지자체 공모사업에 선정되어 2억 4,000만 원의 특별교부세를 확보하고 사물인터넷을 기반으로 한 공공복지 서비스를 확대해나가고 있다. 첫 번째는 사물인터넷 기술을 도입한 독거노인 돌봄서비스 강화이고, 두 번째는 치매환자 배회감지서비스, 세 번째는 어린이집 안심케어서비스 등이다. 복지서비스 분야에 ICT를 도입하여 행정에 도움을 주고 시민들에게 제공하는 서비스의 질을 향상시키는 것이 추진 배경으로 볼 수 있다.

이후 서울시 노원구가 2019년 2월에 발표한 바에 따르면, 2019년 3월 8일까지 진행되는 50세 이상 64세 이하 1인 남성가구(약 3,500가구)를 대상으로 실태조사를 실시한 뒤 그 결과를 바탕으로 돌봄 지원과 맞춤형 고독사 예방 특화 사업을 펼칠 예정이라고 한다(『보안뉴스』, 2019. 2. 17.). 이와 같이 사물인터넷 기술의 발달이 사회문제로 대두된 고령사회와 핵가족화에 따른 독거 남성 고독사 문제를 해결할 수 있는 대안으로 떠오르고 있고, 공공복지서비스를 강화하는 데에 큰 영향을 미치고 있다.

이처럼 사물인터넷 기술을 활용하여 개별 지방자치단체가 공공서비스를 제공하는 두 가지를 사례를 통해 세부 업무혁신 내용을 파악하고, 정책적 시사점을 도출하고자 한다.

오산시의 사물인터넷 공공복지 서비스 확대사업

오산시는 2017년 12월 13일 '사물인터넷 공공복지 서비스 확대사업' 착수보고회를 시행하였다. 이는 사물인터넷 인프라 고도화 및 독거노인 돌보미, 치매환자 배회감지, 어린이집 안심케어, 수도계량기 원격검침 서비스 등 4개 분야로 지난 6월 정부에서 실시한, 「4차 산업혁명 기반 스마트 행정 거점 지자체 육성을 위한 공모사업」에 선정된 결과이다(『경인일보』, 2017. 12. 18.).

세부 내용을 살펴보면, 첫 번째 독거노인 돌보미서비스는 홀몸노인 500명을 대상으로 활동량 감지 기능이 있는 밴드형 단말을 제공하고 집 안에는 동작 감지기인 모션 센서를 설치하여 고정형 단말기를 통해 서비스를 제공한다(『기호일보』, 2017. 12. 26.). 또한 독거노인들의 활동량을 데이터화하여 움직임이 없을 경우, 생활관리사들의 전화통화 또는 방문을 통해 독거노인의 안전을 확인한다. 현재 생활관리사들이 1주일에 한 번 독거노인을 방문해 안위를 확인하는 것과 비교하면 실시간 관리가 가능하다는 점에서 지방정부의 업무혁신 사례로 제시할 수 있다.

두 번째, 치매환자 배회감지서비스는 웨어러블 단말을 통해 치매 환자가 동선을 이탈할 경우 보호자에게 알림서비스를 제공하는 것이다. 이는 GPSGlobal Positioning System(위성항법장치) 추적으로 배터리 소모가 많기 때문에 동선 이탈 시에만 GPS 추적기가 켜지는 등의 기술을 적용할 예정이다.

세 번째, 어린이집 안심케어서비스는 관내 어린이집 3개소를 대상으로 어린이집 등·하원 관리, 실내 공기 질 측정 및 체온을 측정하는 서비스를 제공하는 것이다.

네 번째, 수도계량기 원격검침서비스는 수도계량기의 물 사용량에 대해 사물인터넷 기반으로 물 사용량을 자동검침하고 인터넷으로 물 사용량, 요금 조회, 검침 현황 등의 서비스를 지원하는 것이다.

위와 관련하여 한국보건사회연구원 이연희 정보통계연구실 책임전문원은 2018년 1월 29일에 발표한 『사물인터넷을 활용한 고독사 예방』이라는 보고서를 통해 현재 서비스 수혜자가 전체 독거노인 가구의 약 6.6%에 불과하다고 지적하였다. 이와 관련하여 "응급안전알림서비스 대상자 선정 기준 밖에 있는 사각지대 독거노인에 대한 돌봄이 필요하다."며 "대상자 기준을 낮춰 더 많은 대상자가 서비스를 받을 수 있게 해야 독거노인의 응급상황 발생을 사전에 예방하거나 응급상황 발생 시 신속하게 조치하여 고독사를 방지할 수 있다."고 주장하였다(『백세시대』, 2018. 2. 23.).

오산시 데이터융합팀장인 김홍영 씨는 "노인복지 분야에서 사물인터넷을 활용할 부분이 많다."며 "우리 시는 독거노인 활동량을 실시간 데이터화하고 이를 생활관리사들과 공유해 비상상황에 대처할 방침"이라고 밝혔다(『백세시대』, 2018. 2. 23.). 이와 더불어 독거노인 돌봄서비스의 확대 과정에서 사물인터넷을 활용한 복지서비스의 향상이 실질적으로 이루어지기 위해서는 모니터링은 물론 이들을 관리할 수 있는 생활관리사들의 인력 규모 확대도 함께 이루어져야 한다고 주장하였다.

노원구의 중장년 독거남성 고독사 예방 특화 사업

2019년 2월 12일, 서울시 노원구는 50~60대 1인 남성가구에 대한 실태조사를 통해 돌봄 지원과 맞춤형 고독사 예방 특화 사업을 펼칠 예정이라고 밝혔다. 서울시 복지재단에서 2016년에 발간한 「서울시 고독사 실태 파악 및 지원 방안 연구」 내용에 따르면 남성의 고독사가 85%를 차지하여 여성에 비해 훨씬 높은 수치를 나타내고, 연령층도 50세 이상부터 64세 이하의 사망자 비율이 전체의 약 48%를 차지하고 있다

(송인주, 2016).

이와 같이 고령사회와 핵가족화에 따른 영향으로 남성의 고독사가 사회적 문제로 대두함에 따라 이를 해결하기 위한 방안으로 사물인터넷 기술을 활용하여 고독사를 예방하기 위한 사업을 노원구에서 준비하고 있는 것이다.

사업의 세부 내용을 살펴보면 첫째, 사물인터넷 기술을 활용하여 고독사의 가능성이 높은 대상자의 건강관리 체계를 구축하도록 하는 것이다. 이는 온도와 습도, 조도와 같이 움직임을 포착한 센서가 수집한 생활 환경 데이터를 바탕으로 고독사의 위험이 있는 대상자들을 안전하게 관리하는 것이다.

둘째, 하루 3회 모니터링을 실시하고 움직임이 없는 시간을 기준으로 '정상', '주의', '경보', '위험' 등 4단계로 구분하여 위험 경고를 하는 것이다. 1차 경고는 전화로 확인을 하고, 이후 연락이 되지 않을 경우 2차적으로는 자택 방문을 통해 안전을 확인하는 방식이다.

셋째, 건강한 사회 네트워크를 구축할 수 있도록 '50+센터'와 연계한 요리교실, 역사 트래킹, 산림 치유 프로그램 등을 실시하여 삶의 질을 제고시키는 방안을 지원한다. 서울시 노원구의 오승록 구청장은 이와 같이 공공기관과 지역사회가 협력하여 독거남성의 고독사를 예방하기 위한 대안을 마련하고, 지속적으로 예방적 관심 체계를 구축하겠다는 의견을 표명하였다.

정책적 함의 및 평가

오산시는 사물인터넷 기술의 발전을 복지서비스의 질을 향상시키는 데에 활용하였다. 오산시가 독거노인 돌봄, 치매노인 실종 예방, 어린이집 안심케어서비스를 제공하는 것은 지방정부가 사물인터넷을 복지서비스에 활용한 업무혁신 사례라고 볼 수 있다. 그러나 여전히 복지서비스를 관리할 인력이 부족하다는 문제점과 수혜 대상이 적다는 문제점은 앞으로도 해결해나가야 할 과제이다. 이를 위해서는 지방정부 차원의 예산 확보와 중앙정부와의 협력도 필요할 뿐만 아니라, 이러한 기술 활용에 따른 공공서비스의 질 향상이라는 사례를 홍보하고 다른 지방정부 차원에서도 활용할 수 있는 방안을 함께 모색해나가는 것이 중요하다.

서울시 노원구의 사례는 사회 환경의 변화에 따라 발생한 남성 고독사 문제를 사물인터넷 기술을 활용하여 예방하는 사업을 계획하고 있는 상태이다. 아직 실행 전이지만 이처럼 기술의 발전이 사회문제 해결에 큰 역할을 하고 있다는 점에서 오산시 사례와 함께 정책적 시사점을 제시해주고 있다. 두 가지 사례는 정부가 사물인터넷 기술을 활용하여 공공복지서비스를 확대해나가고, 사회문제 해결을 위한 대안으로 활용한다는 점에서 업무혁신 사례로 제시할 수 있다. 발전된 기술을 통해 사회문제를 해결하고 지속적으로 관심을 가지는 것은 정부가 사회 현안에 대응하는 과정에서 기술을 활용하는 충분한 역량을 보유했다는 점을 증명함과 동시에, 국민들에게 사회적 이슈로 대두되는 사안에 대한 지속적인 관심을 촉구하는 계기를 마련해준다는 차원에서 의의가 있다. 노원구의 사례는 고독사를 예방하는 차원에서 그치는 것이 아니라 중장년

층 남성이 지역사회 네트워크에 포함될 수 있도록, 프로그램에 참여할 수 있는 방안까지 연계하여 구상한 점에서 더욱 지속가능성이 높다고 할 수 있으며 다른 지방자치단체에 시사하는 바가 크다고 볼 수 있다.

참고자료 및 출처

- 라안일. (2018. 2. 23.). 「사물인터넷으로 노인복지 'UP'」. 『백세시대』. http://www.100ssd.co.kr/news/articleView.html?idxno=52150 에서 검색.
- 박미영. (2019. 2. 17.). 「노원구, IoT 기술로 중장년 독거 남성 고독사 예방한다'」. 『보안뉴스』. https://www.boannews.com/media/view.asp?idx-=77012&kind 에서 검색.
- 송인주. (2016). 『서울시 고독사 실태파악 및 지원 방안 연구』. 서울: 서울복지재단.
- 신창윤. 「오산시, '사물인터넷 공공복지 서비스 확대사업' 착수보고회」. 『경인일보』. http://www.kyeongin.com/main/view.php?key=20171218010005443 에서 검색.
- 최승세. (2017. 12. 26.). 「밴드형 단말기로 돌봄노인 활동 감지」. 『기호일보』. http://www.kihoilbo.co.kr/?mod=news&act=articleView&idxno=730080 에서 검색.

제 2 장

다자간 민-관 협력을 통한 지역사회 안전망 구축

– 대한민국, 경기도 고양시 –

송현진

사례 요약

- 고양시 일산동구보건소 치매안심센터의 사물인터넷 스마트 슈즈('꼬까신')는 정부혁신 우수 사례 경진대회에서 지역사회의 문제를 정부의 재원과 지역기업의 기술력으로 해결한 좋은 사례로 인정을 받아 최우수상을 수상함.
- '꼬까신'의 핵심기술은 치매노인의 배회행태를 고려하여 신발에 배회감지기를 부착한 것으로 과학기술정보통신부의 2016~2017년 지역SW융합제품 상용화 지원사업을 통해 3개의 지역 중소기업 컨소시엄 형태로 개발됨.
- 신발을 개발한 ㈜스마트메디칼디바이스는 정부의 예산지원으로 완성된 '꼬까신' 100켤레를 지역사회에 무상 지원함. 이는 기업이익을 사회에 환원하고 민-관 협력으로 지역사회 안전망을 구축하는 모범 사례가 됨.

지역사회 난제wicked problem인 치매로 인한 사회적 비용 증가

고령화 사회가 도래함에 따라 전국 치매 유병률도 과거에 비해 상승하는 추세를 보이고 있다. 실제로 2017년 기준 전국 노인인구 700만 명 중 70만 명이 치매환자로 유병률은 9.94% 수준인 것으로 나타나 치매환자로 인한 사회적 비용과 사회적 위험은 지속적으로 증가하고 있다는 점에서 대책 마련이 촉구된다(고양시 치매안심센터, 2018). 특히 치매 어르신을 돌보는 보호자의 입장에서는 치매 유병자들의 배회증상으로 인한 실종이 심각한 문제로, 최근 치매로 인한 실종신고가 최근 5년 사이 30%나 증가하는 등 고령화에 이어진 개인의 치매 발병은 가깝게는 치매 어르신을 돌보는 가족에서부터 넓게는 지역사회 전반에 직간접적인 영향을 미치고 있다(이원준, 2017).

일차적으로 치매환자의 실종문제 해결을 위해서는 배회감지기를 사용하는 것이 주요 대안 중 하나이다. 실제로 실종자 발견 소요시간에 있어서 배회감지기를 사용하지 않을 때 평균 11.9시간이 걸리는 데 반해 배회감지기를 사용할 경우 평균 1.7시간이 걸리는 것으로 조사되어 배회감지기는 배회증상이 있는 치매 어르신의 실종을 예방하거나 사건 발생 시 빠른 해결에 도움이 된다고 알려져 있다(선명수, 2017). 하지만 배회감지기의 비용 부담이 만만치 않아 시도별로 배회감지기의 보급률은 1~3%에 미치지 못하는 데다가 목걸이, 팔찌형 배회감지기는 착용에 거부감이 높고, 충전의 번거로움도 있을 뿐만 아니라 실내와 대중교통 내에서 위치추적 불가능하거나, 전국망 서비스가 제공되지 않는 등 한계를 지니고 있다. 따라서 개별 지방정부 입장에서는 이러한 지역사회의 난제를 해결하기가 매우 어렵다.

치매 어르신을 위한 고양시의 사물인터넷 스마트 슈즈 '꼬까신'

고양시의 사물인터넷 스마트 슈즈 '꼬까신'은 앞서 언급한 배회감지기의 장점은 살리고, 기존 배회감지기의 한계는 극복한 혁신적인 신발형 배회감지기이다. 신발이 실종사건의 중요한 단서가 될 만큼 착용율이 높다는 점에 착안해 제품 개발이 진행되었다. '꼬까신'은 전국 최초로 치매 어르신 실종 예방을 위한 신발형 배회감지기로서 다양한 기술이 적용되었다. 먼저, '꼬까신'은 저전력 모듈 컨트롤러를 통해 배터리 1회 충전 시 3일간 사용이 가능하고, 압전식 자가발전 충전기능이 포함되어 1시간 보행 시 방전이 되었더라도 보호자에게 MMSMultimedia Messaging Service 위치전송이 가능하다(유제원, 2018). 또한 제품의 외관에 있어서도 치매 어르신용 신발로서 낙인을 방지하기 위해 시중에 납품되는 일반 신발을 사용했다. 정보 전송에 있어서는 3G망을 사용해 전국 어디서나 음역지역 없이 위치추적이 가능해 평상시에 치매 어르신의 보호자가 실시간으로 스마트폰을 사용해 위치 확인이 가능하도록 했다. 또한 보호자가 미리 지정한 안심존을 벗어날 경우, 보호자의 스마트폰으로 알림을 보내는 것도 가능하다(범수연, 2019).

그림 3.2.1 기존 배회감지기와 '꼬까신' 비교

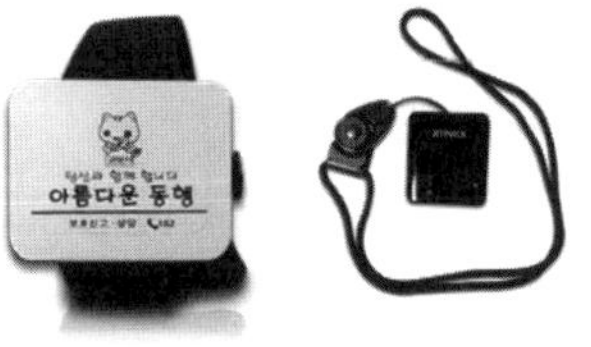

자료: 고양시 일산동구보건소 치매안심지원센터(2018)

「지역SW융합제품 상용화 지원사업」 공모를 통한 기술 개발

'꼬까신'의 기술은 ㈜스마트메디칼디바이스, ㈜평화유통, ㈜유미테크 기업 컨소시엄의 2016~2017년 「지역SW융합제품 상용화 지원사업」 공모를 통해 기획되었다. 고양지식산업진흥원은 해당 컨소시엄을 2016~2017년 「지역SW융합제품 상용화 지원사업」 과제로 채택하여 과학기술정보통신부(구 미래창조과학부)의 국비 지원을 받아 제품 개발에 성공했다(유제원, 2018). 「SW융합제품 상용화 지원사업」은 지역사회 내 ICT 산업의 성장기반을 확대하고, 지역 내 우량기업을 발굴하는 데 목적을 둔 사업으로 과학기술정보통신부와 정보통신산업진흥원이 주관하여 약 23개의 과제에 2년간 각각 국비 3억 원 내외를 지원한다. 지원되는 국비 예산에 대해 지자체는 재정자립도 50% 미만인 경우 국비 대비 60% 이상의 예산을 부담하고, 재정자립도 50% 이상인 경우 국비 대비 70% 이상의 예산을 부담하며 민간은 정부지원금(국비+지방비)의 10% 수준을 의무적으로 매칭하도록 하고 있다. 따라서 과제당 5억 원 내외의 사업비가 조성되어 중소기업은 사업에 참여하는 기간 동안 안정적인 지원금을 바탕으로 기술을 개발하여 제품 상용화를 달성하고, 지방정부는 지역사회의 문제를 해결하게 된다. 특히 본 사업은 지원자격을 지역 소재의 기업이 참여하는 컨소시엄으로 한정하고 있어 적어도 1개소 이상의 지역 기업체가 참여해야 지원을 받을 수 있다는 점에서 지역경제 활성화에도 기여하는 바가 크다.

「지역SW융합제품 상용화 지원사업」 선정을 통해 ㈜스마트메디칼디바이스, ㈜평화유통, ㈜유미테크의 기업 컨소시엄은 '꼬까신'에 대한 여러 개의 특허를 출원하였다. 예를 들어 고평화(2018)의 '압전이 용이한

그림 3.2.2 지역SW융합제품 상용화 지원사업 추진체계

자료: 「2017~2018년 지역SW융합제품 상용화 사업 공고」

스마트 슈즈 및 이를 이용한 위치 추적 시스템', 고평화 외(2018) '스마트 슈즈 및 이를 이용한 위치 추적 시스템', 문찬곤(2018) '치매노인 또는 영유아의 위치추적을 위한 스마트 신발 및 시스템' 등이 특허로 등록되었다. 구체적으로 문찬곤(2018)의 '치매노인 또는 영유아의 위치추적을 위한 스마트 신발 및 시스템'은 신발에 위치추적기를 달아 위성으로부터 GPS 신호를 수신하여 위치를 파악 가능하도록 하는 기술이다. 위성에서 보내는 GPS 신호를 통해 파악된 위치는 LTE 또는 3G 방식을 이용하여 송수신하며, 이를 보호자의 스마트폰으로 전송하게 된다. 모든 통신 모듈 및 배터리는 신발에 부착된다. 이러한 기술들의 개발이 모두 정부의 공모사업 지원을 통해 달성된 것이다.

정부와 지역 예산지원을 통한 기술개발 성과를 사회에 환원

발명된 기술을 바탕으로 개발된 제품이 배회증상으로 어려움을 겪는 치매 어르신에게 전달되기 위해서는 또 다른 지역 내 협력이 필요하다. 누가 제품을 사용하기 적절한 사용자인지 선정하고 서비스를 제공하며 지속적으로 모니터링하는 과정을, 제품을 개발한 민간기업 컨소시엄이

나 예산을 지원한 정부조직에서 수행할 수 없기 때문이다. 따라서 상용화된 '꼬까신'을 가장 적합한 대상자가 사용할 수 있도록 하기 위해, 고양지식산업진흥원, 일산동구보건소 치매안심센터, ㈜스마트메디칼디바이스는 삼자 업무협약을 맺었다.

삼자업무협약을 바탕으로 실시된 시범사업은 기업이익을 사회에 환원하는 취지로 ㈜스마트메디칼디바이스는 '꼬까신' 100족과 GPS 통신비용을 무상지원하고, 일산동구보건소 치매안심센터는 치매 어르신을 선정하고 시범사업 설명회 등을 준비해 자원을 연계하도록 각자의 역할을 분담하였다(유제원, 2018). 2018년 7월에 치매안심마을인 중산동 주민과 치매환자를 돌보는 1순위 위기가정을 우선으로 총 50명의 치매 어르신을 선정하여 '꼬까신'을 배부하였다(범수연, 2019). 일산동구보건소 치매안심센터는 지속적으로 '꼬까신'을 지원받은 대상자를 중심으로 집중사례관리를 실시하고 있다. 이와 관련하여 작년에 실시된 대상자 만족도조사에 따르면 응답자의 82%가 '꼬까신' 사용 경험에 "대체로 만족한

그림 3.2.3 사물인터넷 스마트 슈즈 '꼬까신' 착용 모습

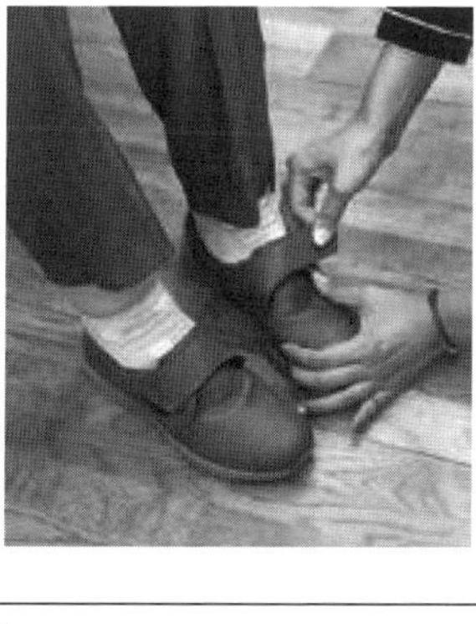

자료: 경기도 일산동구보건소(2018)

다."고 응답하였으며, 91%가 시범사업 종료 이후에도 '꼬까신' 이용을 지속하겠다고 밝혔다.

'꼬까신'의 미래

'꼬까신'은 전국 최초로 개발된 신발형 배회감지기로 치매노인 실종 예방 모범 사례로 큰 가치를 갖는다. 치매노인의 실시간 위치 파악이 가능할 뿐만 아니라 이탈 시 경보음을 발생시켜 보호자의 심리적 부담을 경감하고 대응 마련을 위한 사회적 비용을 낮추는 데 기여했다. 더 나아가 해당 기술은 치매 어르신을 위한 신발로 개발되었으나 실종의 위험이 있는 미취학아동 및 지적장애인 등의 취약계층에 확대적용이 가능할 것으로 예상된다. 따라서 향후 신발에 부착된 위치추적기 기술의 발전을 통해 다양한 취약계층의 실종을 예방하고, 신속한 발견이 이루어질 것이 기대된다.

하지만 '꼬까신'은 모듈이 설치된 일체형 신발이라는 점에서 신발 한 켤레 가격으로는 다소 부담이 되는 것이 사실이다(신발의 시중가격 12만 원, 모듈값 12만 원, 통신료 월 2만 원). 따라서 고양시와 기술을 개발한 업체는 향후 모듈이 설치된 깔창형 배회감지기 개발을 기획하고 있다. 깔창형 배회감지기의 경우 높은 가격의 신발을 매번 구매하는 대신, 기존에 사용하는 신발에 깔창만 추가해서 사용이 가능하다는 장점이 있다. 또한 신발을 착용한 치매 어르신의 동선 및 활동량 데이터 분석을 통해 치매노인의 행동특성에 대한 근거 자료로 삼으려는 시도도 이루어지고 있다.

'꼬까신'의 기술 자체도 지역 주민들의 삶의 질을 높이는 데 큰 도움을 주었지만, 해당 제품의 개발 과정 또한 주목할 만하다. 지역사회의 문제를 해결하는 데 있어서 중앙 및 지방 정부의 예산과 민간의 기술력의 융합을 통해 해결책을 찾았다. 또한 이를 통해 얻어진 해결책은 다시 지역사회 전문조직과의 협조를 통해 지역주민에게 환원하는 선순환을 달성했다. '꼬까신' 사례는 좋은 정책으로 정부혁신 100대 우수 사례에도 선정되었다. 갈수록 복잡다단해지는 정책문제들을 민-관이 협력해서 지혜롭게 해결하는 이러한 사례들이 더욱 많아지길 기대한다.

참고자료 및 출처

- 경기도 일산동구보건소. (2018). 「스마트신발 꼬까신으로 치매노인을 지킨다」. 『2018 정부혁신 100대 사례집: 정부혁신으로 국민의 삶이 나아지고 있습니다』. 서울: 행정안전부.
- 고양시 일산동구보건소 치매안심센터. (2018. 12. 3.). 「치매어르신 실종예방 위한 스마트 슈즈 '꼬까신' 사업. 정부혁신 우수사례 경진대회 발표자료」.
- 고양지식정보산업진흥원. (2018). 「고양지식정보산업진흥원, 치매안심센터, 고양시 기업과 함께 IoT 스마트 슈즈 시범사업으로 치매안전망 구축 시작」. 『고양산업웹진』. http://webzine.gipa.or.kr/bbs/board.php?-bo_table=201807_1&wr_id=10 에서 검색.
- 고평화. (2018). 「등록특허 10-1869074」. 서울: 특허청.
- 고평화·서우정·홍진표. (2018). 「공개특허 10-2018-0033792」. 서울: 특허청.
- 문찬곤. (2018). 「공개특허 10-2018-0058938」. 서울: 특허청.
- 범수연. (2019). 「고양시 치매어르신 실종예방 및 신속발견을 위한 스마트 슈즈 '꼬까신'」. 『고양소식』, 2019. 1., vol. 311, 28-29.
- 선명수. (2017. 12. 20.). 「길 잃은 치매환자 찾는 '배회감지기'... 실종자 발견 11.9→1.7시간 단축」. 『경향신문』. kh_news/khan_art_view.html?art_id=201712201601001 에서 검색.
- 유제원. (2018. 7. 9.). 「고양지식정보산업진흥원, IoT 스마트 슈즈 시범사업으로 치매안전망 구축 시작」. 『경기일보』. http://www.kyeonggi.com/news/articlePrint.html?idxno=1494697 에서 검색.
- 이원준. (2017. 9. 14.). 「"부모님을 찾아주세요"…5년새 치매환자 실종신고 30% 증가」. 『뉴스1』. http://news1.kr/articles/?3100733 에서 검색.

제 3 장

빅데이터 및 ICT의 적용을 통한 스마트 팜smart farm 실현

– 대한민국, 농림수산식품교육문화정보원 –

유한별

사례 요약

- 스마트 팜smart farm 기술은 4차 산업 기반 기술을 농업에 적용한 것으로 1차 산업의 생산량을 증가시키고 효율성을 개선할 수 있는 기술임.
- 이러한 스마트 팜 시스템을 1차 산업에 적용하면 개선된 생산성을 통해 1차 산업을 기반으로 제조업과 서비스업의 증가로 연쇄적인 부가가치를 향상시킬 수 있음(6차 산업).
- 현재 농림수산식품교육문화정보원은 스마트 팜 기술을 국내에 보급하여 농가의 생산성을 향상시키기 위한 노력을 하고 있으며, 공공데이터와 민간데이터를 활용하여 농수축산물 가격정보와 농식품 추천 서비스 등을 제공하는 빅데이터 서비스를 구축하였음.
- 스마트 팜의 실현은 한국 농업의 세계화를 위한 초석이므로 농업에 대한 ICT의 적용과 보급을 지속적이고 빠르게 실현해야 함. 이러한 적용과 보급에는 농림축산식품부와 농림수산식품교육문화정보원의 적극적 대처와 홍보 노력 등이 필요함.

스마트 팜? Smart Farm! 똑똑한 농업, 농업 선진국으로 가는 길!

스마트 팜smart farm은 4차 산업 기반 기술(빅데이터, 인공지능, 사물인터넷 등)을 농업에 적용하여 공간, 장소 등의 제약을 덜 받으며, 비용 및 작물 관리에 대한 효율성을 실현할 수 있는 농업방식이다. 이러한 스마트 팜은 도심에서도 응용되기도 하며(『The Science Times』, 2018. 9. 18.), 농촌의 농업에 ICT(정보통신기술)를을 적용하여 과수원이나 온실, 비닐하우스 등을 원격 및 자동화된 시스템으로 구축하고, 작물의 생육에 맞춰 온도, 일조량, 물 공급, 습도 등을 조절하여 최적의 생육환경을 만들어 농업의 생산량을 높이는 방식으로 이용되고 있다.

이러한 스마트 팜은 해외 선진 농업국가에서는 이미 활발하게 이용되고 있다. 예를 들어 네덜란드와 같은 국가에서는 화훼 농업을 육성하고 있는데 화훼 농업에 필요한 유리 온실에 ICT 기반의 기술을 접목하여 전체 온실 99%가 온습도, 일조량, 온실 대기의 이산화탄소 등을 조절할 수 있도록 만들었다. 특히 네덜란드의 경우 화훼 농업이 크게 발달할 수 있는 여건이 아님에도 불구하고 유리 온실을 이용하여 화훼 농업의 글로벌 강자로 자리매김하였기 때문에 우리나라 농업에도 이를 적용하여 농업 경쟁력을 향상시킬 수 있는 여지가 충분하다. 그렇다면 이러한 스마트 팜은 어떻게 만들어지는가? 우리나라의 스마트 팜(스마트 농정) 육성을 담당하고 있는 농림수산식품교육문화정보원(이하 농정원)의 스마트 팜 교육 및 보급 현황을 살펴보고 6차 산업[1]의 가능성, 시사점 등을 살펴보기로 한다.

---

1) (1차×2차×3차=6차 산업), 6차 산업은 농업 혁신으로 1차 농업의 생산량이 늘고 이를 통해 2차, 3차 산업까지 연계하여 농업 기반 부가가치를 크게 향상시키는 데 목적을 두고 있으며, 1차, 2차, 3차 산업의 연계로 '6차 산업혁명'을 주도하려는 움직임이다.

스마트 팜 구축은 어떻게? 스마트 팜을 구축하면 무엇이 좋을까?

앞서 스마트 팜에 대하여 설명하였듯이 현재 스마트 팜은 ICT를 온실, 축사 등 농·축산업에 접목하여 스마트폰, PC 등 정보통신기기를 통해 원격, 자동으로 작물과 가축의 생육환경을 조절하고 관리하는 것을 뜻한다고 볼 수 있다. 스마트 팜은 6차 산업의 비전을 가지고 혁신 농업 시스템을 구축하여 농업 부가가치를 크게 높이는 데 중점을 두고 있다.[2] 이러한 스마트 팜과 스마트 농정, 유통을 구축하기 위하여 농림축산식품부와 농정원은 농림축산식품 관련 공공데이터 구축과 민간에서 구축된 정보자원을 활용하여 농축산물의 관리 및 유통에 활용하는 방안을 고안하고 있다.

먼저, 스마트 팜은 전남, 전북, 강원, 충남, 경남, 경북 등 다양한 농가에 ICT 장비를 보급하였고, 현재 스마트 팜 정보공유시스템(https://www.smartfarmkorea.net)에서는 스마트 팜 선도 사례 25선을 스마트 팜 우수 사례로 소개하여 관심이 있는 사람들이 쉽게 접근할 수 있도록 하고 있다. 선도 사례의 내용을 살펴보면 스마트 팜 운용연수는 1~3년 이상의 경력을 가지고 있으며, 적게는 4,000만 원에서 많게는 20억 원까지의 투자가 이루어 졌으며, ICT 도입 장비로는 시설 원예 분야에서 통합제어기, 양액제거기, 에너지절감시설, CO_2공급장치, 환경센서, 스프링클러 등을 도입하였고, 축산 분야에서 자동급이기, 사료빈관리기, 음수관리기, 돈사환경관리기, 생산경영관리시설 등을 도입하여 스마트 팜으로 자리매김하고 있는 것을 볼 수 있다.

---

2) 농림축산식품부 홈페이지 내 스마트 팜 정책홍보(http://www.mafra.go.kr/mafra/1280/subview.do)

해당 사례의 스마트 팜들은 ICT 도입 후, 전과 대비하여 단위 면적당 생산량을 40~60% 이상 향상시켰으며, 전체 생산 중 출하 상품의 비중도 적게는 1%에서 많게는 20% 이상 향상시켰다. 결국 같은 생산량을 더 적은 단위 면적에서 생산할 수 있게 된 것으로 농가의 효율성 및 생산성이 크게 향상되는 것을 알 수 있다. 이러한 면에서 ICT 장비를 1차 산업에 도입하는 것은 6차 산업으로 이행하는 데 지름길이며, 농업 부가가치를 크게 향상시킬 수 있음을 해당 사례를 통해 알 수 있다.

4차 산업혁명 시대, 농업 빅데이터 구축을 스마트 팜으로!

다음으로, 농정원은 농식품 관련 공공데이터의 통합제공이 부실하며, 인프라가 부재한 상황을 인식하고 빅데이터 활용을 위한 플랫폼과 빅데이터 기반의 다양한 서비스 모델을 구축하기 위한 노력을 하였다. 그 내용으로는 ① 빅데이터 기반 마련 및 빅데이터를 이용한 분석서비스를 제공, ② 소비 유형별 구매 예측 등을 분석하여 빅데이터 활용, 분석 알고리즘으로 공공데이터 이용자들이 농식품 소비자들의 관심도, 메가트랜드 등을 파악할 수 있게 하는 등이 있다.

빅데이터 및 분석서비스의 구체적 내용을 살펴보면, 농수산축산물에 대해 산지가격, 도매가격, 도소매가격 데이터를 구축하여 본래 기관별(공판장 경락-도소매)로 나누어져 있던 가격에 관한 데이터를 빅데이터 플랫폼을 구축하여 수집 및 조회가 가능하도록 구성하였다. 또한 가격 동향뿐 아니라 거래량과 관련한 데이터도 통합하여 제공할 뿐 아니라 소셜미디어SNS, Social Network Services에서 데이터 수집도 함께 하여 농수산축산 대표 품목 추출 및 버즈량 등을 측정하는 등 민간데이터를 활용한

그림 3.3.1 농림수산식품교육문화정보원 빅데이터 서비스 구조 및 제공 기능

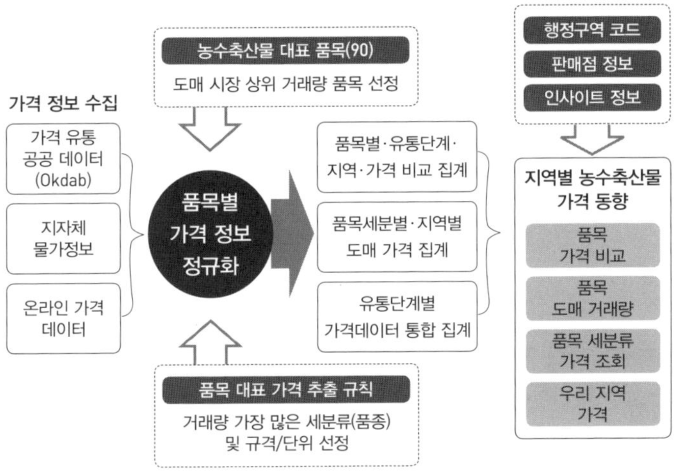

자료: 농림수산식품교육문화 정보원

데이터 구축도 실현하였다. 이러한 일련의 과정은 그림 3.3.1과 같이 표현할 수 있다.

다음으로 소비 예측과 관련한 알고리즘 분석은 5가지의 식생활 패턴을 도출하고, 날씨, 계절, 시세 등 메가트랜드를 고려하여 소비자 유형별 관심 농수산식품을 추천해주는 서비스를 개발하였다. 더하여 소비자 유형별 추천메뉴, 가격 등을 소개 및 분석할 수 있는 서비스를 제공하고 있다. 마지막으로, 농림축산식품부와 그 산하기관들은 159종의 공공데이터, 연구용역을 통해 생성된 121종의 데이터를 수집하고 공공데이터포털에 Open API, GRID 방식으로 데이터를 제공하고 있다. 이러한 일련의 과정은 그림 3.3.2와 같이 나타낼 수 있다.

그림 3.3.2 농림축산식품부 공공데이터포털 목표 구성도

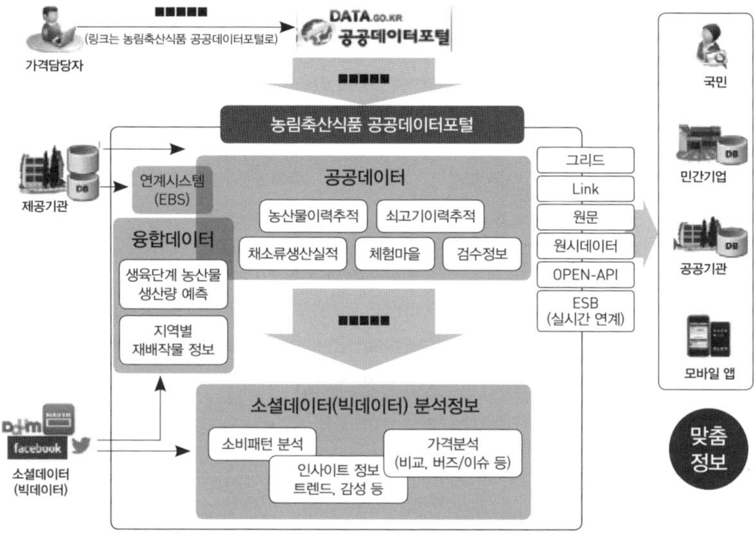

자료: 농림수산식품교육문화 정보원

스마트 팜? 네덜란드도 한다! 그렇다면 앞으로 우리나라는?

현재 우리나라를 포함하여 전 세계적으로 경제의 고도화가 진행되어 경제 성장세가 줄어들었으나, 4차 산업혁명을 통해 다양한 분야에서 부가가치를 찾아 ICT 등의 정보기술을 적용하는 등의 시도가 일어나고 있다. 1차 산업인 농수산 및 축산업은 ICT 및 자동화 기술 등 진보된 기술을 적용한다면 효율성이 증가하여 생산량이 매우 크게 증가할 여지가 충분하다. 네덜란드의 농업(화훼 농업 포함)은 네덜란드의 환경이 농업에 최적화되어 있지 않음에도 불구하고 ICT 등을 적용하여 지속적으로 생산량을 유지하여 세계적인 농업 대국으로 성장하였다. 우리나라

도 FTAFree Trade Agreement(자유무역협정) 등으로 1차 산업과 관련한 무역량이 증가함에 따라서 1차 산업의 경쟁력 강화를 목표로 1차 산업의 혁신을 주도해야 한다. 현재 스마트 팜 시스템은 전국 농축산업계로 퍼져나가고 있으며, 고령화 등으로 문제가 되었던 농촌에서는 스마트 팜 청년 창업 생태계를 조성하여 소위 '젊은 피'를 수혈하고 취업난을 해결할 실마리를 찾고 있다.

또한 스마트 팜 산업 인프라를 구축하여 빅데이터를 수집 및 활용하고, 전문인력 양성사업과 시장성 개선을 위한 다품목화를 진행하여 6차 산업의 가능성을 높이고 있다. 이러한 6차 산업화가 진행되면 스마트 팜 혁신벨리 등이 구축될 수 있으며, 농축산업에 종사하고 있는 사람들의 소득이 크게 개선되고, 일자리가 만들어지는 등의 효과를 보일 것으로 예상된다. 더하여 이전과 같이 농부, 축산업자 등이 직접 힘들게 일하는 경우는 적어지고, 자동화된 시스템과 전문적인 지식 활용으로 직종과 직업에 대한 인식이 개선될 여지도 함께 있기 때문에 큰 부가가치를 창출하고, 다양한 기회의 장으로 활용될 여지가 바로 이와 같은 농업 기술 혁신에 있다고 볼 수 있다.

이러한 6차 산업을 향한 기회의 중심에는 농림축산식품부 공공데이터 구축 및 농림수산식품교육문화정보원의 스마트 팜 지원 및 청년창업 지원사업 등이 있다. 현재 전 세계적인 추세로 본다면 한국의 스마트 팜 기술의 적용은 미진한 상태이기 때문에 더 많은 스마트 팜 플랫폼의 보급과 함께 젊은 전문인력 양성, 기존 농축산업에 종사하는 인력에 대한 재교육 등을 통해 노동력을 확보하고, 농축산물의 상품성과 생산성을 크게 증진하려는 시도가 지속적으로 필요한 실정이다. 만약 스마트 팜 농정이 지속적으로 보급된다면 한국이 신흥 농업 강국으로 성장할 가능성은 충분하다.

참고자료 및 출처

- 한국정보화진흥원. (2015). 『빅데이터 글로벌 사례집』. 미래창조과학부.
- 「농림수산식품교육문화정보원, 2018년 K-스마트팜 글로벌 비즈니스 다이얼로그 개최」. http://press.ckmnews.co.kr/newsRead.php?no=872016 에서 검색.
- 「빅데이터 분석해보니…명절선물 2030세대 '통조림' 4050세대 '고기' 선호」. http://bizn.donga.com/dongaTop/Main/3/all/20180918/92048227/2/ 에서 검색.
- 주한 덴마크대사관 홈페이지. 「농정원, 덴마크와 농업 전문인력, 스마트팜 등 협력체계 구축 – 덴마크 농업지식·정보전문기관 SEGES와 업무협약-」. http://sydkorea.um.dk/ko/korean-about-us/temp-news-list/newsdisplaypage/?newsid=d6399eb4-976f-435e-9a30-a5354840e64b/ 에서 검색.
- 농림수산식품교육문화정보원 http://www.epis.kr/index.do
- 농림축산식품부 정책홍보자료 http://www.mafra.go.kr/mafra/index.do
- 사이언스 타임즈 https://www.sciencetimes.co.kr
- 스마트팜코리아 https://www.smartfarmkorea.net/
- 『The Science Times』. (2018. 9. 18.). 「스마트 팜 기술로 '도시농부' 탄생」

제 4 장

공간의 가치를 바꾸는 스마트 오피스

- 대한민국, 행정자치부·경기도청·한국재정정보원 -

엄영호·황정윤

사례 요약

- 스마트 오피스를 통한 사고의 전환은 조직의 문제를 해결하고 새로운 가치를 창출시킬 수 있다는 점에서 새로운 혁신 모델로 주목받음.
- 스마트 오피스 구축에 의한 4대 혁신목표: ① 창의적이고 수평적인 조직문화로의 개선, ② 소통과 협업 증진을 통한 효율성의 극대화, ③ 개방적이고 유연한 업무환경의 구축, ④ ICT와의 융합.
- 공간의 가치 창출이 가져오는 조직문화의 변화가 핵심임.

서론 (개요 및 배경)

스마트 오피스는 업무에 대한 사고의 전환을 의미한다. '사무실이 내가 일하는 곳'에서 '내가 일하는 곳이 사무실'로의 개념 전환으로, 사전적 정의는 "회사에 출근하지 않고도 업무를 처리할 수 있도록 IT 시설을 구축해놓은 집 근처의 사무실을 이르는 말[1)]"을 의미한다. 물론 일을 더 많이 하기 위해서는 절대 아니다. 더 효율적으로 그리고 더 창의적으로 하기 위한 방법으로 일을 더 잘하자는 취지이다. 물론 공공부문의 특성상 출근하지 않는 원격근무를 급진적으로 진행하긴 어려웠지만, 보다 효율적이고 효과적인 공간의 활용으로 개념을 구체화하였다.

스마트 오피스, 스마트 워크 등의 개념은 미국에서 1980년대부터 논의가 시작되었으며 한국의 경우 비교적 최근 정부 부처와 공공부문으로 확대되고 있다. 중앙 및 지방 정부와 공공기관 중 대표적인 스마트 오피스 사례를 소개하고자 한다. 대표적 업무혁신 사례로 소개되는, 행정자치부와 경기도청, 한국재정정보원의 세 기관에서 시행하고 있는 스마트 오피스를 살펴보고, 공공부문에서의 스마트 오피스 구현과 함의를 고찰하고자 한다.

본론 (주요 특징)

스마트 오피스 구축을 통해 달성하고자 하는 세 기관의 목적은 무엇일까? 크게 네 가지로 정리할 수 있다. 먼저, 창의적이고 수평적인 조직문화로의 개선이다. 정부혁신을 선도하고, 일하는 방식 및 조직문화 개

1) 『시사상식사전』, 네이버지식백과 참조

선을 위해 행정자치부는 2011년 말 사무공간의 혁신을 정부 최초로 시작했다(행정자치부, 2016). 반면 경기도는 2013년 7월 22일 지방정부 최초로 수직적 사무공간에서 탈피하여, 창의적이고 수평적인 업무환경을 위해 스마트 오피스를 개소했다(행정자치부, 2016).

둘째, 소통과 협업 증진을 통한 효율성의 극대화이다. 한국재정정보원의 경우, 2016년 협업·소통 및 정보 보안의 향상을 목적으로 스마트 오피스를 설계 및 완공하였다(행정자치부, 2017). 경기도는 문화체육관광국 직원들의 업무 패턴 분석과 인터뷰를 통해 공간 레이아웃에 직원 요구사항이 반영되게끔 하였으며, 공간 활용성 극대화를 통해 소통과 협업, 효율성 증진이 가능하도록 하였다. 행정자치부 역시 정부부처 어느 곳에서나 보이던 빼곡한 파티션과 명확한 부서 경계를 허물면서 옆 사람과의 대화를 보다 편하게 만들면서 협업을 증진시키고자 하였다.

셋째, 개방적이고 유연한 업무환경의 구축이다. 행정자치부는 직급 구분 없는 수평적 좌석 배치를 실시하여, 자리만 보고는 부서장의 자리가 어디인지, 일반 직원의 자리가 어디인지 구분이 어렵게 만들었다. 부서장과도 바로 옆에서 소통하고, 구두로 수시로 보고하며, 업무에 맞춰 자리를 이동하였다. 나아가 원하는 자세로 일할 수 있도록 서서 일하는 책상을 도입하고 업무 집중도를 높일 수 있도록 하였다. 경기도 역시 개인별 사물함 지급과 공동활용공간 등의 마련을 통해 개인 자리를 조정하고, 자율좌석 예약제를 통해 좌석을 자유롭게 사용할 수 있도록 하였다. 한국재정정보원은 변동 좌석제를 통해 보다 열린 사무실을 지향하였다. 변동 좌석제로 인해 직원 간, 부서 간 언제든지 협업이 가능하게 하고, 다른 부서 직원과도 나란히 앉아서 일할 수 있게 하였다.

넷째, ICT와의 융합이다. 한국재정정보원은 보안 강화와 클라우드 스

그림 3.4.1 스마트 오피스 구현 모습

행정자치부 스마트 오피스 경기도청 스마트 오피스

자료: 행정자치부(2016)

토리지cloud storage 환경을 전면 도입하여, 말 그대로 어디서든 끊김 없는 안정적인 업무환경을 제공하였다. 책상 위의 유선전화는 없애고 스카이프 및 모바일을 통한 작업환경을 구축하였다. 경기도는 클라우드 프린팅시스템을 통해 종이량을 줄이고 전자문서화 하였으며, 데스크톱 가상화 시스템 등을 노입하였다. 행정자치부는 클라우드 저장소를 통해 자료의 공유와 축적을 통한 효율적인 활용을 강조한다. 자료 공유 및 인수인계가 쉬워지면서 업무 효율성이 높아지고 있다.

공공부문의 스마트 오피스 구축을 살펴보면, 공통적인 현상을 발견할 수 있다. 먼저, 칸막이 없애기와 수평적 자리배치 혹은 자율 좌석(변동 좌석)의 도입과 개별 사물함 제공이다. 이는 여유공간을 확보하여 업무효율성을 높이고, 휴게공간의 활용 등 인적 자산의 질 관리로 활용된다는 점에서 기존 조직구조와는 다른 차별점이라고 할 수 있다. 다음은 ICT의 융합을 통한 업무의 연속성과 안정성의 확보이다. 스카이프 등을 활용한 원거리 영상 회의를 통한 시간과 비용의 감소와 불필요한 종이 인쇄물의 감소로 자원의 낭비를 막고, 실시간적인 소통을 증진시켜 협업을 증대하는 데 기여하고 있다.

결론 (결과, 효과 및 시사점)

스마트 오피스 환경의 구현은 공간의 가치 창출이 가져오는 조직문화의 변화라고 할 수 있다. 업무에 대한 직원들의 의식 변화와 업무환경 개선과 공간 활용에 따른 업무 생산성 증대, 직원 만족도 증가가 나타났다. 무엇보다 직원들 간의 대화와 소통이 증가하고, 자유로운 의견 제시와 수평적 조직문화가 나타나기 시작했다는 점이다. 이는 한국의 공공부문이 가지고 있는 수직적이고 권위적인 조직문화를 조금씩 변화시키고 있으며, 보다 유연한 조직 구조를 만들어내고 있는 것이다.

스마트 오피스를 통한 변화의 방향은 공간, 시간, 성과, 방식의 변화가 제시될 수 있다(노규성 외, 2011; 성민경 외, 2011). 이는 무엇보다, 공유하고 협력하라는 것으로 압축될 수 있다. 미국의 경우 공유경제 비즈니스 모델을 사무공간에 적용하고 있다. 샌프란시스코에서 도입된 코워킹 스페이스coworking space는 공간을 공유하면서, 비용을 줄이고 지식공유와 네트워킹을 강조하는 스마트 오피스의 진화된 모습이 나타나고 있다(이유미·임명환, 2013).

반면, 한국 사회로의 적용에 있어서는 아직까지도 한계가 존재한다. 예쁘게 잘 꾸며진 사무실 이상의 효과를 만들어내기 위해 무엇보다 변화가 필요한 것은 조직문화의 변화일 것이다. 조직문화를 변화시키고 제도를 도입하는 것도 방법이지만, 변화된 환경에 조직문화가 발빠르게 적용할 수 있는 유연한 인식 전환을 해주는 것이 효과적일 것이다. 관료제가 가진 한계를 넘어, 공공조직에서도 보다 변화를 넘어 혁신을 이끌어내야 한다.

결론적으로 스마트 오피스는 부족한 공간과 답답한 사무실 등 공간의 문제에 보다 혁신적인 개선 방안을 도입함으로써 조직문화를 변화시킴과 동시에 조직 구성원의 만족도와 조직 전체의 업무 효율성을 증진시키는 원동력으로 작용하고 있다. 문제의 해결을 통한 새로운 가치의 창출, 여기에 모든 함의가 담겨 있다고 생각된다.

참고자료 및 출처

- 노규성 외. (2011). 『스마트워크 2.0』. 서울: 커뮤니케이션북스.
- 성민경·방선희·권성호. (2011). 「스마트워크(Smartwork)로 인한 개인생활과 업무 변화 인식에 관한 연구-스마트워크 참여자의 경험을 중심으로」. 『평생학습사회』, 7(3), 79-107.
- 이유미·임명환. (2013). 「BMC를 활용한 공유경제 기반의 스마트워크센터 모델 연구」. 『Journal of Information Technology Applications & Management』, 20(4), 165-189.
- 행정안전부. (2017). 「행정안전부 보도자료: 일 잘하는 기관, 그 비결은 공간에 있다」.
- 행정자치부. (2016). 『공간혁신 우수사례집』. 행정자치부.

제 5 장

블록체인blockchain 기술을 활용한 전자투표제도 구축

– 에스토니아, 정부 –

김도윤

사례 요약

- 에스토니아는 1999년부터 웹 기반 투표시스템을 구축하기 시작하였으며, 2007년부터 본격적으로 온라인 투표시스템을 허용함.
- 두 개의 블록체인을 활용하여 온라인 투표 시 본인을 인증하고, 투표 결과를 암호화하여 정보를 보관함으로써 온라인 익명투표를 실현함.
- 블록체인을 활용한 전자투표 도입 이후, 전체적인 투표율뿐만 아니라 고령층의 투표율도 증가함.
- 그러나 이론적으로 블록체인에 대한 공격이 가능하기 때문에, 취약한 부분을 지속으로 보완해나가고 있음.

서론 (개요 및 배경)

에스토니아는 총인구 134만 명의 소규모 국가이다. 이러한 이점을 이용해 다양한 전자민주주의 수단을 시험하고 적용해오고 있다. 에스토니아는 1999년부터 인터넷을 통한 웹 기반 투표시스템을 구축해왔다(한국인터넷정보학회, 2017). 그리고 2005년부터는 전자투표를 실시하고, 2007년부터 온라인 투표시스템을 허용했으며, 2015년에는 국회의원 선거 투표자 중 30.5%가량이 온라인 투표시스템을 사용할 정도로 온라인 전자투표가 활성화되어 있다(Bames et al., 2015).

에스토니아는 전 국민이 디지털 인증서가 삽입된 형태의 ID 카드를 소유하기 때문에 블록체인을 기반으로 한 투표시스템을 구축하는 데에 더욱 용이하였다.

본론 (내용)

에스토니아는 1997년부터 전자정부시스템을 도입하기 시작하여 2012년 정부 내 블록체인시스템을 구축하였다. 에스토니아는 전통적으로 전자정부시스템 강국이였는데, 2007년 러시아로부터 대규모 사이버 공격을 받은 이후, 블록체인 기술을 도입하여 보안성을 강화하는 데에 주력한 것이다. 이후 2012년부터는 상속등록, 공공문서, 사업자 등록, 의료정보 관리시스템 등 다양한 정부 업무에 블록체인기술을 도입하고 있다(『한국일보』, 2018. 7. 11.).

이렇게 다양한 전자정부 서비스 및 온라인투표가 활성화된 배경에는 전자신분증 시스템의 역할이 크다. 모든 에스토니아 국민은 디지털 칩이 내장된 전자신분증을 사용하는데, 이 신분증을 통해 약 2,600가지(전체 정부서비스의 99%)를 온라인에서 이용할 수 있는 것으로 알려져 있다(『한국일보』, 2018. 7. 11.).

구체적으로 에스토니아의 온라인 투표시스템 프로세스는 아래와 같다.

유권자는 개인이 소지하고 있는 카드Key를 통해 온라인 투표소에 접속하고, PIN 번호를 입력하여 본인인증을 한다. 유권자가 투표를 완료한 이후, 투표 값은 공개접속투표publicly accessible vote를 통과해 투표결과가 저장 서버에 전달되기까지 암호화되고, 투표 기간이 종료되면 네트워크가 연결되지 않은 개표서버로 전송된다(한국인터넷정보학회, 2017). 이후 서버에서 개표가 완료되면 결과가 출력되는 방식이다.

이와 같은 에스토니아의 서비스는 두 개의 별도의 블록체인을 활용한다. 하나는 유권자 등록 유무, 투표한 유권자 확인을 위한 내용을 기록하고 있으며, 다른 하나는 투표 내용을 기록한다. 이렇게 별도의 블록체인을 구성하여 투표에 활용하기 때문에 유권자의 익명성 보장에 용이하다(한국인터넷정보학회, 2017).

표 3.5.1 에스토니아 전자투표 과정

단계	설명
1단계	유권자는 카드리더기에 eID 카드를 넣고 전자투표 웹사이트에 접속
2단계	eID 카드의 PIN1을 입력하고, 서버는 PIN을 통해 등록된 유권자인지를 확인
3단계	유권자가 거주하는 선거구의 후보자가 화면 출력되고 유권자는 원하는 후보자에게 투표
4단계	유권자는 PIN2를 입력하여 자신의 투표 결과를 확인, 투표 결과는 선거위원회의 공개키로 암호화한 후 유권자의 전자서명을 포함하여 서버로 전송
5단계	유권자의 전자서명을 삭제하고, 익명의 자료를 취합하여 개표
6단계	전자투표와 실제 투표 결과를 취합하여 집계

자료: 전웅렬 외(2011)

그림 3.5.1 에스토니아의 온라인 투표시스템 구조

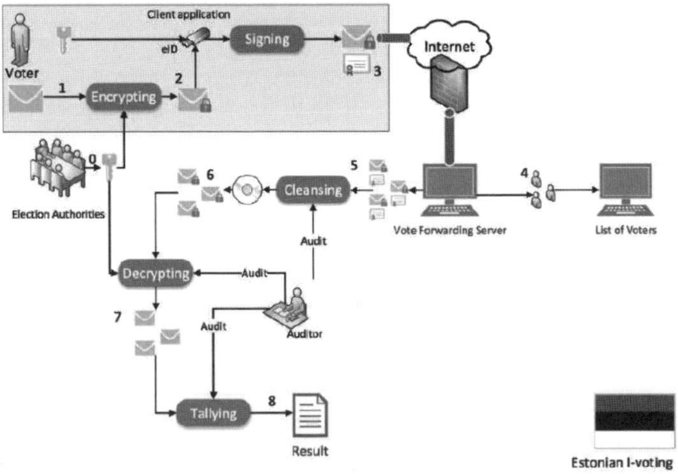

자료: Bames et al.(2015)

결론 (결과, 효과 및 시사점)

에스토니아는 블록체인 기반의 전자투표를 도입한 이후 꾸준히 전자 선거율이 높아지고 있다. 예를 들어 2007년 국회의원 선거의 전자투표율은 5.5%에 불과했으나, 2011년에는 25%까지 높아진 것으로 나타났다(한국인터넷정보학회, 2017). 게다가 2007년 전자투표에서는 젊은층뿐만 아니라 노령층의 전자투표 참여율도 크게 상승하였는데, 전체 투표 참여자 중 20대의 비율이 28.06%였던 데에 비해 60대 이상의 비율도 10.16%로 나타나 40~50대 보다 더 높은 수치를 기록하였다(전웅렬 외, 2011). 이러한 결과는 전자투표가 투표율 상승과 그에 따른 민주주의 향상에 긍정적 영향을 미칠 수 있다는 점을 시사한다. 또한 전자투표는 개표가 신속하고, 비용절감 및 장애 유권자의 접근성 향상 등의 부수적 효과도 가지고 있다.

그럼에도 불구하고 온라인 투표는 여전히 시스템의 안정성 측면에서 지속적인 보완이 필요하다. 이론적으로 블록체인에 기록된 장부를 조작할 수 있는 위협이 존재하기 때문이다. 에스토니아는 이러한 한계를 보완하기 위해 네트워크에 연결하는 노드 및 사람들의 위치를 확인하고 추적하는 보완을 강화해나가고 있다(한국정보화진흥원, 2017).

우리나라에서는 2013년 10월부터 온라인 투표시스템인 'K-voting'을 운영해오고 있다. K-voting은 중앙선거관리위원회에서 개발한 전자투표 시스템으로, PC 및 이동통신단말기를 통해 웹과 모바일 환경에서 전자 투표와 개표를 실시할 수 있도록 하는 서비스이다(한국인터넷정보학회, 2017). 현재까지는 선거관리위원회에 신청한 기관에 한하여 학교, 아파트, 마을, 협동조합 등 각종 위탁선거에 시범 적용해오고 있다. 다만, 아직까지 우리나라뿐만 아니라 여러 국가에서 온라인 투표시스템을 개발하였음에도 불구하고, 신뢰확보, 보안, 비밀보장 등의 문제 등으로 인해 국가적 선거에 활용하지 못하고 있는 실정이다.

에스토니아의 사례처럼 온라인 투표시스템에 블록체인 기술을 활용한다면, 해킹이나 데이터유실, 데이터 위·변조 등을 방지하여 투표의 신뢰도를 높일 수 있다는 장점이 있다(한국정보화진흥원, 2017). 따라서 우리나라도 장기적으로 블록체인기술 도입을 위해 법·제도적, 그리고 기술적 측면에서의 연구가 더 진행되어야 할 것으로 판단된다.

참고자료 및 출처

- 전웅렬·이윤호·원동호. (2011). 「전자투표 시스템 실용화 현황과 전망」. 『정보보호학회지』, 21(2), 83-92.
- 한국인터넷정보학회. (2017). 『블록체인 방식을 활용한 온라인 투표시스템 적용 가능성 연구』. 2017년도 선거연수원 연구용역보고서.
- 한국정보화진흥원. (2017). 「블록체인 활용 전자투표 주요사례 및 시사점」. 『한국정보화진흥원 스페셜 리포트』.
- 허경주. (2018. 7. 11.). 「블록체인 입은 전자정부 'e-에스토니아'」. 『한국일보』. http://www.hankookilbo.com/News/Read/201807101654394702 에서 검색.
- Barnes, A., Brake, C., & Perry, T. (2015). *Digital Voting with the use of Blockchain Technology*. Team Plymouth Pioneers – Plymouth University.

제 6 장

규제 혁신을 통한 드론 산업 활성화

— 미국, 연방항공국FAA, Federal Aviation Administration —

김태형

사례 요약

- 미국 정부는 다양한 이해관계자의 참여 속에서 드론 산업 관련 가이드라인을 구축하였고, 10개의 민간업체와 지방정부가 참여한 시범 프로젝트를 통해 규제의 타당성과 체계성을 확보함.
- 2017년 10월 도널드 트럼프 미국 행정부는 행정명령을 통해 드론의 운영주체가 연방항공국FAA 검사 면제를 요청할 수 있도록 파격적으로 규제를 완화함.
- 미국 정부의 규제 완화와 민간업체와 지방정부 간 연계를 통한 시험 프로젝트 사업 실시는 국내의 복잡한 드론 규제로 인해 산업 경쟁력이 약화되고 있는 시점에서 대한민국 정부에 큰 시사점을 제시함.
- 우리 정부는 국내 드론 산업계의 규제 완화 요구에 발맞춰 세계 시장에서 경쟁력을 확보할 수 있도록 정부 차원에서 실효성 있는 제도적 지원을 하고, 산업계 및 이해관계자들과의 커뮤니케이션을 활발히 지속해나갈 필요성이 있음.

세계 드론 시장의 발전과 평창 동계올림픽 개막식의 드론 오륜기

세계 드론 시장은 드론기술의 발전과 함께 급격한 성장을 지속하고 있다. 2018년 3월 글로벌 시장조사업체인 카운터포인트리서치Counterpoint Research는 "세계 드론 시장의 규모가 산업용 드론의 빠른 성장세에 힘입어 올해 45%까지 증가하고 2020년에는 현재의 3배 규모에 달하는 7억 달러(약 한화 기준 7,477억 원)까지 성장할 것"으로 예측하였다. 그뿐 아니라 시장조사기관인 얼라이드 마켓 리서치Allied Market Research 보고서에 따르면 세계 상업용 드론 시장은 2022년까지 107억 3,800만 달러(약 11조 5,487억 원)에 이를 것으로 전망되었다. 즉, 세계 상업용 드론 시장의 규모가 매년 26.2% 증가하여 이 같은 규모로까지 커질 수 있다는 예측이다(『전자신문』, 2018. 6. 7.).

이러한 드론 시장의 중요성이 국민들에게 더욱 강렬하게 다가오게 된 계기는 2018년 2월에 개최된 평창 동계올림픽의 개막식에서 인텔Intel의 슈팅스타를 활용한 드론쇼를 통해 장관을 펼친 것이다. 평창 동계올림

그림 3.6.1 평창 동계올림픽 개막식의 드론 오륜기

자료: 인텔(Intel) 홈페이지

픽에서 사용된 인텔의 슈팅스타 드론은 총 1,218대로 최대 무인항공기 공중 동시 비행 부문에서, 인텔이 2016년 독일에서 500대의 드론을 비행한 종전 기록을 깨고 기네스 세계 기록을 경신하였다. 한국에서 개최된 올림픽에서 드론 오륜기가 화제가 된 만큼이나 자국의 드론이 아닌 인텔의 드론을 활용했다는 점이 우리의 드론 산업계와 국민들에게 더 큰 아쉬움을 남기고 있다. 이는 드론 시장의 성장을 저해하는 요인이 바로 우리 정부의 규제 때문이라는 산업계의 지적이 있기 때문이다. 이에 따라 드론 시장을 주도하고 있는 미국이 정부 차원에서 어떤 지원을 하고 있는지를 살펴봄으로써 우리 정부에 시사점을 제시하고자 한다.

미국 정부의 드론 산업 활성화를 위한 규제 완화와 업무 혁신

얼라이드 마켓 리서치 보고에서는 드론 기술 관련 연구개발R&D, Research and Development 투자 확대에 따른 혁신기술·도구 개발 덕분에 상업용 드론 시장이 성장할 것이라고 분석하였다. 2014년을 기준으로 했을 때 북미 시장이 세계 시장 매출 가운데 약 39% 점유율을 차지한 가장 큰 드론 시장이었다. 반면에 앞으로는 인도, 중국, 일본, 호주 등의 국가를 중심으로 미디어 엔터테인먼트 산업, 정밀 농업, 건설 등의 부문에서 드론 활용이 증가하여 연간 29.6% 시장 규모가 확대될 것으로 예상하였다. 드론 시장 성장의 저해요인으로는 정부의 규제, 위성 이미지 사용 증가 등을 제시하였다. 보고서에서는 "보안·개인 정보 보호에 관한 정부 규제와 드론 촬영 이미지를 대체할 수 있는 위성 이미지 사용은 시장 성장을 방해할 것이다."라고 주장하였고, "하지만 다양한 산업으로 응용 분야가 확대되면서 드론 시장 성장에 유리한 기회가 창출

될 것이다."라고 설명하였다.

미국은 2015년부터 정부, 관련 기관, 드론 민간사업자 등의 전문가와 이해관계자들이 참여한 테스크 포스TF, Task Force를 구성하여 소형 드론에 관한 규제에 대한 논의를 지속해왔다. 이후 미국의 연방항공국FAA, Federal Aviation Administration은 2016년 6월 21일 소형 드론 규제The Small Unmanned Aircraft Regulation/Rules를 발표하였다. 이와 같이 드론 산업의 다양한 이해관계자의 참여 속에서 구축된 가이드라인은 드론 산업의 글로벌 경쟁력을 강화하고 국제표준을 선도할 수 있는 계기를 마련하였다.

이후 2017년 10월 도널드 트럼프 미국 행정부는 행정명령을 통해 드론의 운영주체가 연방항공국 검사 면제를 요청할 수 있도록 파격적으로 규제를 완화하였다. 그뿐 아니라 미 교통부 산하 연방항공국은 2018년 5월 드론 관련 규제를 완화하기 위해 사전 단계로 10개의 드론 시험 프로젝트를 인텔, MSMicrosoft, 알파벳Alphabet Inc., 퀄컴Qualcomm, 우버Uber 등의 민간업체와 함께 수행하였다. 이 과정에서 미 교통부는 드론 상거래 급성장에 대비하여 10개 주를 대상으로 드론 테스트 프로그램을 실시하였다. 이 프로젝트는 '무인비행시스템 통합프로그램UAS Integration Program'이며 신청된 149개의 응용 프로그램 가운데에서 선정하였다. 이 드론 시험 프로젝트를 샌디에이고, 노스캐롤라이나, 캔자스 토피카, 네바다 리노 등 10곳의 지방자치단체가 수용하였고, 이로 인해 미국 드론업계가 드론을 활용한 산업혁명을 가속화하게 될 것이라는 기대가 고조되고 있다. 또한 10개의 시범 드론 프로젝트에 참여하는 민간업체들은 프로젝트를 수행하는 과정에서 향후 트럼프 행정부의 드론 규제 방식 및 완화에 대해 타 경쟁사보다 더 많은 발언권을 갖게 된다.

연방항공국은 향후 이 프로젝트에서 도출된 데이터를 활용하여 드론 비행의 확대를 모색하고, 드론 산업이 국가와 지방정부 간 이익을 균형 있게 조정하는 방법을 시험하게 된다(『키뉴스』, 2018. 5. 14.).

우리나라 드론 산업의 현주소와 우려의 목소리

이와는 대조적으로 우리나라의 경우 복잡한 규제 속에서 드론 산업이 경쟁력을 잃어가고 있다. 반면에 미국과 중국은 농약 살포, 식품 배달, 택배 등 실생활을 드론 산업에 접목시키는 실용화 단계에 있다. 국내 드론 산업계에서는 '경쟁 속도 향상'을 이유로 일관되게 규제 완화를 요구해왔고, 드론 관련 규제가 필요한 서류를 마련하는 과정에서 지연되는 시간 소모로 인해 드론 강대국의 발전 속도를 따라갈 수 없게 되었다고 문제점을 지적하고 있다. 2018년 6월 우리 정부도 국토해양부 산하 기관인 항공안전기술원을 통해 규제 완화 기준을 탐색할 샌드박스 시범 사업자를 선정하였다. 우리 정부도 규제 완화를 위한 노력을 하고 있지만 업계로부터 입법이나 시행령 등의 제도적 뒷받침이 없는 규제 완화가 유명무실하다는 지적을 받고 있다(『ZDNet Korea』, 2018. 7. 25.). 미국의 드론 산업과 관련한 규제 완화와 민간업체 참여를 통한 시험 프로젝트는 우리나라 정부에 큰 시사점을 제시해주고 있다.

우리 정부는 5년간 9조 원을 투입하여 드론 시장 규모를 확대할 계획이다. 또한 과학기술정보통신부가 2017년에 빅데이터, 인공지능, 자율주행차, 드론 등 13개 분야를 혁신성장동력 분야로 선정하는 등 드론 시장에 대한 정부의 관심은 이어지고 있다. 2018년 6월 5일, 국토교통부는 드론산업육성법 제정을 위한 드론산업발전 심포지엄을 개최하여 드론산업의 체계적 지원과 정부의 정책기조를 이어나가기 위한 법적 기반 구축을 위한 필요성과 시급성을 강조한 바 있다(『투데이 코리아』, 2018. 6. 8.). 이러한 정부의 노력에 비해 산업계에서는 제도의 실효성이 떨어진다는 지적과 다른 정부의 규제 완화를 본받아야 한다는 평가를 내리고 있다.

한편에서는 드론 산업에 대한 환상이 아닌 객관적인 전망과 분석이 필요하다는 지적이 나타나고 있다. (사)한국드론산업협회의 설동성 고문은 드론에 대해 긍정적인 측면과 부정적인 측면이 동시에 존재한다는 것을 명확하게 인식하고 객관적인 시각으로 준비해야 한다고 설명하고 있다. 4차 산업혁명으로 인해 드론을 활용한 신사업이 등장하고, 대표적으로 활용 가능한 분야로 손꼽히는 것이 촬영, 측량, 환경, 감시, 인명구조, 화재진화 등이 있다. 드론택배 기술 또한 유망 분야로 제시되고 있다. 그뿐 아니라 정부부처나 공공기관, 그리고 지방자치단체 차원에서도 드론 페스티벌을 개최하며 드론 대중화를 중점으로 한 사업을 경쟁적으로 시도하고 있다. 이러한 한국의 상황에서 설동성 고문이 지적한 사항은 드론업계 현황에 대한 면밀한 실태조사가 미비한 것과 정부지원이 비효율적으로 이루어지고 있는 점, 규제정비와 자격증제도의 허술함, 드론행사의 획일성, 드론대중화를 위한 비행장소와 같은 인프라가 부족한 점, 드론 관련 간담회의 실효성 등이 있다(『서울경제』, 2019. 1. 8.). 이와 같이 현 상황에 대한 면밀한 진단과 이에 따른 대처가 필요하다는 지적이다.

미국 정부의 규제혁신이 한국 정부에 주는 시사점

앞에서 살펴본 바와 같이 미국 정부는 드론 산업의 활성화를 모색하는 과정에서 민간업체의 적극적인 참여를 통해 규제의 현실성과 체계성을 확보하였다. 그뿐 아니라 지방정부의 자발적인 참여를 이끌어낸 점도 주목할 만하다. 무엇보다 세계 시장에서 급성장하고 있는 드론 산업의 규모에 발맞춰 정부가 혁신적으로 규제 완화를 모색하고 있다는 점에서 한국 정부에 주는 시사점이 크다고 할 수 있다. 특히 국내의 드론 산업계에서는 경쟁력 확보를 위한 규제 완화를 정부 측에 요구해왔고, 정부 또한 규제 완화를 위한 노력을 기울이고 있지만 제도적 뒷받침이 없는 규제 완화로 인한 실효성 문제가 제기되고 있다. 시장조사기관인 얼라이드 마켓 리서치 보고서에서도 정부 규제와 위성 이미지 사용 증가 등의 요인을 드론 시장의 성장을 저해하는 주요 요인으로 지적하고 있다. 또한 중국 정부가 '네거티브 규제(원칙적 허용, 예외 규제)'를 통해 드론 산업의 활성화 정책을 지원하고 있고, 미국 행정부가 행정명령을 통해 드론 운용주체가 연방항공국 검사 면제를 요청하도록 규제 완화를 하여 드론 산업에 적극적으로 규제완화정책을 펼치고 있는 것은 우리 정부가 주시해야 할 점이기도 하다(『투데이 코리아』, 2018. 6. 8.). 이러한 상황을 타개하고 세계 시장에서 우리나라 드론 산업계가 경쟁력을 확보하기 위해서는 한국 정부의 제도적 지원이 가장 우선적으로 이뤄져야 한다. 산업계의 요구를 수용하여 정부 차원의 규제 완화와 더불어 지원할 수 있는 방안을 함께 모색해나간다면, 미국과 중국 위주의 드론 시장에서 한국의 기업들도 경쟁력을 확보하여 세계 시장에서 경쟁을 해나갈 수 있을 것으로 전망한다. 그러나 전문가의 지적과 같이 드론 시장에 대한 핑크빛 미래만을 전망할 것이 아니라 안전과 보완의 측면에서 드론이 가지고 있는 부정적인 측면도 함께 고려해나가면서 국민들의 공감대를 반영하여 법 체계를 정비하고 인프라를 확보해나가야 할 것이다.

참고자료 및 출처

- 권봉석. (2018. 7. 25.). 「소비자 울고 제조사도 울고...복잡한 드론 규제」. 『ZDNet Korea』. http://www.zdnet.co.kr/news/news_view.asp?artice_id=20180723172835&type=det&re=zdk 에서 검색.
- 설동성. (2019. 1. 8.). 「사외칼럼. '1인 1드론 시대? 드론에 대한 환상을 버리자'」. 『서울경제』. https://www.sedaily.com/NewsView/1VDYHOWVIP 에서 검색.
- 오대석. (2018. 6. 7.). 「세계 드론 시장 2022년까지 100억달러 돌파할 것」. 『전자신문』. http://www.etnews.com/20180607000079 에서 검색.
- 이재구. (2018. 5. 14.). 「美정부, 드론 '규제완화 프로젝트' 참여업체 발표... 희비 엇갈린 IT거인들 역할은?」. 『키뉴스』. http://www.kinews.net/news/articleView.html?idxno=119672 에서 검색.
- 정보통신기술진흥센터. (2016). 『미국과 중국의 드론 규제 현황 조사분석』, 2016년 제15호.
- 조민호. (2018. 6. 7.). 「얼라이드 마켓, '세계 드론 시장, 2022년까지 100억달러 돌파 예상'」. 『비즈월드』. http://www.bizwnews.com/archives/2084 에서 검색.
- 최한결. (2018. 6. 8.). 「드론 규제 벗고 날아 오를까...'현실, 녹록치 않아'」. 『투데이코리아』. http://www.todaykorea.co.kr/news/view.php?no=254008 에서 검색.

제 7 장

오픈데이터에 기반한 성과관리제도

– 영국, 중앙정부 –

유나리

사례 요약

- 영국 중앙정부는 'Transparency | Number10.gov.uk' 사이트를 활용하여 모든 데이터(법에서 예외가 보장된 것을 제외)를 공개함.
- 업무행위의 결과로서의 효과성 평가를 위하여 필요한 영향력 지표들을 미리 선정하되 개방된 데이터들을 이용하여 국민들이 스스로 판단하게 함.
- 오픈데이터라는 정책기조를 최대한 활용하여 국민들로 하여금 정부와 부처가 얼마나 일을 잘하고 있는지에 대하여 정부 스스로의 직접평가 대신 국민에 의한 간접적인 성과평가를 가능하게 함으로써 민주적 책임성을 강화함.
- 오픈데이터가 추구하는 개방성과 투명성을 성과평가의 영역에 대입한 것이라는 점에서 의미가 있음.

개요 및 배경

본 사례는 영국 정부가 오픈데이터와 빅데이터를 통하여 성과평가 부문에서 추진한 업무혁신에 관하여 살펴보고자 선정하였다.

영국의 성과관리제도는 2010년, 제2차 세계대전 이후 최초의 연립정부가 들어서면서 기존 「공공서비스 협약Public Service Agreement, PSA」에 근거한 성과관리제도가 '공공부문 투명성 제도Public Sector Transparency Framework'로 변화하게 되었다. 이를 통하여 다부처 성과목표 중심, 공공서비스 협약의 형태가 부처별 성과관리로 전환되었다.

영국 성과관리제도의 변화는 정권의 교체뿐 아니라 재정위기에 대응하기 위한 성과관리라는 목적을 반영하고 있다. 연립정부는 지난 정부의 공공서비스 협약이 지나치게 복잡한 하향식 성과관리제도이며 정치적으로 설정된 목표를 지나치게 많이 가지고 있었다고 비판하였다. 이에 따라 재정위기로 인해 감소된 재원하에서 정부 서비스의 질을 유지하기 위해 부처별 성과관리를 강화하고 조직의 구조개혁과 효율성 개선에 초점을 두는 방향으로 제도를 변화시킨 것이다.

2010년 포괄적 지출검토Comprehensive Spending Review, CSR에서는 악화되는 재정상황을 개선하기 위한 계획과 함께, 감소된 재정지출로도 사업의 효과성을 유지하기 위해 부처별 비즈니스 계획Departmental Business Plan을 포함하고 있다. 부처별 비즈니스 계획은 부처별 비전, 부처의 정책 우선순위, 구조개혁 방안(감소된 예산으로 사업의 효과를 유지 또는 향상시킬 개혁 방안), 부처의 지출 내용, 투명성(정보 전략, 투입 관련 정보, 서비스나 사업의 효과성) 등의 내용을 포함한다.

특징

이전 정부가 공공서비스 협약을 근간으로, 재무부와 총리실에서 중앙집권적 평가를 실시하였다면, 새로운 제도에 따라 각 부처가 자율적으로 성과목표 및 지표를 설정하고, 성과관리와 평가를 시행한다. 평가의 대상은 비즈니스 계획Business Plan에 있는, 기관들이 자율적으로 선정한 연간 수행할 업무활동(액션플랜 등)이다. 개별 부처는 자율적으로 평가업무를 수행하고, 평가결과를 전면적으로 공개하게 된다.

영국의 특징은 중간점검 즉, 분기별 모니터링을 통해 수집한 성과정보를 대중에게 공개함으로써 투명성을 개선하고자 했다는 점이다. 공

표 3.7.1 영국 모니터링보고서 예시

1) 목표별 진행상황 검토 결과(예시, 발췌)

번호	목표	상황
4.8.vi.	• 장기적 지속가능한 전략의 정의 및 전달: 정의된 프로그램 전달에 대한 모니터링	진행 중
4.8.vi.	• 장기적 지속가능한 전략의 정의 및 전달: 지속가능한 개발의 하위 전략 목표와 목표 달성도	진행 중

2) 현재 지연과업에 대한 상세설명

(1) 5,000명까지 해군 인력 규모 감소	미완결	감축프로세스 일정이 부처의 1년 자원을 가장 효과적으로 관리할 수 있는 방식으로 조정되었으며, 6월까지 완료 예정
(2) 7,000명까지 육군 인력 규모 감소	미완결	
(3) 5,000명까지 공군 인력 규모 감소	미완결	

3) 기존 지연과업에 대한 설명

지연과업	이유
• 퇴역군인을 위한 24시간 지원라인 운영 시작	보건부(DH)는 Combat Stress(전달 파트너)와 밀접하게 관련된 지원라인의 구축이 필요. Combat Stress는 올해 1월까지 지원라인을 구축할 것을 예상하고 있으므로, 이와 연계를 위해 프로세스를 조정함

자료: MoD(2012); MoD(2010)

개되는 자료는 분기별·연도별로 종합한 엑셀 파일의 형태로 제시된다. 구체적인 성과정보의 내용은 고객의 만족도 조사(설문) 결과, 기타 성과에 대한 통계자료 등이다(윤수재, 2017).

이때부터 성과평가의 경향이 정부에 대한 책임성을 묻는 데이터 중심의 타깃형 관리에서 벗어나기 시작한 것으로 볼 수 있다(강정석, 2015). 즉, 캐머런David Cameron 정부는 실제 세계에서 일어나는 눈에 보이는 산출이나 효과를 목표target의 형태로 직접 측정하려는 것이 아니라, 정부가 하고자 하는 활동들이 기한deadline 이전에 제대로 끝마쳐졌는지를 측정하는 것이 중요한 개념이라고 보았다. 그리고, 정부가 아니라 국민들이 그러한 활동이 성공적이었는지를 판단하도록 해야 한다고 설정하였다(황혜신, 2013). 여기서 가장 중요한 개념은 민주적 책임성이다.

한편, 영국 정부 부처들이 제시하는 구체적인 성과평가 지표의 내용이 빅데이터를 직접적으로 다루고 있는지를 살펴보면, 영국 정부 기관들의 성과지표 가운데 빅데이터를 활용하는, 새로운 패턴과 트렌드의 탐색 및 통찰력의 제공, 알려지지 않았던 상관관계의 발견 등이 가능하다고 할 수 있는 지표는 찾기 어려웠다고 볼 수 있다(강정석, 2015).

하지만, 영국의 성과관리제도가 빅데이터와 직접적인 연계는 아닐지라도, 정부가 가진 모든 데이터를 대중에게 공개하는 오픈데이터가 평가의 근원이 되며, 여기에 담겨 있는 많은 데이터들(빅데이터를 포함)을 시민들이 직접 평가할 수 있는 근거를 제공하였다는 데 있다. 또 다른 부분은 평가의 결과를 다양한 데이터를 활용하여 시각적으로 알기 쉽게 제시할 수 있다는 것이며, 이는 빅데이터가 가장 중요시하는 시각적 패턴화에 기반한 통찰력을 제공하는 형태로 나타날 수 있다.

영국의 비영리기관인 Institute for Government는 정부가 제공하는 데

그림 3.7.1 영국 각 부처별 주요 프로젝트 진행 결과

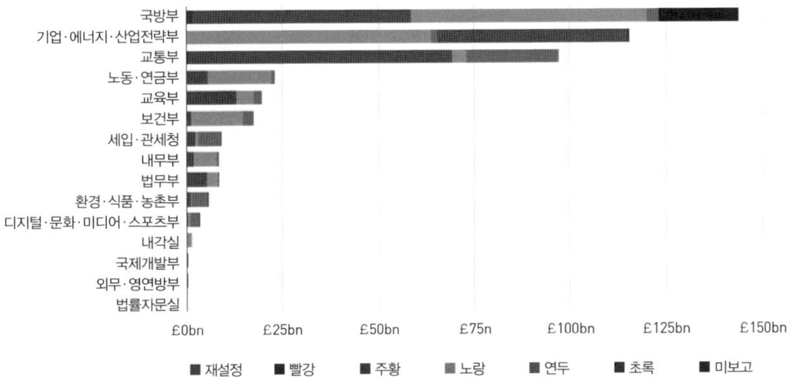

자료: Freeguard et al., (2018); Institute for Government analysis of Infrastructure and Projects Authority annual report, 2017. Data as of previous September.
주: 초록에서 빨강으로 갈수록 프로젝트가 성공적으로 완료될 가능성이 낮아짐

이터를 이용하여 이와 같은 형태의 작업을 수행하고, 그 결과를 2013년부터 매년 *Whitehall Monitor*라는 보고서로 출간하고 있다(Freeguard et al., 2018). 동 보고서는 수많은 평가결과를 대부분 한 장의 그림으로 압축하여 놓았으며, 이 그림들은 하나의 주제에 관해 모든 부처의 현황을 한 번에 알 수 있도록 하는 것을 목표로 하고 있다(그림 3.7.1 참조).

이들 보고서는 영국 내각 정부에 관한 성과보고서의 성격을 지니고 있다. 영국 정부의 오픈데이터를 적극적으로 활용하고 있다는 점, 그리고 대부분의 평가결과들을 그래픽을 활용하여 대중들에게 쉽게 이해될 수 있는 형태로 제시하고 있다는 점, 그리고 이로 인해 영국 정부의 평가를 (해당 기관의 시각에서) 한눈에 볼 수 있도록 하고 있다는 점이 그 특징이다.

물론 이와 같은 평가가 정부에 의하여 직접 이루어지지 않고 비영리

기관이나 의지를 가진 시민들에 의해서만 이루어질 수 있다는 점은 큰 한계라고 할 수 있다. 그러나, 모든 가용한 데이터를 공개하는 것을 강력하게 추진하는 오픈데이터에 기반하여 각 부처의 성과를 자유롭게 비교할 수 있는 환경이 제공된다는 점에서 의의가 있다(강정석, 2015).

시사점

결국 영국 정부는 오픈데이터라는 정책기조를 최대한 활용하여 국민들로 하여금 영국 정부와 부처의 성과를 이해할 수 있도록 하는 민주적 책임성을 강조하였다. 구체적인 정책효과에 대한 입증을 정부가 스스로 혹은 자의적으로 하지 않고 있다는 점이 특징적이다. 물론, 이러한 평가가 각 부처가 정책을 통하여 거두는 실질적인 효과를 측정하고 있는가의 측면에서는 한계가 있다고 볼 수 있다. 정부 부처가 얼마나 일을 잘했는가에 대한 직접적인 성과평가의 개념이라기보다는 간접적으로 접근하게 되기 때문이다.

하지만 오픈데이터가 추구하는 개방성과 투명성을 성과평가의 영역에 활용한 것이라는 점에서 의미가 있는 사례이다.

참고자료 및 출처

- 강정석. (2015). 『정부업무평가에서 빅데이터 활용방안 연구』. 서울: 한국행정연구원.
- 윤수재. (2017). 『정부 성과관리 프로세스 진단 및 개선방안 연구』. 서울: 한국행정연구원.
- 황혜신. (2013). 『해외사례 비교·분석을 통한 한국 정부업무평가제도의 개선방안 연구』. 서울: 한국행정연구원.
- Freeguard, G., Campbell, L., Cheung, A., Lilly, A., & Baker, C. (2018). *Whitehall Monitor 2018: The General Election, Brexit and beyond*. London: Institute for Government.
- MoD. (2010). *Structural Reform Plan Monthly Implementation Update*. November 2010. Ministry of Defence(UK).
- MoD. (2012). *Business Plan: May 2012*. Ministry of Defence(UK).
- http://webarchive.nationalarchives.gov.uk/*/http://transparency.number10.gov.uk/ (접속일: 2018. 8. 31.)

제 8 장

웹 기반의 비대면 약식기성검사제도와 하도급지킴이

– 대한민국, 한국환경공단·한국도로공사·조달청 –

지수호

사례 요약

- 기존의 기성검사제도에서는 검사기간 14일, 대가 지급기간 5일로 총 19일이 소요되며, 7종의 서류가 5부씩 필요하기 때문에 시간과 비용이 많이 소요됨.
- 한국환경공단과 한국도로공사는 이에 대한 혁신이 필요함을 인식, 기성검사제도와 관련된 법령과 규정을 검토하여 약식기성검사제도를 마련하였고, 웹을 통한 비대면 약식기성검사제도를 시행함.
- 웹 기반의 약식기성검사제도는 검사에 소요되는 기간과 검사를 준비하는 데 소요되는 시간과 비용을 줄일 수 있으며 비대면 약식기성검사로 기성금 지출금액이 지속적으로 상승, 검사자와 피검사자 간의 대면기회를 줄여 부패접점을 최소화하고 이로 인해 부패요인을 차단함.
- 그러나 하도급자는 웹 기반의 비대면 약식기성검사제도의 활용에 제약이 존재하며 이로 인해 원도급자와 하도급자 간의 불공정 거래가 발생함. 이를 개선하고자 조달청은 '하도급지킴이' 프로그램을 실행하였고 발주자는 전자적으로 도급자-하도급자 간 불공정 거래를 모니터링할 수 있음.

기성검사와 약식기성검사제도의 필요성

기성검사란 계약조건에 의하여 부분급을 지급하거나 또는 사정에 의하여 기성부분을 우선 인계인수를 해야 하거나 기타 필요한 경우에 행하는 검사로, 「국가계약법 시행령」 제55조[1] 및 제58조[2]에 따르면, 기성검사에 드는 기간은 신청에서 대가지급까지는 19일이 소요된다. 또한 국토교통부 훈령 제28호 「건설공사 감독자 및 공사관리관 업무지침」 제52조에 따르면, 기성검사를 위해서는 ① 기성부분 내역서, ② 시공 후 매몰부분에 대한 검시기록 서류 및 시공 당시의 사진, ③ 품질시험·검사성과 총괄표, ④ 주요자재 수불부 및 발생품 정리부, ⑤ 사업안전보건관리비 및 환경보전비 사용내역서, ⑥ 그 밖에 기성부분을 입증하는 사항, ⑦ 기타 공사감독자 또는 검사원이 필요하다고 인정하는 서류가 필요하며 위의 서류를 각 5부씩 제본하여 제출하여야 한다(한국환경공단, 2015).

따라서 이러한 서류를 작성하는 기간 등의 기성검사를 위한 준비기간을 고려하면 기성검사에 소요되는 기간은 19일보다 늘어날 것이며 하도급자까지는 더욱 길어질 수밖에 없고, 오랜 기간이 소요되는 많은 행정절차와 수많은 행정서류는 도급자와 하도급자에게는 많은 부담이 될 수밖에 없다.

---

1) 「국가계약법 시행령」 제55조

① 법 제14조1항의 규정에 의한 검사는 계약상대자로부터 당해 계약의 이행을 완료한 사실을 통지받은 날부터 14일 이내에 완료하여야 한다. 다만, 기획재정부장관이 정하는 경우에는 7일의 범위 내에서 그 검사기간을 연장할 수 있다.

2) 「국가계약법 시행령」 제58조

① 법 제15조2항에 따라 국고의 부담이 되는 계약의 대가는 제55조에 따른 검사를 완료한 후 계약상대자의 청구를 받은 날부터 5일 이내에 지급하여야 한다. 이 경우 계약당사자와 합의하여 5일을 초과하지 아니하는 범위에서 대가의 지급기한을 연장할 수 있는 특약을 정할 수 있다.

그림 3.8.1 기성검사제도 과정

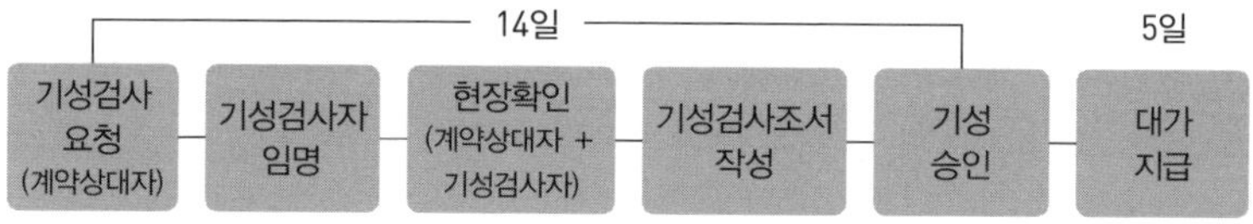

자료: 한국환경공단. (2015). 「2015년 경영우수사례(BP) [웹(KecoPMIS)을 통한 고객의 시간과 비용을 찾아 주多]」.

한국환경공단의 약식기성검사제도와 웹KecoPMIS 활용

한국환경공단은 기성검사에 많은 기간이 소요되게 하는 행정절차와 서류 축소의 필요성을 느끼고 이를 위해 관련 법령과 규정을 검토하기 시작하였다.

기성검사와 관련된 법령과 규정은 위에서 언급하였듯이, 국가를 당사자로 하는 계약에 관한 법률, 건설공사감독자 및 공사관리관 업무지침 등이 있는데, 한국환경공단은 이러한 법령과 규정을 검토한 후 기성검사에 필요한 행정서류 중 도급자가 이미 한국환경공단에 제출한 행정서류로 대체 가능한 서류와 행정절차 중 생략이 가능한 것이 있는지 등을 검토하였고 이러한 검토의 결과로 「약식기성검사제도 시행(안)」을 마련, 2013년 7월부터 시행하였다(한국환경공단, 2015).

여기서 더 나아가, 2014년 9월부터 한국환경공단은 공단 웹을 시공사에 개방·공유함으로써 시공사가 매일 공단 웹을 통해 공사물량을 입력하고 감독자가 이를 확인하여 공사일지를 작성하는 웹(KecoPMIS)을 통해 비대면으로 진행되는 약식기성검사제도를 시행하였다(최정규, 2016; 한국환경공단, 2015).

그림 3.8.2 한국환경공단의 웹(KecoPMIS)을 통한 비대면 약식기성검사제도 과정

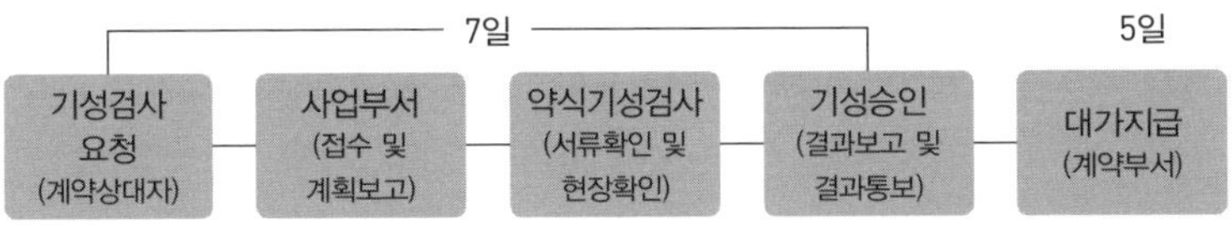

자료: 한국환경공단. (2015). 「2015년 경영우수사례(BP) [웹(KecoPMIS)을 통한 고객의 시간과 비용을 찾아 주多]」.

한국도로공사의 정보화 기반 비대면 약식기성검사제도

한국도로공사는 한국환경공단보다 먼저 정보화 기반의 비대면 기성검사제도를 운영하여 왔다. 한국도로공사는 정보화 기반 비대면 약식기성검사 실행을 통하여 시공사가 한국도로공사가 관리하는 고속도로 건설현장에서 약식기성검사를 신청할 경우에는 검사기간이 2일 소요되며 기존의 법정 소요기간인 19일보다 17일을 단축시켰다(강주남, 2012).

한국도로공사의 정보화 기반 비대면 약식기성검사제도 역시 한국환경

그림 3.8.3 한국도로공사의 정보화 기반 비대면 약식기성검사제도 과정

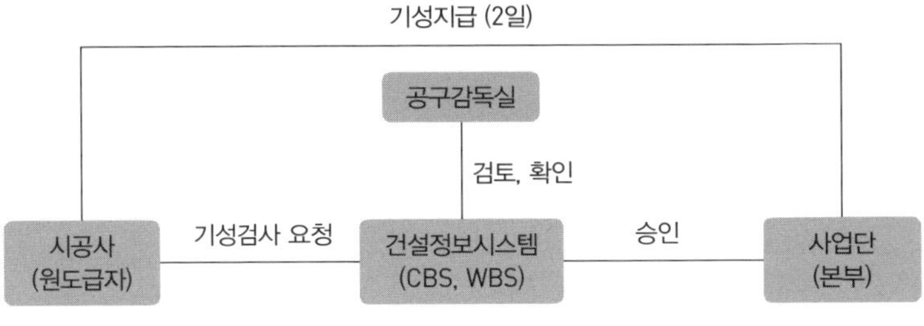

자료: 이태영. (2012. 4. 8). 「건설정보시스템구축... 공사대금 2일 만에 '지급'」.

공단의 웹(KecoPMIS)을 통한 비대면 약식기성검사제도와 마찬가지로 시공사가 시스템에 매일 공사물량을 입력, 감독원의 확인을 거쳐 공사일지가 작성되며 이렇게 축적된 물량이 기성검사에 쓰일 수 있다(이태영, 2012).

한국환경공단과 한국도로공사의 웹 기반 비대면 약식기성검사제도의 효과

웹을 통한 비대면 약식기성검사는 다음과 같은 효과를 가져왔다. 첫째로, 기간의 단축이다. 한국환경공단은 웹을 통한 비대면 약식기성검사제도 시행 후, 기존의 법정 소요기간이 19일이던 기성검사가 약식기성검사의 실시를 통하여 12일로 줄어들어 기성검사 기간을 7일 단축시켰다. 한국도로공사의 경우에는 웹 기반 비대면 약식기성검사제도를 실행한 후 기성검사제도 소요기간이 법정 소요기간인 19일보다 17일을 단축시킨 2일이 되었다(이태영, 2012).

둘째로, 행정서류의 감소이다. 위에서 언급하였듯이, 기존의 기성검사에서는 7종의 서류(기성부분내역서, 시공 후 매몰부분에 대한 검시기록 서류 및 시공 당시의 사진, 품질시험·검사 성과 총괄표, 주요자재 수불부 및 발생품 정리부, 사업안전보건관리비 및 환경보전비 사용내역서, 그 밖에 기성부분을 입증하는 사항, 기타 공사감독자 또는 검사원이 필요하다고 인정하는 서류) 각 5부씩 총 35부를 제본하여 제출하여야 했지만, 약식기성검사에서는 2종의 서류(기성검사내역서, 그 밖에 기성부분을 입증하는 사항) 각 5부씩 총 10부만 제출하면 되어 제출해야 하는 서류가 크게 줄어들었다.

셋째로, 행정서류 제출에 드는 비용과 시간이 크게 줄어들었다. 약식기성검사를 통해 시공사에게 많은 부담이 되었던 행정서류 작성에 소요되는 시간이 크게 줄어들었다면, 이러한 약식기성검사가 웹을 통해 비대면으로 진행되면서 필요한 행정서류를 제출하는 데 비용과 시간이 들지 않게 되었으며 검사자와 피검사자 간 대면기회가 최소화되어 도급자의 부담을 경감시켜 도급자의 만족도를 높일 수 있었다(이태영, 2012; 최정규, 2016; 한국환경공단, 2015).

넷째로, 청렴성이 증가하였다. 웹을 통해 비대면으로 기성검사가 실행되기 때문에 검사자와 피검사자 간 부패접점이 최소화되어 부패요인을 차단할 수 있게 되었다.

마지막으로 다섯째, 한국환경공단의 경우에는 웹을 통한 비대면 약식기성검사제도가 실행된 이후 기성지출금액은 지속적으로 증가하였다(한국환경공단, 2015).

그림 3.8.4 한국환경공단의 웹(KecoPMIS)을 통한 비대면 약식기성검사제도 실행의 효과

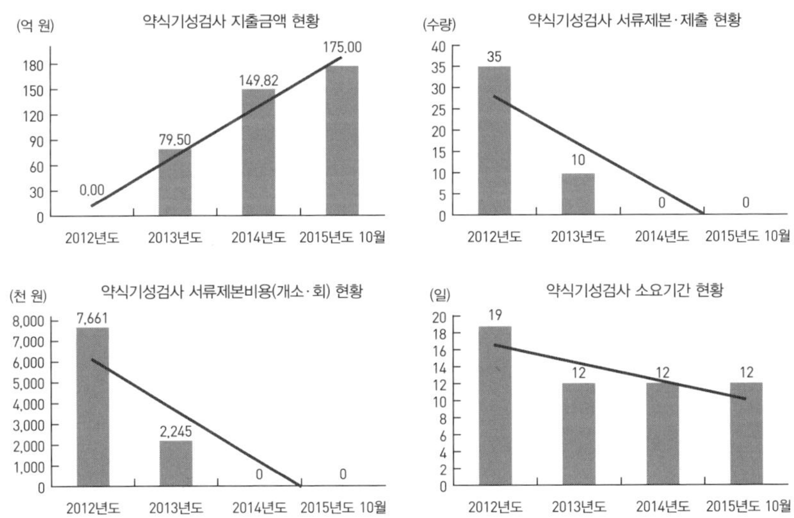

자료: 한국환경공단. (2015). 「2015년 경영우수사례(BP) [웹(KecoPMIS)을 통한 고객의 시간과 비용을 찾아주多]」.

조달청의 '하도급지킴이'

웹을 통한 비대면 약식기성검사제도를 통하여 기성검사를 위한 행정서류의 간소화 및 간편화로 원도급자인 시공사의 부담은 크게 줄었다. 그러나 하도급자는 웹을 통한 비대면 약식기성검사제도를 활용하는 데 제약이 있었고 이로 인해 원도급자와 하도급자 간의 불공정 거래가 발생하는 문제가 생겼다. 이에 따라 조달청은 2014년부터 '하도급지킴이'라는 프로그램을 시행하였다. '하도급지킴이'는 원도급자들이 하도급 계약·대금 등의 하도급 전 과정을 전자적으로 처리한 후 발주기관이 이를 온라인으로 감시하는 시스템으로 이를 통해 불공정 하도급 거래를 개선할 수 있게 되었다(임호범, 2017). 위에서 언급한 한국환경공단과 한국도로공사 역시 조달청과 하도급지킴이 이용 업무협약을 맺고 원도급자와 하도급자 간에 있을 불공정 거래를 막고 있다(임호범, 2017; 이인희, 2018).

정보화를 통한 업무혁신의 필요성

기성검사가 웹을 통해 비대면 약식으로 시행되면서 원도급자가 기성검사를 준비하는 데 드는 시간과 비용의 부담이 크게 줄었으며 검사자와 피검사자 간의 대면기회를 최소화하여 부패요인을 차단할 수 있게 되었다. 또한, 웹을 통해 발주자가 원도급자와 하도급자 간의 거래를 모니터링할 수 있게 되면서 원도급자와 하도급자 간의 불공정 거래 역시 개선이 되었다. 이렇듯 정보화를 통한 업무혁신은 효율성과 청렴성, 그리고 공정성을 크게 향상시키는 데 기여함을 알 수 있다. 웹을 통한 비대면 약식기성검사와 하도급지킴이가 가져온 성과는 다른 업무 분야에서의 웹을 통한 업무혁신이 확대·적용되어야 하는 필요성과 가능성을 보여준다.

참고자료 및 출처

- 강주남. (2012. 4. 14.). 「도로공사, 건설행정정 정보화로 청렴·공생발전 앞선다」. 『헤럴드경제』. http://mbiz.heraldcorp.com/view.phpud=20120404000412#Redyho 에서 검색.
- 국토교통부. (2013). 「건설공사 감독자 및 공사관리관 업무지침(국토교통부훈령 제28호)」.
- 이인희. (2018. 7. 16.). 「조달청-한국도로공사, 하도급지킴이 협약」. 『충청투데이』. http://www.cctoday.co.kr/?mod=news&act=articleView&idx-no=1150231 에서 검색.
- 이태영. (2012. 4. 8.). 「건설정보시스템 구축...공사대금 2일 만에 '지급'」. 『건설이코노미』. http://www.cenews.kr/news/articlePrint.html?idxno=2960 에서 검색.
- 임호범. (2017. 5. 15.). 「조달청, 한국환경공단과 하도급지킴이 이용 업무협약」. 『한국경제』. http://news.hankyung.com/article/201705159476h 에서 검색.
- 최정규. (2016. 10. 6.). 「한국환경공단 웹통한 청렴상생 선도」. 『전민일보』. http://www.jeonmin.co.kr/news/articleView.html?idxno=158117 에서 검색.
- 한국환경공단. (2015). 「2015년 경영우수사례(BP) [웹(KecoPMIS)을 통한 고객의 시간과 비용을 찾아주多]」. http://www.keco.or.kr/kr/open/public/07/communityid/64/view.do?idx=14706 에서 검색.
- 「국가계약법 시행령」 제55조
- 「국가계약법 시행령」 제58조

제 9 장

'픽스마이스트리트FixMyStreet' 주민 참여로 도로환경 개선

– 영국, 런던 –

유나리

사례 요약

- FixMyStreet.com은 길거리에 발생하는 흔한 문제들(파인 차도나 인도, 고장난 가로등, 반려견 배설물 등)을 관할 지자체에 제보하는 웹사이트임.
- 영국 비영리기관인 mySociety가 2007년에 시작하여 운영하고 있음. 현재 영국 전역을 비롯하여 캐나다와 한국 등 여러 나라에서 활용되고 있음.
- 본 서비스의 가장 큰 특징이자 훌륭한 점은 문제에 대한 지자체 담당자를 알아낼 필요가 없다는 것임. 지도에 핀으로 표시만 하면, FixMyStreet가 해당 지자체에 신고내용을 전달함. 제보를 받은 지자체 담당자는 사용자에게 직접 다시 연락을 취할 수 있음.
- 사용자가 신고한 문제는 FixMyStreet 웹사이트에도 게시되어 사용자가 주변 지역의 문제를 살펴볼 수 있으며, 어떤 문제가 많은지, 해결되었는지 확인할 수 있음. 문제가 무엇인지 보여주기 위해 사진을 업로드할 수도 있음.
- 민관협력을 통해 신속히 민원을 해결하고, 예산의 낭비를 방지하는 효과가 있음.

배경 및 개요

2000년대 후반은 많은 사람이 도로와 거리 상태에 대해 우려하던 시기였다(mySociety, 2012). 하지만, 이러한 문제를 신고하려면 수고스럽고 시간이 많이 드는 절차를 거쳐야 했다(Media Architecture Institute, 2014). 대부분 지자체가 이러한 신고체계를 운영하고 있지만, 대부분 주민들은 지자체 어떤 부서에 연락해야 하는지 알지 못했다. 이는 지방정부와 시민 간 교류 수준을 더 높여야 한다는 일반적 필요가 있음을 나타내는 것이었고, 급성장하고 있던 전자민주주의e-democracy 운동이 해결책을 제시했다(Centre for Public Impact, 2016).

FixMyStreet(이하 FMS)는 지도에 기반한 웹사이트 혹은 모바일 애플리케이션으로 영국 내 사람들이 도로가 패거나potholes 신호등이 고장 나는 등 문제를 담당 지자체에 알릴 수 있도록 돕는다. FMS 사이트는 영국 헌정부(Department for Constitutional Affairs, 현재 법무부 Ministry of Justice) 혁신기금을 지원받아 mySociety가 Young Foundation과 함께 개설하였다. 본래 'Neighbourhood Fix-It'이라는 이름으로 출발했으나 2007년 6월에 본격적인 서비스를 시작하면서 간결하고 쉬운 현재 이름으로 바꾸었다. 2008년 아이폰에 이어 다른 휴대전화 애플리케이션도 개발되어 사용자들은 문제를 발견하면 언제든 휴대전화를 통해 신고할 수 있게 되었다.

FMS는 mySociety의 일환으로 설계되었는데 mySociety는 UK Citizens Online Democracy라는 영국 비영리 민간단체가 추진한 전자민주주의 프로젝트이다. 영국 시민들에게 온라인 민주주의를 위한 도구를 제공하기 위해 시작하였으나(*The Economist*, 2010), 해당 도구들이 오픈 소

그림 3.9.1 FixMyStreet 웹페이지

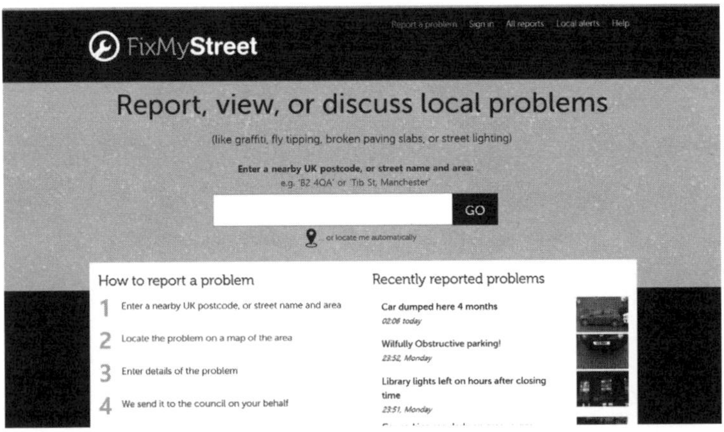

자료: https://www.fixmystreet.com/

스 형식으로 이루어져 코드가 다른 나라에서도 바로 활용될 수 있었다(Tech President, 2012).

다만, FMS는 독일 브란덴부르크Brandenburg 주정부에서 시작한 Maeker와 달리, 비영리조직인 mySociety에 의해 시작되었다. 따라서, 웹사이트는 신고된 문제를 해결할 책임을 지지 않는다(Carvajal, 2014). FMS는 주민들이 지역 인프라의 결함을 발견했을 때 손쉽게 조치를 취할 수 있도록 길을 열어주었을 뿐이다. MySociety는 시민과 행정부 간 중개자intermediary로서 교환과 대화, 참여를 촉진하였다.

FMS를 개발하면서 mySociety가 세운 목표는 세 가지였다(Centre for Public Impact, 2016): 첫 번째 목표는 시민들이 지방정부에 문제를 제보할 때, 어디에 연락해야 하는지 찾을 필요가 없도록 만들어줌으로써 절차를 훨씬 수월하게 바꾸어주자는 것이었다. 목표로 한 문제는 공공장소에서 발생한 문제였다. 예를 들면, 깜빡이는 가로등이나 훼손된 도로구간, 파손된 공원벤치, 잘못된 도로표지판 등이다(Hogge & Steinberg, 2019). 두 번째 목표는 이러한 제보를 공개하는 것이다. 또한, 지자체가 어떻게 해당 문제를 처리하는지도 가능한 한 공개할 수 있도록 하였다. 세 번째 목표는 NGO로서 mySociety의 핵심적 목표이기도 한데, 평범한 사람들이 지자체가 무언가를 하도록 요청할 수 있고, 지자체가 그들의 요구를 수행할 것이라는 사실을 알도록 교육하는 것이었다.

운영방식

FMS는 영국 전역 길거리에 발생한 문제를 손쉽게 제보할 수 있도록 만들어준 매우 인기 있는 웹사이트이다. 핵심 특징 중 하나는 시각화이다. FMS는 지도에 기반하여, 사용자들이 신고하려는 문제가 발생한 위치를 확인할 수 있다. MapIt이라는 소프트웨어를 사용하여 사용자들의 우편번호와 문제 유형을 담당 지자체로 연결시키는 방식이다.

구체적으로 설명하자면(그림 3.9.2 참조), 누군가 문제를 제보하기 위해 FMS 지도에 핀으로 표시를 하면 FMS가 해당 위치의 위도–경도 좌표를 MapIt에 보낸다. MapIt은 핀이 속해 있는 행정구역area의 목록을 보여주고, FMS가 데이터베이스를 활용해 해당 행정구역을 관할하는 모든 공공기관과 각 문제를 담당하고 있는 연락처(보통 이메일 주소)를 찾는다. FMS는 해당 위치에서 제보할 수 있는 문제의 유형을 목록으로 만들고, 사용자가 문제 제보 페이지에서 유형을 선택할 수 있다.

그림 3.9.2 운영방식: 위치 → 지도에 표시 → 메뉴에서 선택

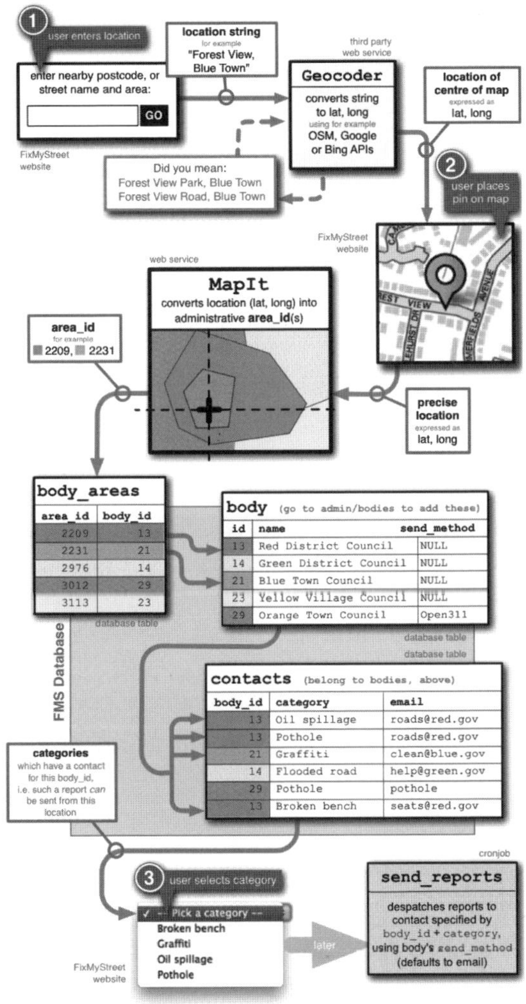

자료: https://fixmystreet.org/customising/fms_and_mapit/#boundaries

활용 및 확산

FMS을 도입한 지자체 중 런던 북부에 있는 Barnet Council은 2009년 12월~2010년 1월에 mySociety와 해당 자치구만의 버전을 만들어 Barnet.FMS.com이라는 애플리케이션을 시작했다. 일단 어떤 문제가 웹사이트에 제보되면, 구체적인 내용이 담당 부서로 보내진다. FMS를 더욱 구체적으로 만들기 위해 2012년 6월에는 새로운 수익 모델에 기초한 FMS for Councils를 시작하였다.

Barnet에서 효과는 거의 즉각적이었다. 2010년 3월 중순을 기준으로, 2009년 12월 중순 사이트가 문을 연 후로 450건이 넘는 제보가 접수되었다. 2016년 초까지 주민들은 3만 건 넘는 문제를 제보했다. 그래피티와 깨진 보도블록부터 배수구 뚜껑이 없어지거나 도로가 패인 경우 등이다. 웹사이트에 문제를 제보한 사람 중 52%는 지자체에 어떤 문제도 제보해본 적이 없는 사람들이었다(Centre for Public Impact, 2016).

그림 3.9.3 FixMyStreet 활용 현황

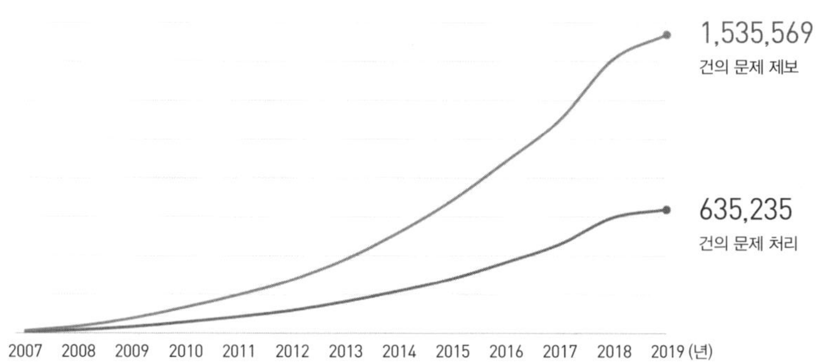

자료: https://www.fixmystreet.com/reports

FMS는 광범위하게 활용되고 있으며, 2007년 이후 2019년 2월 현재 146만 5,444건의 문제가 제보되었고 60만 5,730건(41.3%)이 처리되었다. 최근 100건을 기준으로 평균 처리 기간은 90일이었으며 가장 신속히 처리한 지자체는 1~2주가량 소요된 것으로 나타났다. 최근 7일간 가장 빈번히 신고된 내용은 쓰레기 불법 투기(681건), 도로(가 패인) 구덩이(597건), 가로등(354건) 문제 등이었다.

FMS는 2008년, SustainIT eWell-Being Awards를 수상하였으며[1] *Guardian*, *Telegraph* 등 언론에 의해 훌륭한 웹사이트로 소개되었다(Arthur et al., 2008; *Telegraph*, 2009). 또한 영국 정부가 공공정보 접근성을 개선하기 위해 아이디어를 발굴하는 'Show Us A Better Way' 콘테스트를 개최하는 데 영감을 제공한 것으로 알려졌다(BBC, 2008).

이후 관련 정부·비영리기관, 혹은 방송국까지 협력하여 FMS 코드를 활용, 빈집이나Empty Homes Spotter, 자전거 사고Collideoscope를 신고하고

그림 3.9.4 Empty Homes Spotter 애플리케이션 이용화면

자료: https://www.syndicut.com/Posts/Channel-4/Great-British-Property-Scandal

1) https://www.mysociety.org/2008/05/06/ewell-being-award/

그림 3.9.5 한국 '이 거리를 바꾸자' 웹사이트

자료: http://www.fixmystreet.kr/

다양한 지역 문제 해결에 활용하는 사례가 인정을 받고 있다(MyFanwy, 2013; Kneeshaw, 2015).

2010년에는 언론사 *Guardian*의 지역사업과 통합되어 지역주민들이 문제를 신고하고, 지역대표에 접촉하며, 많은 사람이 지역 거버넌스와 관리care에 참여하도록 만들었다(Bell, 2010).

FMS가 2007년 영국에서 시작된 이후, 호주와 캐나다, 한국, 뉴질랜드, 일본에 유사한 서비스가 생겨났다. 코드를 오픈 소스로 제공하고 있기 때문에 다른 도시에서 새로운 특징을 추가하고 해당 지역에 맞게 수정하여 더욱 발전되고 있다.

우리나라의 경우, 영국과 캐나다에 이어 2010년 '사회디자인연구소'와 '(사)열린사회 시민연합', '(사)한국장애인인권포럼'이 협력하여 '이 거리를 바꾸자'라는 서비스를 시작하였다. 해당 프로젝트는 영국 FMS 사례를 참고하였으나 해당 오픈 소스가 제공하는 소프트웨어를 사용하지는 않았다. 2018년 11월까지 총 1,825건이 제보되었고 1,657건(92%)이 해결되었다.

영향력 평가

Centre for Public Impact는 런던 시 자치구 정부인 Barnet Council이 운영한 FMS 사례를 중심으로 공공의 영향력 관점에서 다음과 같이 평가하였다.

표 3.9.1 FixMyStreet에 대한 공공 영향력 평가

평가 기준		결과	내용
정당성 legitimacy	이해관계자 참여	최고	• Barnet Council이 FMS의 고유 버전을 만들면서, mySociety를 운영하는 UK Citizens Online Democracy와 협력함 • 지자체의 요구사항과 주민의 필요에 우선순위를 정하여 반영함
	정치적 헌신 commitment	최고	• 웹사이트만으로 운영되는 FMS for Councils 구축비용은 비교적 낮았음 • Barnet Council은 자신들의 고객관리 도구와 FMS 사이에 직접 링크를 만들기 위해 IT 인프라에 투자했음 • 해당 사업에 지자체가 헌신했음
	공공신뢰	좋음	• 주민들이 지방정부에 더 많이 참여하게 되면서 대부분 긍정적인 평가를 받았음. Barnet Council에서는 FMS에 관해 부정적으로 평가한 주민이 없었음 • 주위 문제가 신속하게 처리된다는 점, 투명성, 불평 대신 제보할 수 있는 매개체가 되어준다는 점 등에서 긍정적 평가를 받았음
정책설계 policy	목표 명확성	좋음	• 처음부터 구체적으로 측정 가능한 결과가 있었던 것은 아니지만, 시민 참여를 확대하고 지자체 제보를 간소화시킨다는 목적은 실제 집행 과정에서 mySociety와 Barnet Council 모두에 의해 유지되었음 • 해당 사업은 투명성을 높였고, 주민 문제에 대한 지자체의 반응성을 입증하였음

정책설계 policy	증거	좋음	• FMS는 본래 전국적인 사이트지만, 그 자체로는 주민들이 보내온 문제에 대해 어떤 권한도 갖고 있지 않기 때문에 상당히 제한적인 서비스임 • 특정 문제에 대한 대답은 전적으로 지방정부에 달려 있음. Barnet의 경우, 주민의 민원제기와 관련한 지자체의 기존 정책의 토대 위에서 서비스가 집행되었음(Walravens, 2013)
	실현 가능성	좋음	• 기술적인 실현가능성과 관련, FMS는 포용적임: 모바일 애플리케이션을 제공하지만, 간단한 브라우저에서 이메일을 통해 서비스를 이용할 수 있음. 물론, 기본적인 디지털 기술 활용능력과 인터넷이 연결되는 기기에 접근할 수 있어야 함 • 재원 마련의 어려움을 극복하기 위해 FMS for Councils가 만들어져 수익 모델이 변경되었음. 웹사이트 서비스 비용은 높은 편이 아니며 모바일 애플리케이션 추가에 비용이 조금 더 소요됨
집행 action	관리	좋음	• FMS 서비스는 문제의 제보를 관리함. 해당 문제는 직접 담당 부서에 전달되어 효율적으로 처리될 수 있도록 함
	측정	좋음	• 시민참여의 정도와 지자체의 반응속도가 중요함 • FMS에서는 제보 4주 후 사용자에게 이메일을 보내 신고했던 문제의 상태 등을 설문함 • 주요 측정기준은 제보와 시정 건수임. Barnet의 경우 2016년 현재 제보 수는 3만 건이 넘었으며, 9,329건이 시정되었음
	협력 alignment	좋음	• Barnet 지방정부는 mySociety와 효율적으로 협력하였음 • Barnet 주민들은 FMS가 유용한 서비스라고 평가하고 있으며, 여전히 잘 이용되고 있음

자료: Centre for Public Impact(2016)

참고자료 및 출처

- Arthur, C., Schofield, J., Keegan, V., Krotokski, A., Stuart, K., Howson, G., Anderiesz, M., & Cross, M. (2008, December 18). 100 top sites for the year ahead. *The Guardian*. Retrieved from https://www.theguardian.com/technology/2008/dec/18/internet-websites (접속일: 2019. 2. 27.)
- BBC News. (2008, November 10). Websites set government data free. *BBC News*. Retrieved from http://news.bbc.co.uk/2/hi/technology/7720604.stm (접속일: 2019. 2. 27.)
- Bell, E. (2010, February 17). Guardian Local project launches with Leeds

blog. *The Guardian*. Retrieved from https://www.theguardian.com/help/insideguardian/2010/feb/17/leeds-local-launch (접속일: 2019. 2. 27.)

- Carvajal, B., & Juan, C. (2014, August 28). FixMyStreet. *Media Architecture Institute*. Retrieved from https://www.mediaarchitecture.org/fixmystreet/ (접속일: 2019. 2. 27.)
- Centre for Public Impact. (2016, March 25). FixMyStreet: local citizen engagement in the UK. Retrieved from https://www.centreforpublicimpact.org/case-study/public-engagement-in-uk/
- Hogge, B., & Steinberg, T. (2019). Can we fix it? *mySociety*. Retrieved from https://fixmystreet.org/The-FixMyStreet-Platform-DIY-Guide-v1.1.pdf (접속일: 2019. 2. 27.)
- Kneeshaw, S. (2015, February 24). Data Driven Cities. *URBACT*. Retrieved from https://urbact.eu/data-driven-cities-0 (접속일: 2019. 2. 27.)
- Myfanwy. (2013, May 15). mySociety – BAFTA and Emmy nominations. mySociety. Retrieved from https://www.mysociety.org/2013/05/15/mysociety-bafta-and-emmy-nominations/ (접속일: 2019. 2. 27.)
- mySociety. (2012, January 6). The London Borough of Barnet and FixMyStreet for Councils. Retrieved from https://www.mysociety.org/files/2014/03/FixMyStreet-for-Councils-Barnet-case-study.pdf (접속일: 2019. 2. 27.)
- Telegraph. (2009, November 12). Best Green websites. *Telegraph*. Retrieved from https://www.telegraph.co.uk/news/earth/6551325/Best-Green-websites.html (접속일: 2019. 2. 27.)
- Walravens, N. (2013). Case study validation of a business model framework for smart city services: FixMyStreet and London bike app. *IT Converg. Pract*, 1, 22-38.

제10장

게임을 활용한 교통시스템Mapatón 개선 사례

– 멕시코, 멕시코시티 –

최정인

사례 요약

- 멕시코시티 시정부는 2013년에 다양한 이해관계자와 협력하여 크라우드소싱과 게임을 접목하여 멕시코시티의 버스노선 구축을 시도함.
- 기존에 활용되지 않았던 '게임'이라는 혁신적인 방법을 활용하여 멕시코시티의 복잡한 대중교통시스템을 효율적으로 개선하는 데 기여함.
- 결과적으로 약 1만 5,000달러의 저예산과 2주라는 짧은 기간 동안 멕시코시티에 1,500개 이상의 버스노선을 구축하였음.
- 게임을 통해 수집된 양질의 정확한 정보는 교통시스템의 개선에 적극적으로 활용될 수 있도록 공공부문, 민간부문, 시민 모두에게 개방되어 다양한 용도로 활용되고 있음.

멕시코시티의 대중교통 혁신프로젝트 추진배경

멕시코시티는 세계에서 가장 복잡하고 큰 규모의 대중교통시스템을 지니고 있다. 특히 버스는 멕시코시티 시민의 약 70% 이상이 이용하는 가장 대중적인 교통수단으로, 하루 평균 약 1,400만 명의 승객이 3만여 개의 버스를 이용한다. 그러나, 멕시코시티 시정부는 교통시스템의 복잡성과 광범위한 정보로 인해 멕시코시티의 수천 개의 버스노선에 대한 종합적인 정보를 얻고 이를 통해 최적의 버스노선을 도출하는 데 어려움을 겪었다. 또한, 버스 이용객은 주로 구두word of mouth에 의존하여 목적지까지의 경로를 파악하기 때문에, 시정부에 버스노선에 대한 보다 정확한 정보제공을 지속적으로 요구하였다. 멕시코시티 시정부는 이와 같은 이슈를 해결하고 시민에게 보다 편리한 대중교통서비스를 제공하기 위한 혁신적인 계획으로 'Mapatón'을 추진하게 되었다.

'Mapatón' 혁신프로젝트 추진과정

멕시코시티 시정부는 이동성 데이터mobility data를 수집하고 가공하는 과정에 드는 시간과 비용에 대한 부담을 줄이기 위해 크라우드소싱과 게임을 접목한 혁신적인 계획인 'Mapatón'을 시행하게 된다. 이를 위해 2013년 멕시코시티 시정부의 싱크탱크이자 연구소를 중심으로 다양한 이해관계자와 1년간 활동하는 협력 그룹an year-long working group을 구성하였다. 본 협력그룹에는 멕시코시티 시정부를 포함한 정부관계자, 민간부문, 비정부기구NGO가 참여하였고, 협력의 주요 목적은 멕시코시티 내 교통시스템을 향상시키는 것이다.

Mapatón 프로젝트는 2016년에 본격적으로 이행되었다. 4,000명이 넘는 버스이용객이 시정부가 설계한 도시게임citywide game에 참여하였고, 게임을 하는 동안 수집된 주요 데이터를 바탕으로 멕시코시티 내에 약 1,500개의 버스노선이 도출되었다. 참여자들은 게임에 참여한 대가로 수상prize 또는 보상reward을 받기도 하였다. 또한, 수집된 공공데이터는 시정부와 교통과 관련한 주요 정부관계자 그리고 시민에게 제공되었다.

이와 같은 과정을 통해 얻은 공공데이터를 바탕으로 3일간에 걸친 프로그램 개발 행사(Hackathon: 프로그램 해킹 또는 개발을 위해 일정 시간과 장소에 모이는 것으로 해킹과 마라톤의 결합어)가 개최되었다. 본 행사에는 프로그래밍, 지리, 디자인 등의 전문가가 멘토로 참여하였다. 실제로 Mapatón 프로젝트가 본격적으로 시행된 지 단 몇 주 만에 1,500개의 버스노선이 구축되었고, 관련 데이터는 향후 프로그램 개발과 서비스 개선을 위해 공공에 개방되었다.

그림 3.10.1 Mapatón 로고

자료: 멕시코시티의 Mapatón 공식 웹사이트(www.mapaton.dc.mx)

'Mapatón' 프로젝트의 주요 참여자

Mapatón 프로젝트에는 세 그룹의 참여자가 협력하였다. 첫째, 멕시코시티의 데이터 연구소the Data Lab of the Mexico City Government, LabCdMx이다. 본 연구소는 멕시코 정부하의 분권화된 조직으로 예산과 의사결정에 있어 자율권을 지닌 조직이다. LabCdMx 연구소의 주요 목적은 멕시코시티 정부 내부의 혁신을 촉진시키는 데 있다. LabCdMx 연구소는 '개방된 도시 대담open city dialogue'을 정기적으로 개최하고 대중교통 문제에 대해 자유롭게 의견을 개진하고 나누었으며, 이는 Mapatón 프로젝트의 주요 의제 설정에 영향을 미치게 된다. 두 번째로, 실질적으로 Mapatón 프로젝트를 수행한 Coordination Group of Mapatón이다. 본 그룹은 다양한 이해관계자로 구성되어 있다. 세 번째로, Mapatón 자원봉사자 네트워크mapatón volunteer network로 총 3,624명의 시민이 본 프로젝트에 참여하였다. 이처럼 정부, 시민, 다양한 이해관계자가 협력하여 Mapatón 프로젝트를 설계, 집행하고 그 성과를 공유하였다.

기술과 정보의 활용

Mapatón에 기술을 접목하는 영향을 미친 데에는 다음의 두 가지 요인이 언급된다. 첫째, 최근 멕시코시티의 공공정부법Open Government Law for Mexico City 통과이다. 공공정부법은 멕시코에 전례 없는 정보에 대한 공공성과 자유에 대한 법으로 평가받고 있다. 본 법이 통과되면서 실제로 공공데이터 개방 그리고 기술을 활용한 정부 데이터베이스의 접근이 가능하게 되었다. 또한 이를 근거로 하여 전술한 LabCdMx가 설립되었다. 둘째, 도시 전반에 혁신에 대한 필요성과 문화가 확산되기 시작하였다. 공공데이터 개방에 대한 요구가 높아지면서, PIDES 등을 포함한 많은 NGO는 도시의 다양한 목표를 달성하기 위해 오픈데이터 기술을 접목하기 시작하였다. 멕시코 내의 스마트폰과 웹 연결망 활용의 증가 또한 Mapatón 프로젝트의 성공적인 수행에 기반이 되었다.

Mapatón 프로젝트에는 다양한 기술과 혁신이 활용되었다. 먼저, 멕시코시티 정부는 고도화된 기술과 데이터베이스를 활용하여 'Mapatón Dashboard'라는 게임을 개발하게 되었다. 시민들은 '게임'이라는 즐거운 수단을 통해 멕시코시티의 버스노선 수립에 간접적으로 참여하게 되었고 이들이 앱의 규칙에 따라 게임을 완료하게 되면 수집된 데이터를 바탕으로 정부의 의사결정 근거로 활용하게 되었다. Mapatón은 시민참여에 동기를 부여하기 위해 실질적인 금전 보상 또는 비금전적 수상을 하였다. 또한 게임규칙의 하나로 대중교통 경로와 관련한 사진을 업로드하도록 설정하여 데이터의 질과 정확성을 높였다. 이러한 과정을 통해 구축된 데이터베이스를 기반으로 총 1만 5,000개 이상의 상세노선이 설계되었다.

둘째, 데이터베이스는 대중교통과 관련된 정부관계자뿐만 아니라 제3자가 다양한 용도로 활용할 수 있도록 개방되었다. 실제로 Mapatón 프로젝트를 통해 수집된 정보는 주요 범죄구간, 통근노선과 정류장에서 발생되는 범죄지점을 파악하는 데 활용되었다. 이를 통해 경찰은 주요 범죄구간을 보다 안전하게 지킬 수 있도록 즉각적인 조치를 취할 수 있게 되었다. 무엇보다 Mapatón 프로젝트에 활용된 최신 기술과 정보, 양질의 데이터베이스는 멕시코시티의 교통문제를 구체적으로 파악하고 분석하는 데 활용되었을 뿐만 아니라 정부의 근거 기반 의사결정을 이끌어냈다는 데 의의가 있다.

'Mapatón'의 성과 및 시사점

멕시코시티 시정부가 'Mapatón'이라는 혁신적인 계획을 성공적으로 시행함으로써 버스 이용과 관련된 종합적인 정보를 구축할 수 있게 되었다. 게임과 크라우드소싱이라는 혁신적인 방법을 활용하여 단 2주 만에 1만 5,000달러의 저비용을 투자하여 버스 이용객들에게 버스노선, 이용 빈도, 요금과 관련된 유용한 정보를 제공하게 되었다. 이는 전통적으로 버스노선 도출에 수백만 달러의 비용이 소요된다는 점을 감안할 때 더욱 놀라운 성과이다. 나아가 Mapatón의 가장 큰 파급효과는 교통문제뿐만 아니라 멕시코시티의 복잡한 공공문제를 효율적이고 효과적으로 해결해나갈 수 있는 방안으로 기술과 정보의 활용가능성을 제시했다는 데 있다.

Mapatón 프로젝트가 성공적으로 시행될 수 있었던 이유는 다음과 같다. 첫째, 교통 관련 전문가들의 높은 역량과 소프트웨어 구축과 관련하여 발생하는 문제에 대한 신속한 대응이다. 예로, 프로그램 개발 과정에 참여한 일부 해커들의 유령 노선과 지점ghost routes and points을 빠르게 차단하였다. 또한 Mapatón 프로젝트의 특별한 점은 전문가들과 기술을 활용하여 지속적으로 새로운 아이디어를 모아 다양한 혁신경로를 개발했다는 것이다. 이러한 혁신아이디어는 멕시코 정부가 타 도시의 대중교통시스템 개선에도 다양한 용도로 활용할 수 있다는 점에서 의의가 있다.

둘째, 게임에 참여한 시민들에 대한 인센티브로 보상과 수상을 활용하여 유용한 정보를 제공하였다. 또한, 적극적인 시민참여를 이끌어내어 Mapatón 프로젝트에 대한 긍정적인 인식을 확산시키고 시정부와 활발한 소통을 이루었다는 점이 긍정적으로 평가된다. 결과적으로 시민 참여는 정부의 혁신 성과에 주요한 기여를 하게 되었다. 공공부문, 민간부문, 시민사회의 협력을 통해 프로젝트의 신뢰성, 친밀감, 지속가능성을 향상시킬 수 있게 되었다. 시민사회의 역할이 증대되고 있는 현대 사회에서 협력적 관계를 긍정적으로 이끌어내었다는 점에서 본 사례가 시사하는 바가 크다.

멕시코시티의 'Mapatón'과 서울시의 '올빼미 버스'

멕시코시티는 약 2,300만 명이 거주하는 대도시이며, 인터넷 접근성과 모바일 앱의 활용도가 높은 곳이다. 73%의 인구가 주간 1번 이상 인터넷에 접속하며, 100명당 약 108개의 모바일 기기를 휴대하고 있다(Mapatón Report, 2016; Sandoval-Almazan et al., 2017 재인용). 게임을 활용하여 혁신을 성공적으로 이끌어낸 핵심 요인은 멕시코시티가 정보와 기술이 기반이 되었다는 점이다. 이는 인터넷 접근성이나 모바일 앱의 사용이 활성화되어 있는 국가에서 Mapatón의 사례가 보다 적절하게 적용될 수 있음을 시사한다.

서울시 역시 우리나라의 고도화된 정보와 기술을 접목하여 심야버스('올빼미 버스') 이용객들의 최적 버스노선을 도출하였다. 정부는 교통시스템 개선을 통해 시민을 위한 서비스의 질을 높이고자 노력하고 있으며 이를 위해 데이터 기반 정책, 혁신적인 방법을 활용하고 있다. 그러나, 서울시의 올빼미 버스가 서울시와 통신사(KT)의 양자 간 협력이 중심이었다면 본 사례는 시정부, NGO, 민간부문 등의 다자간 협력이었으며 특히 시민의 적극적인 참여를 유도하였다는 점에서 차별성을 지닌다.

또한 멕시코시티의 사례는 향후 버스노선 프로그램 개발과 스마트폰 앱의 개발에 활용될 수 있도록 공공데이터를 관계자와 시민 모두에게 개방하였다는 데 의의가 있다.

참고자료 및 출처

- Buro Buro Oficina de proyectos culturales, S. C. (2016). The Pursuit of Legible Policy: Agency and Participation in the Complex Systems of the Contemporary Megalopolis. Mexico City. Retrieved from http://legiblepolicy.info/book/Legible-Policies_BB.pdf
- Mapaton MegaCities-ShortDocs. (2016), Mexico – Mobility – Mapaton Mexico City. Retrieved from www.youtube.com/watch?v=gTZhG4zaqV0 (접속일: 2019. 2. 20.)
- OECD. (2017). Embracing Innovation in Government Global Trends. February 2017. Retrieved from https://www.oecd.org/gov/innovative-government/embracing-innovation-in-government.pdf
- Sandoval-Almazan, R., Gil-Garcia, J. R., & Valle-Cruz, D. (2017). *Going Beyond Bureaucracy Through Gamification: Innovation Labs and Citizen Engagement in the Case of "Mapaton" in Mexico City*. Beyond Bureaucracy. Springer, Cham, 133-149.
- http://www.mapatoncd.mx (접속일: 2018. 12. 29.)

제11장

규제·제도 혁신 해커톤hackathon

– 대한민국, 정부 –

문승민

사례 요약

- 해커톤hackathon은 IT 분야에서 등장한 단어로 '해킹hacking'과 '마라톤marathon'의 합성어이다. 해커톤은 소프트웨어 개발자, 기획자 등이 짧은 기간 동안, 문제해결에 대한 결과물을 만들어내는 과정임.
- 대한민국 정부는 이러한 해커톤을 규제·제도 혁신 과정에 적용함으로써 새로운 규제혁신의 합의안 도출을 시도하고 있음.
- 해커톤은 '보텀업bottom-up 중심 문제해결', '모든 가능성을 고려한 합의 및 결과도출', '신속하고 전문적이고 합리적인 의견수렴' 등을 지향함.
- 이는 기존의 정부 중심의 공청회나 숙의 민주주의와는 차별되며, 4차 산업시대를 맞이하는 새로운 규제·제도 혁신 수단으로 기대됨.

4차 산업혁명과 과학기술 규제

최근 4차 산업혁명 시대가 도래함에 따라 행정을 둘러싼 환경은 점차 복잡·다양해지고 있다. 특히, 과학·기술의 급격한 발전은 기존의 규제 및 제도들과 상충되는 경우가 빈번할 뿐만 아니라, 이를 둘러싼 다양한 이해관계자들 간의 갈등을 촉진하는 계기가 된다(이원우, 2016; 하윤상, 2018). 국내적으로 큰 논란이 되었던 라이드 셰어링ride sharing 서비스의 도입 및 가상화폐 규제는 급격한 과학기술의 발전과 규제를 둘러싼 갈등을 살펴볼 수 있는 좋은 예이다.[1)]

과학기술의 발전과 규제를 둘러싼 갈등은 혁신과 사회적 통제라는 상반된 두 가지 입장 간의 대립구도를 형성한다(이원우, 2016: 7). 전자는 과학기술의 발전으로 인해 얻을 수 있는 혜택들을 강조하는 반면, 후자는 기술의 도입으로 인해 발생할 수 있는 다양한 위험들의 중요성을 강조한다.

그러나 새로운 기술의 도입(즉, 혁신)과 사회적 통제는 본질적으로 사회 구성원들의 합의와 수용이 전제되어야 한다는 점에서, 정부의 일방적인 규제 및 제도의 추진은 사회적인 합의와 수용을 이끌어낼 수 없다. 또한 인간의 삶의 질 향상을 이끄는 혁신적인 기술이 이익집단에 의해 사회에 도입되지 못한다면, 이로 인한 사회적인 효용은 낮아질 것이다.

지난 2017년 우리나라 정부는 과학기술과 규제를 둘러싼 문제들을 합리적으로 해결하고 이해관계자들의 수용성을 높이기 위해, 혁신적 업무 수단으로 규제·혁신 해커톤hackathon을 도입하였다.

1) 대표적인 라이드 셰어링 서비스로 우버(Uber), 풀러스(Poolus)가 있으며, 가상화폐로는 비트코인(Bitcoin) 등이 있다.

해커톤 제도란?

우리나라는 지난 2017년 「4차산업혁명위원회의 설치 및 운영에 관한 규정(대통령령 제28250호)」을 제정하여, 대통령직속 4차산업혁명위원회를 설립하였다. 동 위원회는 4차 산업혁명에 대비하기 위한 국가전략 및 각 부처별 실행계획과 주요정책을 수립하고 있으며, 규제·제도의 혁신을 위해 해커톤을 도입하였다.

해커톤은 IT 분야에서 등장한 단어로 '해킹hacking'과 '마라톤marathon'의 합성어이다. 이는 컴퓨터 프로그램 개발자나 기획자가 한 팀을 이루어 마라톤을 하듯이 쉬지 않고 문제해결을 위한 협업을 실시하기 때문이다.

이처럼 우리나라의 규제·제도 혁신 해커톤은 "민간의 규제혁신 요구에 대해 정해진 일정 내에 민간과 정부가 머리를 맞대는 토론의 과정을 거쳐 '규제혁신 초안'을 만들어내는 끝장토론 방식"을 의미한다(4차산업혁

그림 3.11.1 4차 규제·제도 혁신 해커톤

자료: 4차 산업혁명위원회 홈페이지(https://www.4th-ir.go.kr/hackathon/list.)

명위원회, 2017: 1에서 재인용)

정부는 해커톤의 도입을 통해 정부의 규제 관련 업무방식을 문제해결중심으로 전환하고 지속적이고 반복적인 공론의 장을 마련하고자 한다. 이 과정에서 정답을 찾는 것보다는 정답을 찾아가는 과정에 주목한

표 3.11.1 규제·제도 혁신 해커톤의 특징과 과정

분류	주요 내용
특징	• 4~5주에 걸친 철저한 사전 준비 과정을 거침 • 1박 2일간 10~11시간에 걸친 집중토론을 실시 • 참여토론자 평균 20여 명 • 소속과 직급에 관계없이 토론 진행 • 정책책임자의 즉각적인 현장 피드백 실시 • 퍼실리테이터의 전문적인 토론 진행과 합의사항 도출
과정	■ **사전준비 단계(4~5주)** • 해커톤 의제 선정 • 민/관 토론 참석자 선정 • 온/오프라인 사전 미팅 및 논의 • 의제 분석 및 구체화 • 토론 진행 계획 수립 ■ **해커톤(1박 2일)** • 해커톤 이슈 공유 • 토론(오프닝 → 발산 → 수렴) • 규제제도 개선안 작성 • 정책책임자 미팅 • 최종 합의안 제출 ■ **이행관리(지속)** • 실행 계획 구체화 • 정부와 국회의 후속 절차 진행상황 모니터링 • 분기별 진행결과 확인 및 피드백(해커톤 참여자에게 지속보고, 공유)

자료: 4차산업혁명위원회 홈페이지(https://www.4th-ir.go.kr/hackathon/list.)와 4차산업혁명위원회(2017)의 내용을 바탕으로 재구성

다.[2] 따라서 문제해결의 방향을 정해놓고 일방적으로 의견을 수렴하는 것이 아닌, 문제해결을 위한 과정을 강조함으로써 사회적 합의를 도출한다는 특징이 있다.

2017년 12월 11일, 해커톤이 처음 실시된 이래로 현재까지 총 4회에 걸쳐, 11개의 주제별 해커톤이 실시되었다.[3] **그림 3.11.1**과 **표 3.11.1**은 규제·제도 혁신 해커톤의 특징과 과정을 정리한 것이다.

호주의 정책 핵policy hack

호주의 경우에도 우리나라의 해커톤 제도와 유사한 정책 핵policy hack제도를 운영 중에 있다. 호주의 정책 핵은 2015년 와이어트 로이Wyatt Roy 혁신부 차관의 소집에 의해 최초로 시작되었으며, 스타트업과 같은 호주의 창업 생태계 조성을 위한 정책 마련을 목적으로 하고 있다.

지난 2018년에는 「Policy Hack 2018」이 개최되었으며, 산업계 102명과 정부 57명 인원의 참여하에 하루 종일 스타트업 정책 개발 워크숍을 진행하였다. 참여자는 11개의 팀 중 하나에 배정되며, 각 팀에는 그들이 풀어야 하는 문제가 주어져 있다. 11개의 문제 중 몇 가지를 살펴보면, "스타트업과 기업 간의 협력을 활성화하기 위해서 무엇을 해야 할

2) 4차산업혁명위원회 규제·제도 혁신 해커톤 홈페이지(https://www.4th-ir.go.kr/hackathon/list)에서 재인용

3) 제1차 규제·제도 혁신 해커톤은 원주KT연수원에서 46명의 토론자의 참여하에, '금융정보의 자기결정권', '위치정보보호법 개선 방향', '첨단의료기기 규제 개선'을 주제로 2017년 12월 21일부터 22일까지 1박 2일 동안 진행되었다. 해커톤의 주요 내용들은 대통령직속 4차산업혁명위원회의 웹사이트에서 확인이 가능하다(https://www.4th-ir.go.kr/hackathon/list).

것인가?", "어떤 회사가 스타트업 프로그램에 적합한지 쉽게 파악할 수 있도록 할 수 있는가?", "호주는 어떻게 하면 더 많은 국제 기술 연구개발을 유치할 수 있는가" 등이다.[4)]

이처럼 호주의 정책 핵은 IT 분야의 해커톤제도를 공공부문에 적용하는 데 초점을 맞추고 있는 것으로 보인다. 즉, 호주의 창업 생태계와 관련된 문제를 해결하기 위해 관련된 분야의 다양한 행위자들을 모집하여 팀을 구성하였고 제한된 시간(하루 종일) 내에 문제해결을 위한 토론을 진행했다는 점이다. 이러한 점에서 우리나라의 해커톤과 공통점이 존재한다.

해커톤의 장점과 기대효과

해커톤의 도입에 따른 기대효과로는 이해관계자들의 규제(제도)의 수용성 향상을 들 수 있다. 사회적으로 이슈가 되고 이해관계가 첨예한 문제일수록 규제(제도)의 합의를 이끌어내기가 어렵다.[5)] 또한 조정과 합의도출에 많은 시간과 비용이 발생한다.

지금까지의 정부는 규제(제도)의 추진 과정에서 설명회public briefing 또는 공청회public hearing를 개최하여, 이해관계자들의 수용성을 높이려는 노력들을 해왔다. 그러나 설명회 및 공청회는 상호 간의 의견을 수렴·공유하기보다는 서로의 입장만 재확인하고 주장만 하다 끝나는 경우가 빈번하다(한국환경정책·평가연구원, 2015: 34). 또한 기존의 규제·제도

4) https://startupaus.org/policy-hack-2018/

5) 권경득·임동진(2017)의 연구결과에 따르면, 농림해양수산·문화체육관광·산업중소기업·수송 및 교통·지역개발·통신 분야를 포함하는 경제 분야일수록 사회적으로 장기적인 갈등이 될 가능성이 높은 것으로 나타났다.

혁신 과정은 조정과 중재 없이 정답을 빨리 제시하는 데만 집중한 것으로 볼 수 있어, 규제·제도 혁신 과정에서 큰 성과를 달성할 수 없었다(4차산업혁명위원회, 2017: 2).

그러나 해커톤은 합의를 위한 핵심의제·해결방안·실행계획 등을 토론 전에 합의하여 추진할 뿐만 아니라 중립적인 전문 촉진자가 중재를 실시하므로 합의도출 과정의 결과에 대한 이해 당사자들 간의 높은 수용성을 확보할 수 있다. 또한 합의도출을 위한 시간과 비용 절약이 기대된다. 특히, 다수의 시민들이 참여하여 자유롭게 의견을 개진하는 숙의 민주주의 방식에 비해 시간과 비용 측면에서 장점을 가진다.[6] 다음 표 3.11.2는 4차산업혁명위원회에서 제시한 해커톤과 공청회, 숙의 민주주의 방식과의 비교 현황을 나타낸다.

표 3.11.2 해커톤과 공청회, 숙의 민주주의와의 비교

<table>
<tr><th>분류</th><th colspan="2">주요 내용</th></tr>
<tr><td rowspan="2">비교</td><td>■ 해커톤
• 의제, 해결방안, 실행계획까지 상호 합의 전제
• 발언 제한 없음, 전문 퍼실리테이터 중재
• 서로 입장 공감 및 상호 합의에 따른 결과 도출</td><td>■ 공청회
• 주최 측에서 짜여진 틀, 정책방향 제시
• 제한된 발언시간, 각자의 입장 발표
• 기존 입장/갈등만 재확인 하는 역효과</td></tr>
<tr><td>■ 해커톤
• 이해 당사자들의 참여를 통해 추진
• 즉각적 공론화가 가능한 시작 반응적 합의 툴
• 현장과 연동되어 언제든지 활용 가능</td><td>■ 숙의 민주주의
• 시민들의 자유롭고 평등한 참여 기반
• 첨예한 사안에 대한 해결안 도출
• 많은 준비, 시간, 비용 소요</td></tr>
</table>

자료: 4차산업혁명위원회 홈페이지(https://www.4th-ir.go.kr/hackathon/list.)의 내용을 재구성

6) 숙의 민주주의를 구현하는 수단은 포커스 그룹, 정보 선택 질문지, 공론조사, 텔레보트, 시민배심원, 플래닝셀, 합의회의, 시나리오 워크숍 등 다양하게 존재한다(심준섭 외, 2018:198). 그러나 우리나라에서 실시된 대표적인 방법으로는 지난 2017년에 실시된 「신고리 5·6호기 공론화를 위한 시민참여형 조사」가 있다(심준섭 외, 2018: 195).

참고자료 및 출처

- 4차산업혁명위원회. (2017). 「4차 산업혁명을 위한 사회적 합의 첫걸음 – 4차산업혁명위, 제1차 규제·제도혁신 해커톤 개최 – 」. 4차산업혁명위원회 보도자료, 2017. 12. 21., 1-6.
- 권경득·임동진. (2017). 「한국의 공공갈등 발생현황 및 해결방법에 관한 연구 – 1948~2014년 공공정책갈등사례 DB를 중심으로-」. 『한국정책학회보』, 26(2), 167-200.
- 심준섭·정홍상·김광구. (2018). 「공론화 과정 참여자들의 숙의 경험 – 프레임 분석의 적용 – 」. 『한국정책학회보』, 27(2), 193-220.
- 이원우. (2016). 「혁신과 규제: 상호 갈등관계의 법적 구조와 갈등해소를 위한 법리와 법적 수단」. 『경제규제와 법』. 9(2), 7-29.
- 하윤상. (2018). 「규제혁신에 대한 행정부의 혁신저항행태에 관한 연구: 서울시 심야시간 구역운송산업을 중심으로」. 연세대학교 석사학위 논문.
- 한국환경정책·평가연구원. (2015). 「환경영향평가 설명회·공청회 운영 현황분석」. 『KEI Working Paper』. 2015-05, 1-59.
- https://startupaus.org/policy-hack-2018/ (접속일: 2019. 2. 16.)
- https://www.4th-ir.go.kr/hackathon/list (접속일: 2018. 11. 30.)

제12장

정부의 업무혁신 사례 'Government Digital Service'

– 영국, 정부 –

김한빛

사례 요약

- 영국 정부는 'GOV.UK'라는 통합 웹사이트를 신설, 중구난방식으로 분산되어 있던 정부 웹사이트를 하나로 통합하고 각 사안을 중심으로 정보를 설계하고 검색을 최적화함.
- 각 기관마다 별도로 웹사이트를 운영했을 때 드는 천문학적인 지출예산을 효과적으로 감축시켰을 뿐만 아니라 사안 중심의 정보제공은 정부 부처 간 협력을 증대시키는 결과를 가져옴.
- 통합 웹사이트 개편 과정에서 영국 국무조정실은 GDSGovernment Digital Services라는 산하조직을 신설함. GDS는 전통적인 '폭포수waterfall' 방식이 아니라 '애자일agile' 방식을 통해 이끌어낸 업무혁신을 바탕으로 목표를 달성, 성공적인 정부 업무혁신 사례라 할 수 있음.
- 초변화 사회가 도래함에 따라 민간기업뿐만 아니라 정부도 '애자일' 방식의 적절한 활용을 통해 민첩하게 사회변화에 대응할 필요가 있음.

초변화 사회와 뷰카VUCA 시대의 도래

제임스 와트James Watt의 증기기관 발명이 가져온 1차 산업혁명부터 최근 각광받고 있는 4차 산업혁명에 이르기까지 인류는 유례없는 속도의 기술 발전과 사회 변화를 경험하였다. 이러한 사회 변화의 속도는 시간이 지날수록 점점 더 가속화되어 간다. 100년 전, 10년 전, 그리고 1년 전의 인류사회를 생각해보면 그 변화의 가속도가 더욱더 와닿는다. 이른바 모든 것이 순식간에 변화하는 '초변화 사회'가 도래한 것이다. 다양한 학자들이 다가오는 미래를 '뷰카VUCA 시대'라고 설명한다. 즉 앞으로는 사회가 더욱더 변동적Volatility이고 불확실Uncertainty하며 복잡Complexity하고 모호Ambiguity해질 것이라는 얘기다(Rodriguez & Rodriguez, 2015).

사회 주체들은 이러한 변화 속에 신속히 적응해야 하고 이는 정부도 예외가 아니다. 초변화 사회와 뷰카 시대의 핵심 키워드는 '불확실성과 그에 따른 발빠른 대처'이다. 모든 것이 순식간에 변화하기 때문에 정확한 예측을 하기란 불가능에 가깝다. 정확한 예측을 바탕으로 잘 짜여진 계획에 의해 진행되는 업무 방식은 더 이상 일관적이고 합리적인 방법이 아니라 비현실적이며 경직된, 외골수가 될 수도 있는 것이다. 때로는 정확하게 예측하고 계획을 세우기보다 먼저 실행하고, 그때그때 상황에 맞게 수정하여 재실행하는 선실행 – 시행착오 및 개선 – 재실행 구조가 필요하다. 예측에만 몰두하다 보면, 이미 사회는 저만치 변화해 있고, 버스는 떠나가 버렸다. 급속도로 변화하는 환경에 발맞춰 신속한 대응을 강조하는 애자일agile 혁신의 바람이 정부 조직에도 부는 이유이다.

'애자일 agile '이란

애자일agile은 기민성을 의미하는 agility에서 유래한 용어로서 빠르고 쉽게 움직이는 것을 의미한다. 즉, 애자일 기법은. 급변하는 환경에 빠르게 대응 및 적응할 수 있도록 업무 프로세스를 변화시키는 것을 의미한다. 애자일 기법하에서 조직은 소규모의 다기능팀을 구성하여 최소한의 프로젝트 단위로 업무를 진행하며 진행 과정 중에서 학습이 이루어진다. 소규모의 팀이 가지는 민첩성과 지속적으로 이루어지는 피드백과 학습을 통해 외부의 환경변화에 발맞춰 대응할 수 있고, 이는 팀 내 적극적인 소통과 합쳐져 과정을 거듭할수록 조직이 진화하게 되는 결과를 가져온다. 애자일 기법은 환경이 급변하는 초변화 사회에서 더욱더 각광받고 있는데, 이는 불확실성에 대한 신속한 대응의 측면에서 애자일 기법이 강점을 갖고 있기 때문이다. 이를 전통적인 폭포수water-fall 방식과 비교하면 다음과 같다.

그림 3.12.1 애자일 기법과 전통적인 폭포수 기법의 비교

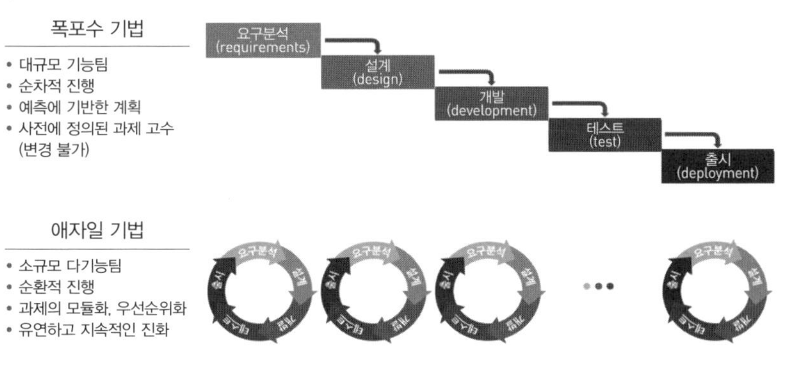

자료: 양민경. (2018. 6. 19.). 「왜 애자일이어야 하는가?」. 『HR블레튼』.

먼저, 전통적인 기법인 폭포수 기법의 경우 대규모의 기능팀을 구성한다. 예를 들면, 마케팅팀은 마케팅 기능을 담당하는 구성원들로, 인사팀은 인사 기능을 담당하는 구성원들로, 재무팀은 재무 기능을 담당하는 구성원들로 같은 기능을 담당하는 구성원끼리 구성된다. 이렇게 구성된 팀은 요구분석 단계부터 출시 단계까지 순차적으로 업무를 진행한다. 철저한 예측에 기반한 계획을 토대로 진행되기 때문에 사전에 정해진 대로 업무가 이루어진다. 따라서 예측 가능하며 엄격한 통제가 가능하다. 또한, 같은 기능을 담당하는 구성원들로 대규모의 팀을 구성하다 보니 규모의 경제를 달성할 수 있다. 하지만, 다른 기능을 담당하는 팀과의 조정이 어렵고, 예측하지 못한 돌발 상황이나 급변하는 상황에 맞는 발 빠른 대응이 이루어지기 어렵다는 단점이 존재한다. 즉, 외부환경이 안정적이라면 적합하지만, 외부환경이 불안정하고 변화가 극심한 경우에 폭포수 기법은 한계를 갖는다. 이에 반해, 애자일 기법은 소규모의 다기능팀을 구성한다. 하나의 팀 안에서 마케팅 기능, 인사 기능, 재무 기능 등 다양한 기능을 수행할 수 있다. 팀 하나가 완결된 기능을 수행할 수 있으므로 팀 단위에서 순환적인 업무의 진행이 이루어지고 과제를 우선순위화하여 세부과제를 긴급한 것부터 빠르게 처리한다. 이는 순차적이기 때문에 하나의 과제가 완료되기 위해서는 전 단계가 완결되어야만 하는 폭포수 기법과는 달리 유연하고 신속한 대응을 가능하게 한다. 또한 애자일 기법에서는 학습을 강조하기 때문에 업무 과정에서 지속적인 학습이 일어나고 팀 내 활발한 의사소통이 동반된다. 이는 조직의 진화로 이어지며, 학습 과정에서 시행착오가 개선되고 바로바로 수정이 이루어지므로 발 빠른 대응으로 이어진다. 이를 정리하면 다음 표 3.12.1과 같다.

표 3.12.1 애자일 기법과 전통적인 폭포수 기법의 비교

	애자일 기법	폭포수 기법
팀 구성	소규모 다기능팀	대규모 기능팀
설계	설계 기능을 모듈화 및 우선순위화	모든 기능을 미리 예측 및 설계
개발	반복적인 과정으로, 가치가 검증된 부분만 구축	모든 기능이 재원을 정확히 만족하도록 동시에 개발
테스트 및 통합	지속적인 실시간 테스트 및 통합	개발 완료 시 통합 및 테스트
실행	빈도가 높고 신속한 실행	빈도가 낮은 대형 릴리즈

자료: Bain & Company

애자일 기법 적용 사례: 영국의 GDS Government Digital Services

실제, 애자일 기법은 아마존Amazon, 구글Google, 스포티파이Spotify 등을 비롯한 IT 기업들을 중심으로 활발하게 적용되고 있다.[1] 정부 조직의 경우에도 애자일 기법 도입 사례가 점점 늘어나고 있다. 대표적인 예는 영국의 GDSGovernment Digital Services이다. 2010년 '진화가 아닌 혁명'이라는 보고서에서 영국 정부의 기존 웹서비스 공급 방식을 강도 높게 비판하자, 영국 정부는 국무조정실 산하에 GDS팀을 신설하였다. GDS팀은 685개의 정부 웹사이트 도메인을 없애고, 유사한 정부 웹사이트 1,882개도 개편함으로써 'GOV.UK'라는 단 하나의 주소 아래 모든 정부 부처의 웹사이트를 통합하였고, 사안 중심으로 정보를 설계하고 검색을 최적화하였다. 그 결과, 정부 웹사이트로는 유일하게 2013년 '올해의 디자인 상'에 선정되었다(그림 3.12.2).

1) 전 세계 기업을 대상으로 실시한 PMI의 조사결과, 애자일 기법을 전혀 사용하지 않은 기업은 12%에 불과하였고, Innovation leader의 조사결과, 10억 원 이상의 매출을 올리는 대기업의 82.4%는 애자일 기법을 사용하고 있었다.

그림 3.12.2 영국 정부 홈페이지 GOV.UK의 모습

자료: 영국 정부 홈페이지(www.gov.uk)

또한, 각 기관이 별도로 웹사이트를 운영했을 때 드는 천문학적인 지출을 효과적으로 감축시켰을 뿐만 아니라, 사안 중심으로 정보를 제공함으로써 정부 부처 간 협력을 크게 증대시켰다는 평가를 받았다. 모든 과정은 단 12명의 팀원, 12주의 시간, 4억 원 남짓한 예산으로 진행되었다. 열악한 조건 속에서 큰 성공을 거둘 수 있었던 것은 GDS팀이 기존의 관료제 업무 방식에서 벗어나 애자일 기법을 적극적으로 사용한 덕분이었다. GDS팀은 디자이너, 프로그래머, 해커 등 다양한 구성원으로 팀을 꾸림으로써 하나의 팀 내에서 과제를 완결할 수 있도록 하였다. 이를 통해 소규모 다기능팀의 장점을 극대화할 수 있었다. 팀은 새로운 통합 웹사이트라는 큰 목표를 여러 개의 세부과제로 나누어 우선순위하에 급한 것부터 하나씩 완결해나갔다. 그 결과, 발 빠른 대응과 선실행-후개선이 가능했고 이와 함께 적극적인 권한 위임, 빠른 의사결정과 실행, 즉각적이고 지속적인 피드백을 통한 학습과 개선, 조정과 지원 역할을 수행하는 디렉터의 존재, 사람 중심의 모델 수립, 실패 시 책임을 묻지 않는 조직문화 등 기존 관료제의 방식에서 탈피한 것이 주요한 성공요인으로 꼽힌다. 이러한 성공을 바탕으로 GDS팀은 여전

히 영국의 전자정부, IT 사업 지원 및 기술혁신 업무를 맡아 기능하고 있다. 살펴본 GDS팀 사례를 제외하면, 아직까지 정부 조직에서 애자일 기법이 적극적으로 활용되고 있지는 않지만, 미국 연방 조달청 소속으로 온라인 보험 장터인 HealthCare.gov 웹사이트를 성공적으로 구축한 18F 등이 애자일 기법을 활용하여 좋은 성과를 달성한 바 있다.

시사점 및 제언

외부환경이 불안정하고 급변하는 초변화 사회임을 고려해볼 때, 전통적인 폭포수 기법의 업무 방식이 뿌리박혀 있는 우리나라 정부 조직에서 애자일 기법을 통한 업무 과정 혁신은 시도해볼 가치가 있다. 다만, 무분별적이고 강압적인 도입은 반발과 함께 큰 비용을 초래하므로 조직이 처한 외부환경이 급변하는 정도에 따라 선별적으로 적용할 필요성이 있다. 예를 들면 외부환경이 가장 급속도로 변화하는 IT 기술 담당 조직과 같이 애자일 기법의 필요성이 높은 곳에 우선 적용하는 것을 고려하여야 한다. 적극적인 행정책임 면제제도 또한 뒷받침되어야 한다. 최근 우리 정부에서도 시행되고 있지만, 그 실효성에 대해서는 여전히 의문이 존재한다. 혁신은 위험이 뒤따른다. 더군다나 국민의 세금으로 진행되는 정부의 업무는 더욱더 그 책임이 엄중하다. 그럼에도 불구하고 혁신을 위해서는 설사 실패로 끝난다 하더라도 시도를 해야 한다. 따라서 혁신을 시도할 때 그 책임을 덜어주는 것이 필요하며 이것은 제도적인 차원에서 지원이 필요한 사안이다. 나아가, 단순히 책임을 덜어주는 소극적인 차원에서 혁신을 성공적으로 이루어냈을 때 얻을 수 있는 인센티브를 제시하여 공무원들이 보다 적극적으로 혁신을 시도할 수 있도록 유인하여야 한다. 제도적인 차원의 지원과 더불어 리더의 역할도 중요하다. 조직의 리더가 의지 및 신뢰와 함께 실질적인 지원을 제공하여 애자일 기법이 잘 적용되고 지속될 수 있도록 도와야 한다. 또한, 조정가의 역할도 중요하다. 애자일 기법은 업무 과정에서 활발한 의사소통이 일어나고 이를 통한 학습이 핵심인데 이 과정에서 의견충돌 등 여러 가지 문제점들이 발생하는 경우가 존재한다. 따라서 이러한 문제를 방지하고 해결하기 위한 조정가의 역할이 필수적이다. 마지막으로, 상명하복의 전형인 계급 관료제하의 한국 정부 조직에서 애자일 기법은 기존과 다른 새로운 혁신이기 때문에, 성공적인 도입을 위해서는 조직문화 개선이 동반되어야 할 것이다.

참고자료 및 출처

- 양민경. (2018. 6. 19). 「왜 애자일이어야 하는가?」. 『HR블레튼』. https://hrbulletin.net/organizational-culture/%EC%99%9C-%EA%B8%B0%EB%AF%BC%ED%95%9Cagile-%EC%A1%B0%EC%A7%81%EC%9D%B4%EC%96%B4%EC%95%BC-%ED%95%98%EB%8A%94%EA%B0%80/ 에서 검색.
- 정보통신산업진흥원. (2018). 「미국과 영국 정부의 디지털 도입방식 벤치마킹」. 『NIPA 이슈리포트』, 2018-제48호.
- 「정부를 위한 디자인」. 『월간디자인』, 2016년 4월호.
- Rodriguez, A., & Rodriguez, Y. (2015). Metaphors for today's leadership: VUCA world, millennial and "Cloud Leaders". *Journal of Management Development*, 34(7), 854-866.
- 영국 정부 홈페이지 www.gov.uk

제13장

디지털 헬스케어 산업과 정부 지원

– 미국·독일·일본, 각국 정부 –

김태형

사례 요약

- 미국, 독일, 일본의 디지털 헬스케어 산업 중 원격의료 사례를 비교함으로써 정부의 규제가 개별 국가 국민들의 삶에 어떠한 양상으로 영향을 미치고 있는지를 살펴봄.
- 한국은 산업 인프라가 충분히 구축되어 있음에도 관련법과 규제의 장벽으로 인해 디지털 헬스케어 산업에서 발전하지 못하고 있는 실정임.
- 이러한 상황을 반전시키기 위해서는 원격의료, 의약품 원격배송에 반대하는 관련 이해집단을 설득하고, 의료법, 개인정보보호법 등 제도정비를 통해 정부의 규제완화와 활성화정책을 동시에 진행해야 한다는 시사점을 줌.

정보통신기술과 사회문제의 결합

4차 산업혁명은 정보통신기술ICT과 결합하여 산업 간 경계를 허물고 다양한 융합과 경쟁을 초래하고 있다. 특히 디지털 헬스케어 시장은 정보통신기술의 발달과 고령화라는 사회문제가 결합하여 확대되고 있는 추세이다. 헬스케어 산업은 정보통신기술의 발전과 더불어 5세대 이동통신의 잠재력이 가장 높은 영역인 동시에 정부로부터 강력한 규제를 받는 분야이기도 하다. 이는 기술적 측면에서 발전된 기술을 통해 인간의 삶에 미치는 긍정적인 영향이 있는 반면에 사회적 문제와 결합했을 때 안정성 문제나 규제 문제로 인한 논란의 소지가 있는 등 양면성을 갖고 있다. 국내의 경우에는 정부의 규제와 이익집단 간의 극명한 반대로 인해 디지털 헬스케어 시장이 확대하는 데에 장애요인으로 작용하고 있다. 이러한 디지털 헬스케어 산업을 원격의료 사례를 중심으로, 어떠한 정부의 지원과 규제로 인해 산업 분야의 성과가 나타나는지 미국, 독일, 일본의 사례를 비교하여 살펴보고, 한국에 제시하는 시사점을 도출하고자 한다.

디지털 헬스케어 시장 규모의 확대, 미국, 독일, 그리고 일본에서는?

시장조사기관 스티티스다Statista는 진 세계 헬스케어 시장 규모가 2020년 기준으로 8조 달러(약 8,911조 원)이고, 이 중에서 디지털 헬스케어 시장 규모는 2,340억 달러(약 260조 6,500억 원)으로 예상된다고 발표했다. 또한 미국의 시장조사기관인 마켓츠 앤 마켓츠Markets and Markets는 2016년부터 2021년까지 디지털 헬스케어 시장의 연평균 성장률이

15.9%에 달할 것으로 예측했다. 이와 같이 전 세계적으로 디지털 헬스케어 산업의 시장규모는 인구의 고령화나 만성질환 환자의 증가라는 사회적 문제와 결합하여 지속적인 성장 추세를 유지할 것으로 전망되고 있다(『강원도민일보』, 2018. 8. 29.). 미국, 독일, 일본에서는 글로벌 디지털 헬스케어 시장의 선점을 위해 기술개발 및 서비스 적용이 가능하도록 정부에서 정책적 지원책을 마련하고 있다. 미국은 헬스 IT계획을 중심으로 진단 분야에서 집중적으로 지원하고 있고, 독일은 헬스케어 경제를 부가가치 경제 채널로 육성하는 중이다. 일본은 디지털 의료기기 개발과 사업화에 박차를 가하고 있다. 이러한 디지털 헬스케어를 대표하는 기술이 원격진료인데, 원격진료는 의사가 스마트폰이나 컴퓨터와 같은 전자기기를 이용해 환자를 진료하고, 처방전을 온라인으로 약국에 전송하여 약사가 영상통화로 환자에게 투약방법과 부작용에 대해 설명하는 시스템이다.

미국은 전체 진료 6건 중에서 1건이 원격진료에 해당할 만큼 원격진료를 활발하게 시행하고 있다. 미국 최초의 원격진료업체의 텔레닥Teladoc은 2015년 상장 이후 꾸준한 성장세를 지속하고 있다. 특히, 유럽과 중국에서는 환자가 전문의약품을 온라인 약국에서 직접 수령할 수 있고, 글로벌 온라인업체 아마존은 2017년 미국 12개 주에서 약국 면허 취득을 통해 이 사업에 진출하였다(『시사뉴스』, 2018. 8. 7.).

독일에서는 2016년 Industry 4.0 전략과 함께 E-헬스법을 발효하였다. 2010년에는 원격진료제도를 도입하여 현재는 심장질환자의 원격모니터링, 파킨슨병 환자의 원격 관리 등 헬스케어 산업에서 선도적인 발전을 보여주고 있다.

일본에서는 2014년 8월 원격진료와 관련된 규제의 완화를 통해 2015

년 4월부터 원격진료를 전면적으로 시행하여 1,600여 곳에서 도입하였고, 2018년 4월부터는 원격의료에 건강보험을 적용하였다. 이와 같이 미국과 독일, 그리고 일본의 헬스케어 산업과 관련하여 정부의 지원 내용과 산업의 성과를 비교한 내용은 다음의 표 3.13.1과 같다.

표 3.13.1 미국, 독일, 일본의 헬스케어 산업 비교

구분	미국	독일	일본
정부지원	• 미국은 원격의료 분야에서 세계 최대 시장을 형성하고 있고, 미국 정부는 원격의료 시장 확대를 환영하는 추세임 • 미국 내 1,900만 명 이상의 가입자를 둔 메디케어 보험을 소유한 뇌졸중, 신부전 환자의 보험급여 혜택을 원격의료에 동일하게 받을 수 있도록 하는 입법이 진행 중임	• 혁신적 의료기술의 연구개발을 위해 특정 의료분야에 전문화된 30개 이상의 클러스터(Medical Technology Clusters)를 운영중이며, 정부가 학계, 산업, 의료기관, R&D기관 간 네트워크를 중재하는 역할을 수행함 • 2016년 Industry 4.0 전략과 E-헬스법을 발효함	• 2001년부터 헬스케어 정보화를 시작으로 의료표준화, 정보인프라 구축을 진행하며 헬스케어 산업을 국가산업으로 선정하여 민간 지원을 함 • 2014년 8월 원격진료 관련 규제 완화를 통해 2015년 4월부터 전면 시행하여 기업의 기술 개발이 상용화로 이어질 수 있도록 지원함 • 2018년 4월부터 원격의료에 의료보험 적용, 7월부터 건강보험 적용을 시작함
산업성과	• 지난해 미국의 원격의료 서비스 시장 규모는 20억 달러(약 2조 2,500억 원)에 달했고, 5G 네트워크 개발과 초고속 통신망 건설 추진과 더불어 원격의료가 더욱 활성화될 전망임	• 2010년대에 원격진료를 도입하고 현재 심장질환자 원격모니터링, 파킨슨병 환자 원격관리 등 의료분야의 신세계를 개척했다는 평가를 받고 있음	• 뛰어난 진단기술과 생체센싱 기술을 풍부하게 보유하고 있고, 건강 상태 및 병의 징후 감지, 예후관리 기술 및 제품, 서비스가 개발되고 있음

자료: 강원도민일보(2018. 8. 29.) 기사 내용을 바탕으로 재구성.

한국의 원격의료 도입과 관련된 쟁점사항

한국에서는 2010년 원격의료 도입을 시도한 이후, '집단 휴진' 등 의사단체의 반발과 시민단체의 의료영리화 논란에 가로막혀 원칙적으로 원격진료가 허용되지 않고 의료인끼리만 가능한 상황이다. 2016년 의사와 환자 간 원격진료를 가능하게 하는 의료법 개정안이 발의되었지만 여전히 국회에서 통과되지 못하고 있다. 원격진료에 대한 건강보험 지원 측면에서도 일본은 올해 4월부터 허용하였으나, 우리나라는 지원이 없는 상황이다. 원격조제 역시 일본에서는 3개 특구에서 허용하고 향후 전국으로 확대할 예정이고, 우리나라는 허용이 되지 않는 실정이다. 연세대학교 원주의대 이강현 교수는 "의료법 규제와 디지털 헬스케어의 핵심인 의료 빅데이터를 활용할 수 있도록 개인정보보호 규제도 완화될 필요성이 있다."고 강조했다. 또한 성남산업진흥원 이승관 박사는 "원격진료, 건강정보 교류 활용 등 디지털 헬스케어 확산을 위한 의료계 이슈들이 규제의 틀 안에 묶여 있다."며 "이 같은 규제는 시장 실패를 보정하고 의료공정성을 확보하는 데 필요한 요소이지만 지나친 규제는 사회경제적으로 비효율을 초래하고 있다."고 지적하였다(『강원도민일보』, 2018. 8. 29.).

또한 우리나라에서 원격의료 허용은 의약품 배송과 함께 논의되어야 하는 이슈이다. 오지의 환자에게 원격의료가 실효성이 있으려면 진료와 처방과 동시에 약을 수령하는 것도 원격으로 가능해야 하기 때문이다. 그러나 한국에서는 의약품 배송이 금지되어 있고, 이러한 규제가 없는 미국과 중국에서는 아마존과 알리바바Alibaba와 같은 업체가 의약품 배송업에 진출하고 있는 실정이다.

에릭 토플Eric Topol 박사가 주장하는 '의료민주화'와 '참여의학'과 같이 의료와 정보통신기술의 융합이 전 세계적인 흐름이 되었고, 신기술의 발전이 헬스케어 산업과 개인의 건강에 미치는 영향력이 확대되었다. 한국은 관련 인프라가 높은 수준임에도 원격진료와 같이 정보통신기술을 활용한 헬스케어 산업의 발전이 미비한 것은 '안정성' 문제와 '규제' 문제, 그리고 '의료계와 시민단체의 반발' 문제로 살펴볼 수 있다.

한국에서는 정보통신기술 관련 기업이 개인의 활동 정보를 통해 의료서비스를 개발하는 것이 불법이다. 의료법과 신용정보법, 그리고 정보통신망법 등 규제에 가로막혀 있다. 삼성전자는 스마트폰에 설치된 삼성헬스를 통해 사용자의 걸음 수와 소모 칼로리, 수면시간, 식습관 등의 개인 정보를 세밀하게 제공하고 있지만 이를 활용한 의료서비스는 제공할 수 없다. 이러한 관련 규제가 없는 미국의 경우에는 삼성전자가 스마트폰을 이용해 원격의료서비스를 2017년 4월부터 제공하기 시작했다.

이명박 정부 이후 의료계의 반발에 의해 원격의료 도입이 실패한 이후, 문재인 대통령 역시 2018년 7월 19일 규제혁신 1호 현장방문으로 의료기기를 선택하는 등 의료 규제 개혁에 대한 강력한 의지를 표명하고 있다. 또한 원력진료의 허용이 영리병원으로 이어지는 것이 아니라고 허용 범위를 최소화함으로써 의료계의 반발을 무마하고자 노력하고 있다. 9월 정기국회에서 논의될 예정이었던 정부의 의료법 개정안은 법안 통과의 시급성에 따른 판단으로 의료계의 이해를 최대한 침해하지 않는 수준으로 축소되었다. 그러나 산업계에서는 새로운 의료서비스 개발을 위해서는 법의 적용 범위가 크게 축소되어 혁신적인 신기술이나 의료기기 개발이 어려운 실정이라고 비판하고 있다.

해외의 디지털 헬스케어 산업이 한국에 주는 시사점

원격의료를 통한 디지털 헬스케어 산업은 미국, 독일, 일본의 사례에서 볼 수 있듯이 정부의 규제와 맞물려 기술개발의 명암이 달라지고 있다. 디지털 헬스케어 산업의 시장규모가 지속적으로 확대될 것이라는 전망에 따라 우리나라도 산업계를 지원할 수 있는 정부 차원의 대책이 시급한 상황에 직면해있다. 그러나 우리나라는 의료계와 시민단체의 반발과 관련법과 규제의 장벽에 막혀 원격의료 도입이 어려운 상황이다. 정부는 관련 규제 개혁을 중요한 과제로 선정하고, 국회는 의료법 개정안을 통해 법안 통과를 목표로 하는 등 의료계와 시민단체의 반발에 한발 물러선 모습을 취하고 있지만 실질적으로 디지털 헬스케어 산업에 미치는 영향력이 미미할 것이라는 예측이 이어지고 있다.

우리나라가 해외와 같이 상용화된 원격의료와 헬스케어 산업의 발전단계에 도달하기 위해서는 정부의 의료법·제도 정비와 개인정보보호법 개정이 동시에 이루어져야 한다. 그뿐 아니라 규제 완화와 활성화 정책을 동시에 추진해야 하는 상황이다. 관련 이해집단의 반발을 최소화하면서 제도적 정비와 산업계의 요구수준을 절충할 수 있는 정부의 청사진이 요구되는 시점이다. 즉, 앞에서 논의한 규제 완화 및 제도적 정비와 동시에 디지털 헬스케어 산업계를 지원할 수 있는 산업육성책이 마련되어야 한다. 이러한 제도적 지원과 산업육성책 지원이 동시에 이루어져야만 규제로 인해 뒤처져 있는 디지털 헬스케어 시장에서 우리나라 기업들이 성장할 수 있는 기폭제로 작용할 수 있다. 정부의 입장에서는 다양한 이해관계자들을 설득하여 법적 기반을 마련하는 동시에 산업 발전과 육성을 위한 정책을 준비해야 한다는 점에서 다양한 측면에서 주의를 기울여야 한다. 그뿐 아니라 의료계와 시민단체의 반발이 국민 다수의 의견과 배치되는 것은 아닌지 검토해볼 필요성이 있다. 정부의 이해관계 조정 과정에서 국민의 강력한 의견이 더해진다면 해당 문제의 실타래를 풀어나가는 것이 보다 수월해질 여지가 있지 않을까 생각해보게 되는 사례이다.

참고자료 및 출처

- 김유경. 「[원격의료 시대 막 오를까] 정부·여당 '제한적 적용'가닥」. 『중앙시사매거진』, 2018. 9., 1451호. http://jmagazine.joins.com/economist/view/322847 에서 검색.
- 박현철. (2018. 8. 29.). 「[디지털 헬스케어 4차 산업혁명 꿈꾼다] 5. 세계는 디지털 헬스케어 전쟁 중」. 『강원도민일보』. http://www.kado.net/?mod=news&act=articleView&idxno=927661 에서 검색.
- 이하순. (2018. 8. 7.). 「5G, 사회경제적 파급효과 분석 (2)헬스케어」. 『시사뉴스』. http://www.sisa-news.com/news/article.html?no=113851 에서 검색.
- 팽동현. (2018. 9. 10.). 「[머나먼 데이터 경제 활성화] '꼴지' 수준 빅데이터 활용…"선진국 맞나"」. 『한국스포츠경제』. http://www.sporbiz.co.kr/news/articleView.html?idxno=270747 에서 검색.

제14장

정부의 전자 정부조달시스템e-Prior 도입 사례

– 유럽연합 및 벨기에, 정부 –

박려경

사례 요약

- 정부조달시스템 e-Prior는 2010년 유럽연합 차원에서 도입, 개별 국가 중에는 처음으로 벨기에 중앙정부가 메르쿠리우스Mercurius라 불리는 국내용 e-Prior를 도입함.
- 전자 정부조달시스템이 보편적으로 적용되면 비용 절감, 행정절차 간소화, 투명성 증진 등 긍정적 효과가 기대됨.
- 전자 정부조달시스템 강화를 위해 유럽연합은 지속가능한 정부조달 추구, 정부조달 구매자의 전문화, 정부조달 시장 접근권 보장, 투명성 및 양질의 데이터 개선, 정부조달의 디지털화, 국제협력, 6개 우선순위를 결정함.

서론 (개요 및 배경)

전자 정부조달e-procurement이란 공공 분야의 기관들이 전자 통신을 이용하여 상품 및 서비스 등을 구입하는 것을 의미한다. 총체적 전자 정부조달end-to-end e-procurement이란 전자 통신을 이용하여 계약에서부터 공문 통보, 전자 결제 등 정부조달의 전 과정을 다루는 것이다. 이에 비해 전자 송장electronic invoicing or e-invoicing은 공급자 및 구매자 간 전자적으로 송장을 발송하는 것이다.

유럽은 세계 최대 공공조달 시장 중 하나이지만, 국가별 상이한 절차로 인해 비효율이 발생하고 있었다(이동희, 2014). 유럽연합 위원회EC, European Commission 차원의 연구 결과에 따르면 공공조달은 EU GDP의 약 19%를 차지한다(Offerman, 2015). 정부조달 과정이 전체적으로 전자화될 경우, 경제적 혜택이 클 것으로 기대된다. 전자 송장, 즉 e-invoicing만 도입된다고 하더라도 실행에 투입되는 비용의 배에 달하는 공공 재정 절약 효과가 발생할 것으로 기대된다. 초기 투자는 1~2년 사이에 회수가 되는 반면, e-invoicing이 유럽 전역에 실행될 경우 매년 23억 유로를 절감할 수 있을 것으로 예측된다.

특히 정부 재정이 어려운 최근 상황에서 전자 정부조달시스템 도입은 유럽연합 비용 절감 및 경제 성장의 새로운 동력이 될 수 있다. 또한 전자 정부조달은 공공기관과의 계약 체결 절차를 간소화함으로써 중소기업들의 참여를 증대, 일자리 창출 및 경제 성장에 도움이 될 수 있다. 유럽 전체 수준에서 정부조달의 전자화가 이뤄지게 된다면, 공공행정 절차의 간소화 및 모던화에 크게 기여하여, 행정 부담을 줄이고 투명성 증진에도 도움이 될 것으로 기대된다.

이와 같은 배경에서 EC의 전자 총국Directorate General for Informatics, DIGIT에 의해 개발된 e-Prior는 유럽 전역의 공공기관과 공급자 간 표준화된 전자 정부조달 계약 교환을 간편하게 하기 위해 도입된 전자 정부조달시스템이다. 즉 e-Prior는 유럽 차원의 정책을 실행하고 유럽연합 위원회 내부적 행정 절차에 필요한 정부조달을 위해 사용되었다. 본 장에서는 이러한 유럽 차원의 전자 정부조달시스템을 통해 조직혁신 사례를 분석하고 시사점을 도출하고자 한다.

본론 (내용)

유럽연합 위원회 홈페이지에 따르면 Open e-Prior는 오픈소스 기반의 전자 정부조달 플랫폼으로, 공공기관 간 전자서비스를 실용적으로 실행할 수 있게 한다. 이는 정부조달의 디지털화를 위한 범-유럽 공공조달 온라인 프로젝트Pan-European Public Procurement On-Line, PEPPOL와 기존 관리부서 형식의 공공 행정 사이 과도기의 역할을 한다. 2007년 파일럿으로 진행된 전자 장부 프로젝트에 기반하는 e-Prior는 모든 분야와 산업 과정을 포함하도록 확장되었다. 그러나 e-Prior는 유럽의 공공 행정기관과 유럽연합법을 바탕으로 한다는 점에서는 여전히 기타 비즈니스 프로세스 관리Business Process Management, BPM 또는 체인 관리 패키지와 차별화된다.

현재 e-Prior는 주로 계약 후 절차에서 사용된다. 특히 e-invoicing, e-ordering, e-fulfillment, e-request가 자주 사용되며, e-catalogue, e-payment 등은 사용이 적다. 그러나 계약 전 절차에서도 사용이 확장되고 있으며, 정부조달의 전 과정에서 사용되는 것을 목표로 하고 있다. 즉 서로 다른 나라에서 e-Prior를 사용하여 전자 송장을 주고받을 수 있다.

e-Prior는 2010년 유럽의 DIGIT에 의해서 처음 도입되었다. 현재는 거의 모든 총국Directorate-General에서 사용되고 있다. 유럽의 공공 기관들은 관리부서를 중앙 플랫폼에 연결하도록 되어 있다. 공급자들은 웹 서비스 또는 공급자 포탈supplier portal에 등록하여 공급을 제공할 수 있다. 2014년 5월 유럽연합은 Directive 2014/55/EU를 통해 2018년 3분기까지 전자 송장 의무화를 요구한바, 회원국들은 자국의 자체적인 전자조달 플랫폼을 2018년까지 설치하도록 되어 있다. 개별 국가 중에는 처음으로 벨기에 중앙 정부가 Mercurius이라 불리는 국내용 e-Prior를 도입하였다.

Mercurius 시스템은 현재 운영 중에 있으며, 벨기에 에너지 회사인 Elcctrabcl에 의해 세 개 중앙 기관으로 첫 송장이 발송되었다. 현재 더 많은 정부 기관과 계약 회사를 연결시키기 위한 계획이 준비 중에 있다. 이는 Alexander De Croo 부총리의 전자정부 도입 프로젝트의 일환으로 추진되고 있다. Mercurius 프로젝트 시범 기간은 18개월이며, e-Prior 도입에 따른 평균 비용은 20만 유로에 달하는 것으로 보인다(Offerman, 2015).

한편 유럽연합위원회는 전자 정부조달시스템 개선을 위해 아래와 같은 6가지 정책 우선순위를 설정하였다(EU Commission, 2018b).

1. 지속가능한 정부조달 추구

55%의 정부조달은 최저가격 기준만을 정부 계약 기준으로 사용하고 있다. 즉 이는 정부조달이 질, 지속가능성, 그리고 혁신에 주목하고 있

지 않음을 뜻한다. 전략적인 정부조달을 위해서 유럽연합 위원회는 혁신적이고, 친환경적이며, 사회적인 기준을 새롭게 도입하는 가이드를 작성할 예정이다. 보건, IT, 건설 등의 분야에서 모범 사례를 통해 전략적 정부조달 방법을 공유할 것이다.

2. 정부조달 구매자의 전문화

공공부문 종사자 중 정부조달에 전문화된 경영 능력과 전문 기술 및 이해도가 높은 인재가 부족한 상황이다. 이를 해결하고자 유럽연합 위원회는 EU 국가들로 하여금 구매자들이 필요한 능력을 쌓을 수 있도록 보장할 것을 장려한다.

3. 정부조달 시장 접근권 보장

현재 중소기업은 정부조달 시장의 45%만을 차지하며, 유럽 기업들은 유럽 외 정부조달 계약에 있어서는 여러 난관을 겪고 있다. 이와 같은 상황을 개선하여 세계적 정부조달 시장 접근권을 유럽의 크고 작은 기업에게 보장하기 위하여 유럽연합 위원회는 정부조달의 투명성을 증진시키고, 디지털화를 추구한다. 또한 비유럽 국가들과의 무역협정을 통해 유럽 기업들에게 시장을 확장하고자 한다. 특히 많은 비유럽 국가들은 정부조달 시장을 개방하는 것을 주저하고 있는바, 유럽은 WTO의 정부조달 협정Agreement on Goverment Procurement, GPA, FTA 등을 통하여 유럽 기업들을 위한 공정한 경쟁 상황을 제공하기 위해 노력하고 있다.

4. 투명성 및 양질의 데이터 개선

믿을 수 있는 데이터는 니즈-기반needs-driven 정책 수립에 있어 필수적이다. 양질의 데이터가 더욱 많이 축적·제공될 수 있다면, 정부조달 실적을 더욱 정확히 평가할 수 있을 것이며, 추후 더 나은 정책 결정으로 이어질 수 있다. 따라서 유럽연합은 공개적인 계약 내역 데이터베이스 구축을 추구한다.

5. 정부조달의 디지털화

2018년까지 정부조달의 전자화를 요구하였지만, 디지털 전환 과정은 매우 느리게 진행 중이다. 2016년을 기준으로 보았을 때, 단 4개의 EU 국가가 정부조달에 디지털 기술을 활용하고 있었다. 이에 따라 유럽 연합은 유럽 공동의 전자 정부조달 기술 및 표준 설립을 추구하여 유럽 국가들이 정부조달 과정을 간소화하고 가속화하는 데 신기술을 도입할 수 있도록 지원하고자 한다.

6. 국제 협력

단 11%의 조달이 협력적 방식으로 계약될 정도로, 계약 주체들 간 공동 구매가 적다. 이는 대량 구매를 통한 비용 절감 및 노하우 공유와 같은 규모의 경제가 실현되지 못하고 있음을 의미한다. 따라서 유럽 연합은 국경을 뛰어넘는 공동 구매와 같은 협력을 추진 중이다.

결론 (결과, 효과 및 시사점)

공공기관의 전자화는 공공 분야 종사자들의 업무 방식의 혁신 이상을 의미한다. 전자 정부조달시스템이 유럽 전역으로 도입되는 과정이 완료되면, 유럽 내 정부조달 시장에 긍정적인 영향을 줄 것이다. 비용 절감뿐만 아니라, 행정 절차가 간소화되고, 투명성 역시 증가할 것이다. 이에 따라 국경 간 거래도 증가할 것이라 예측할 수 있다. 이는 한국과 같은 비유럽국가 기업들에게도 큰 기회로 작용할 수 있다. 유럽 정부조달 시장의 통일화는 우리 기업이 더욱 간편하게 정부조달 계약을 진행할 수 있음을 의미하고, 이는 곧 시장 접근성의 증진을 뜻하기 때문이다.

한편, 우리나라가 전자 정부조달을 도입할 경우 역시 비용 절감에 기여할 수 있을 것이라 기대할 수 있다. 유럽의 경우처럼 다양한 국가 간 계약 체결 과정을 통일하여 얻을 수 있는 이점이 없다 하더라도, 공정하고 투명한 계약 절차를 설립하여, 더욱 양질의 정부조달을 이룩할 수 있기 때문이다. 또한, 정부조달 과정을 디지털화한다면 국제 계약 체결도 한결 용이해질 수 있을 것을 예상할 수 있다. 유럽연합 위원회의 전자정부 도입 전략 중 우리나라에도 적용 가능한 부분이 있는지 살펴보는 것은 한국의 정부조달시스템 전자화 전략 수립에도 도움이 될 것이라 사료된다.

참고자료 및 출처

- 이동희, (2014. 11. 16.). 「'2.4조 유로' 유럽연합 세계최대 공공조달시장 노린다」. 『News1뉴스』. http://news1.kr/articles/?1956689 에서 검색.
- EU Commission. (2013). E-invoicing in public procurement. Retrieved from http://europa.eu/rapid/press-release_MEMO-13-614_en.htm?locale=en (접속일: 2019. 1. 12.)
- ______________ (2018a). Public Procurement. Retrieved from https://ec.europa.eu/growth/single-market/public-procurement_en (접속일: 2018. 1. 12.)
- ______________ (2018b). Public procurement strategy. Retrieved from http://ec.europa.eu/growth/single-market/public-procurement/strategy_en (접속일: 2018. 7. 25.)
- Offerman, Adrian. (2015). e-Prior: electronic procurement system for public administrations. Joinup. Retrieved from https://joinup.ec.europa.eu/document/e-prior-electronic-procurement-system-public-administrations (접속일: 2018. 1. 10.)

찾아보기

ㅅ

ㅇ

ㅈ

ㅊ

ㅋ

ㅍ

ㅎ

기타

지은이

문명재 (연세대 행정학과 특임교수)
박일주 (연세대 미래정부연구센터 전임연구원)
유나리 (연세대 미래정부연구센터 전임연구원)
최선미 (연세대 미래정부연구센터 전임연구원)
하희송 (연세대 미래정부연구센터 전임연구원)
최정인 (연세대 행정학과 박사수료)
김도윤 (연세대 행정학과 박사수료)
손선화 (연세대 행정학과 박사수료)
송현진 (연세대 행정학과 박사수료)
김선형 (연세대 행정학과 박사수료)
문승민 (연세대 행정학과 박사수료)
황정윤 (연세대 행정학과 박사수료)
엄영호 (연세대 행정학과 박사수료)
김태형 (연세대 행정학과 박사수료)
유승주 (연세대 행정학과 박사수료)
유한별 (연세대 행정학과 석사졸업예정)
김한빛 (연세대 행정학과 석사졸업예정)
박동규 (연세대 행정학과 석사졸업예정)
지수호 (연세대 행정학과 석사과정)
박려경 (서울대 행정대학원 석사졸업예정)
정예준 (서울대 행정대학원 석사과정)

미래정부 혁신사례집 4차 산업기술 활용

초판 인쇄 2019년 6월 18일
초판 발행 2019년 6월 28일

지은이 문명재 외
펴낸이 김영훈
편집인 전영완
펴낸곳 도서출판 문우사
주소 경기도 고양시 일산동구 정발산로 24, T2-814호(장항동, 웨스턴돔타워)
전화 031) 901-6542, 070) 4200-6542 **팩스** 031) 906-6542
홈페이지 www.munu.co.kr **대표메일** moonwoosa@hanmail.net
출판신고번호 제396-2013-000113호

ISBN 979-11-85994-66-6 93350

값 25,000원